マルチレベル
アプローチ
MLA
だれもが行きたくなる
学校づくり

日本版包括的生徒指導の理論と実践

栗原慎二 編著

はじめに
マルチレベルアプローチで「だれもが行きたくなる学校」を創る

「地域ぐるみの生徒指導改革」の取り組みの成果

　私は現在、広島大学で教員養成や相談室運営をしていますが、それと並行して学校や教育委員会と協働して、学校教育の改革を生徒指導・教育相談の視点から進めています。広島県広島市、岡山県総社市、宮城県石巻市、兵庫県加古川市、山形県米沢市などでは教育委員会とともに「地域ぐるみの改革」に取り組んできました。また、岐阜市や新潟市、岡山県ではいくつかの学校が主体的に学校改革に取り組んでおり、その支援を行ってきました。

　その成果は、不登校や暴力行為の減少、いじめの減少、学力の向上、小一プロブレムや中一ギャップの解消など、多岐にわたります。その詳細は、本書の中でも報告しますが、例えばある学校では、ポリ袋いっぱいになっていた敷地内のタバコの吸い殻が、一年後にはゼロになりました。ある学校では、五〇名を超えていた徘徊生徒数がゼロになり、教育委員会に寄せられるクレームも激減しました。最も長く実践を継続している岡山県総社市では学習成績の面でも成果が認められ、今年度もほとんどの学年で県内トップクラスの成績となっています。

マルチレベルアプローチと開発グループ

　私たちは、自分たちの取り組みをマルチレベルアプローチ（Multi-level Approach）と呼んでいます。略してＭＬＡです。

　このアプローチは、私が一人で開発してきたわけではありません。開発に携わったのは、石井眞治、小玉有子、髙橋あつ子、金山健一、神山貴弥、沖林洋平、米沢崇、山田洋平、そして私の九名の大学教員と、教員・指導主事・管理職の経験を持つ中林浩子です。専門分野は、教育行政、教授学習心理学、非行臨床、社会心理学、心理臨床、特別支援教育、発達心理学、学校経営、学校臨床など多岐にわたっています。全員が学校や教育委員会と組んで何らかの活動を行っており、半数は学校の教師や指導主事、管理職だったキャリアがあります。

私たちは一緒に海外の生徒指導を視察したり、年に数回の合宿をしたりして、生徒指導や教員研修のあり方について検討を重ね、さらにはその研修プログラムを実際に教育現場に提供して再検討を加えるなどの取り組みをしてきました。つまり、子どもや教師、学校や教育委員会の現実を踏まえながら、その現実を多様な専門性の立場から検討し、それらを連動させながら、日本版の体系的で包括的な実践プログラムをつくりあげてきたということです。

本書では、その見えてきたことを、なるべくわかりやすく、また、理論と実践の両方を絡み合わせるように紹介していこうと考えています。

マルチレベルアプローチは、教師を変え、学校を変え、地域を変える

ＭＬＡは本当に教師を変え、学校を変え、地域を変えます。それは私たちの実感です。

というのも、実は、私たちが直接かかわっていない学校の中に、私たちの取り組みに共感を覚え、実践を始めた学校がいくつもあります。私たちがＭＬＡに自信をもっているのは、そうした学校でも学校改革に成功している事実があるからです。

本書には、そうした取り組みのエッセンスが書かれています。ぜひご一読いただき、仲間とともに実践に取り組んでみませんか。

二〇一七年八月

栗原　慎二

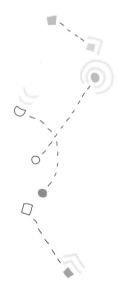

マルチレベルアプローチ
だれもが行きたくなる学校づくり
日本版包括的生徒指導の理論と実践

CONTENTS
Multi-level Approach

第1章

マルチレベルアプローチって何ですか？

栗原慎二

マルチレベルアプローチの概要

図1に、マルチレベルアプローチ（ＭＬＡ）の全体像を示しました。

生徒指導を一次・二次・三次と分類し、これらをプログラム化して統合的に実践することが狭義のＭＬＡになります。また、そのプログラムは、個々の教師の専門性と、教師集団のチーム性で支えられますので、これらを高める教員研修を抜きにＭＬＡはありえません。さらに、この教師集団を、保護者・地域・関係者・教育委員会が支えることが重要です。

図1　マルチレベルアプローチの全体構造

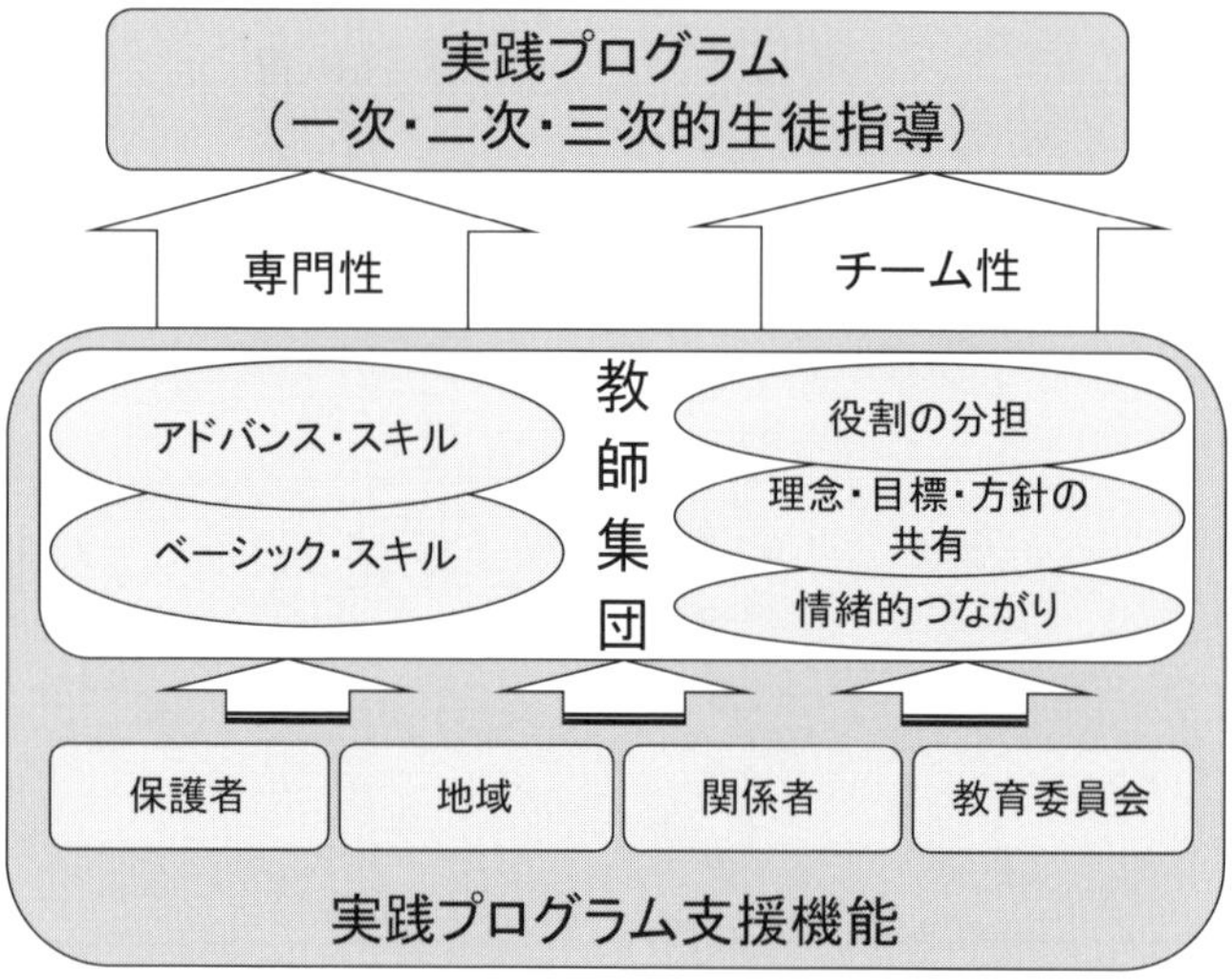

ところで、「教師個人と教師集団の高い力量が優れた実践を生む」ということはきわめて当然のことですが、日本ではこのことがあまり重視されていません。例えば、日本で義務づけられている研修は一〇年ごとに三〇時間ですが、香港では三年ごとに一五〇時間、隣の韓国では年間六〇時間、シンガポールは年間一〇〇時間、オーストラリアやアメリカのある州では五年で二〇〇時間でした。

シカゴの一五学区の教育委員会を訪問したときの話では、「大学卒で教師になれるが、二〇代、三〇代の先生方はほぼ一〇〇％修士号を持っている。持たずに教員になった場合は、休日などに大学院に通うのが通例。教育委員会はそれに対して補助を出す」とのことでした。

オーストラリアのメルボルン大学では、日本の生徒指導コースに相当するStudent Wellbeingコースに、毎年約九〇名の現職教員が入学するそうです。メルボルン地区は人口約四〇〇万なので、福岡県（人口約五〇〇万）よりやや小さいサイズの地区に毎年約九〇名の生徒指導の修士号取得者が増えていることになります。しかも、メルボルンにある大学はここだけではありません。また、同じくオーストラリアのRiverside Girls High Schoolでは、約六五名いる教師のうち、ピア・サポートの一日研修を受けている教師が二五名いました。

このように、世界では、現職教員の力量形成が積極的に進められています。正直なところ、海外に行くと、日本の現状を憂えざるを得ません。ＭＬＡは、こうした日本の現状を打破するための、教員の力量形成プログラムでもあります。

マルチレベルアプローチの目的

　学習指導が目指すのは、学力の向上です。では、生徒指導や教育相談は何を目指すのでしょうか。

　アメリカにおけるSchool Counselling & Guidance（生徒指導）では、「学業的発達」「キャリア的発達」「個人的―社会的発達」の三つの領域が設定されています。これら多領域にわたる発達を促進しようとするのが包括的生徒指導（Comprehensive School Guidance & Counselling）です。現在、世界の生徒指導の先進国のほとんどが、これを基本モデルとしています。

　では、ＭＬＡは何を目指すのでしょうか。最終的に目指すところは包括的生徒指導と変わりません。しかし、常駐のスクールカウンセラーが生徒指導全般をフルタイムでマネジメントするような海外のシステムを、そのまま日本に導入するのは無理があると考えました。そこで、ＭＬＡでは、「学業的発達」や「キャリア的発達」も視野に収めながら、「個人的―社会的発達」の支援に比重を置いています。

　ところで、「個人的―社会的発達」とはどういうことでしょうか。まず、「個人的」と「社会的」を分けて考えたほうがわかりやすいでしょう。「個人的発達」とは要するに「パーソナリティの発達」であり、「社会的発達」とは「社会性の発達」です。ですから、安定的で統合された人格形成の支援と、適切な社会的行動獲得の支援が求められる、ということになります。よく言われる「自尊感情」は前者に、「コミュニケーション能力」は後者に関連すると考えてよいでしょう。この二つの側面にかかわる支援をすべての子どもたちに提供するのがＭＬＡです。

　さらに、もう一つ別の観点から考えてみたいと思います。教育の目的とは何かという観点です。教育基本法第一条には「人格の完成を目指し」とありますが、それに続いて「平和で民主的な国家及び社会の形成者として必要な資質を備えた心身ともに健康な国民の育成を期し」とあります。この視点から見れば、「心の健康」を目指す教育相談活動はまさに教育の目的に合致します。教育相談は、教育を下支えする活動ではなく、教育の目的に合致した、教育そのものと考えるべきでしょう。

　また、「平和で民主的な国家及び社会の形成者」となるためには、先述の「学業的発達」「キャリア的発達」「個人的発達」「社会的発達」が必要になるわけですが、その基盤となるのは「個人的資質」であり「社会的資質」です。つまり、ＭＬＡで目指しているのは、心身ともに健康な子どもの育成であり、彼らが平和で民主的な社会を形成できるように育てることです。

　では、どうすればそのような子どもを育てることができるのでしょうか。私はシンプルに「今、平和で民主的な人間関係を築き、平和で民主的な学級や部活動、さらには学校をつくることができる子どもを育てる」ことだと考えています。そういう子どもを育てることで、将来、彼らは平和で民主的な家庭を築き、地域をつくり、国家を形成していくことができるのです。

「集団」から「集合」への変質

(1) 現代の子どもたち

図2をご覧ください。これはアセスという尺度の六つの因子間の関係を示したものです（アセスの詳細については栗原慎二・井上弥編著『Excel 2016対応版 アセスの使い方・活かし方』ほんの森出版を参照してください）。一般的な学校の特徴をつかむため、いくつかの平均的な中学校からデータを集めて分析しました。

図2　アセスにおける学校適応感の構造（中2）

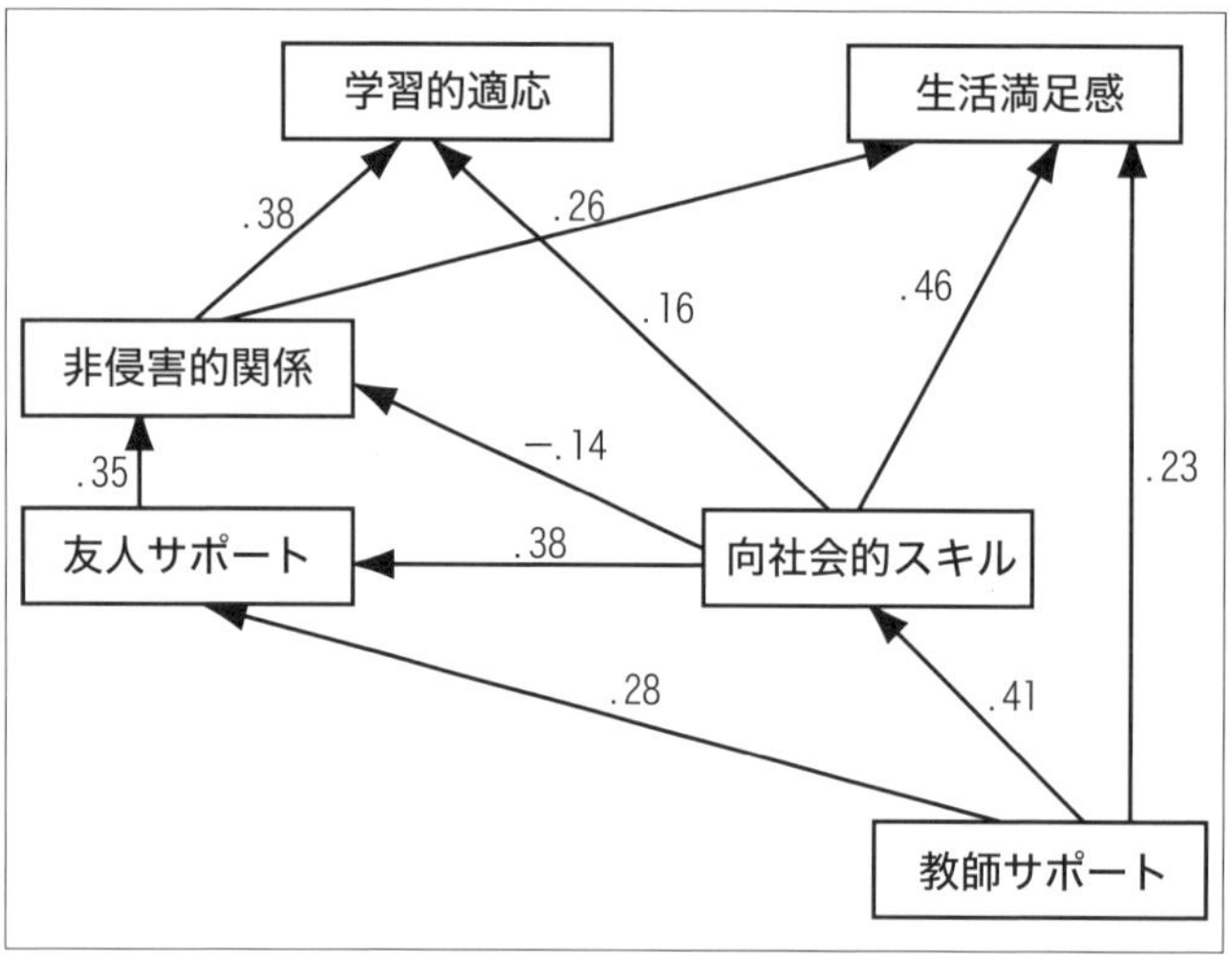

一番重要なのが「生活満足感」で、これは「生活がすごく楽しいと感じる」などの項目から構成されています。これに影響を与えているのが「非侵害的関係」「向社会的スキル」「教師サポート」の三つです。その影響の強さは、「向社会的スキル」が最も強く「.46」。これは、「向社会的スキル」が「生活満足感」を四六％説明していることを示しています。次いで「非侵害的関係」が「.26」、「教師サポート」が「.23」と続きます。つまり、思いやりを持って行動でき（向社会的スキル）、いじめられることもなく（非侵害的関係）、担任の先生が信頼できれば（教師サポート）、「生活が楽しい」と感じるということです。

これ自体は当然のことだとは思いますが、図をよく見ると、いくつか気になる点があります。まず「教師サポート」から「非侵害的関係」に線（パス）がありません。これは「いい教師であっても、いじめに影響は与えられない」と生徒が考えていること、つまり教師に対する信頼の薄さを示唆しています。また、「向社会的スキル」から「非侵害的関係」へのパスには「-.14」という負の相関があります。「挨拶をしたり思いやりを示すと、からかわれたりするかもしれない」と思っているわけで、友人関係に気を遣いながら生活をしている姿が浮かんできます。

もう一つは、「友人サポート」から「生活満足感」にパスがないことです。これは、「信頼できる友人がいる」とか「友達は慰めたり励ましたりしてくれる」としても、それが「生活がすごく楽しい」ということにはつながらないことを示唆しています。ただ、「教師サポート」から「向社会的スキル」と「友人サポート」にはパスはありますし、「向社会的スキル」からも「友人サポート」にパスが出ています。これは、教師には対人スキルを教えてほしいし、友人関係にもいい影響を与えてほしいと期待していることを示唆しています。だから、友人はいらないと思っているわけではなさそうです。

この矛盾する二つの結果を統合するとすれば、子どもたちの多くは「少数の話せる友人は欲しいが、クラスのみんなと仲良くなりたいわけではない」と思っているのかもしれません。まるで大人が近所づきあいをするかのように、中学生たちが表面的には笑顔でも心を開くことはなく、当たらず障らずのつきあいをしているような姿が浮かんできます。

⑵「集団」と「集合」の特質

社会心理学には、「集団」と「集合」という概念があります。「集団」は「目的や目標を共有する、ある程度組織化された集まり」であり、「集合」は単なる「集まり」です。図２で示された現代の子どもたちは、もはや「集団」とは言えず「集合」と化しつつあることを示唆しています。そして、学級が「集合」であるならば、もはや学級は「居心地が悪いけれど、卒業という目的地に着くまで我慢する場所」にすぎず、「できれば乗りたくないが、乗らないと目的地に着かないので我慢して乗る満員の通学電車」のようなものなのかもしれません。そこでは、子どもたちはトラブルが起こらないように気を遣いながら、大過なく過ごそうとしているわけです。そういう学級はもはや子どもたちが成長できる場とは言えません。

理想的なスポーツのチームをイメージしてみてください。それは、選手間の絆やまとまりがあり、個々の選手にはやる気があり、リーダーシップが発揮され、選手同士は助け合い、自分の責任を果たそうとするようなチームではないでしょうか。選手はチームのために、チームの規範を守ろうとします。つまり、よい「集団」には、「凝集性」「目標とリーダーシップ」「相互互助的関係」「役割の分担」「振る舞い方の基準」があるということです。こういうチームのなかにいることで、選手は人としても成長していきます。

「集合」と「集団」

集合：集まり
集団：目的や目標を共有する、ある程度組織化された集まり
・凝集性……まとまり・絆
　＊集団圧力（同一化への圧力）
・目標とリーダーシップ……士気
・相互互助的関係……思いやり
・役割の分担……責任感
・振る舞い方の基準……規範意識
■「集団」が「集合化」するとき、共通行動や相互依存的な関係、規範は消失していく。

一方、今時の子どもたちはどう言われているでしょうか。「まとまりがない」「やる気がない」「リーダーがいない」「思いやりがない」「責任感がない」「規範意識がない」……。つまり、よい「集団」のなかで身につけるべきものが何も身についていないと言えるかもしれません。それは、学級がすでに「集団」ではなくなってきているからではないでしょうか。

子ども集団を形成する重要性とマルチレベルアプローチ

私は、現代の子どもたちが「集合化」することに伴って、子どもたちの絆やまとまりはもちろん、他者に対する思いやりや責任感、規範意識も薄れつつあると考えています。

では、どうすればよいのでしょうか。答えはシンプルです。「集合化」しつつある子どもたちを、もう一度「集団」に変えていくことです。「個が育つ集団をつくる」ということです。

「学級集団づくり」という言葉があります。これは、四月の始業式の日に「集合」状態である子どもたちを「集団」につくりかえていく作業です。日本の教師の多くは、こうした学級づくりを目指してきました。そこに打開のヒントがあると私は考えています。

ブラジルワールドカップのとき、スタジアムのゴミを拾う日本人の姿が報道され、世界的に話題になりました。信じられない規範意識の高さです。あるいは思いやりや責任感かもしれません。いずれにしても、集団を重視する日本の学校教育が育んできた資質が、そこに表現されたということだと理解しています。

もちろん、生徒指導の目的は「よい集団づくり」だけではありません。本質的には個の成長です。したがって、生徒指導の方向性としては、「よい社会をつくれる個を育てる」アプローチと、「よい個が育つ集団を育てる」アプローチが考えられるでしょう。

どちらが優れているということではありません。ただ、日本人の良さを活かした日本に根づく生徒指導と考えたとき、私は後者をとったほうがよいと考えました。つまり、共同体を重視する日本人の特長を活かした日本版包括的生徒指導がＭＬＡなのです。

教育相談と生徒指導

教育相談と生徒指導のとらえ方の歴史

一九七〇年代、日本でも相談室での教師による個別対応型の教育相談が広がっていきました。しかし、七〇年代末からの校内暴力に対してそれまでの教育相談は機能せず、何らかの新しい実践形態を模索せざるを得なくなりました。

こうしたなかで、一九八〇年に文部省は、生徒指導と教育相談は「互いに補完し合う車の両輪のような関係」という方向を示し、教師にはこの二つを統合することが求められました。これに対して小林（一九八四）は、両者は本質的に違うから担当者を分けたほうがよいという役割分担論を唱えました。

しかし、八〇年代のこういう考え方は、現場の「生徒指導派vs教育相談派」の対立構造の解消には何ら寄与しませんでした。それは、両輪論にせよ役割分担論にせよ、二つの手法や考え方の間にある一種の矛盾を解消していなかったからだと考えられます。両輪論に立てば、その矛盾は個人の葛藤となりますし、役割分担論に立てば、学校の教員間の葛藤になります。この二つの論には、両者を統合する視点が足りなかったのです。

この矛盾を統合したのが「教育相談は生徒指導の中核」とする中核論です（今井、一九八六）。今井は、従来の典型的な生徒指導は、教師や他の生徒のため、あるいは社会の秩序維持のための指導であったと批判し、訓育的指導にも「生徒に正面から対し、生徒を主体にし、生徒のために叱るという、相談的姿勢が欠かせない」としました。そして、訓育的指導の中核に相談的〝姿勢〟を据え、このような態度を持つときに、訓育的指導と相談的指導とは矛盾なく統合されるとしました。國分（一九八七）は、二つの指導を連続するものととらえていますが、相談的姿勢を中核に据えれば、たしかに両者は連続性を持つものと考えることが可能になります。

心理的発達と社会的発達

こうした歴史的議論を振り返ると、心理的発達と社会的発達を分けて考えることが役に立つのではないかと私は思います。生徒指導は規範意識や自律性などの社会的発達を重視し、教育相談は健全で安定したパーソナリティの育成などの心理的発達を重視するということです。

〝生徒規導派〟の先生は規範意識などの社会的発達を重視するあまり、心理的発達に目が向かず、それを阻害するようなかかわり方をしてしまう傾向があり、逆に、〝教育相談派〟の先生はパーソナリティの発達などの心理的発達を重視するあまり、社会的発達を軽視するような傾向があるのかもしれません。

では、心理的発達と社会的発達には順序性があるのでしょうか。赤ちゃんのことを考えてもらうとわかりやすくなります。赤ちゃんは、好きなときに泣き、好きなときに眠り、実にわがまま放題です。そういう赤ちゃんをお母さんは「かわいい」と言って全面的に受容します。こうした関係性のなかで、子どもは自分が愛されていること、周囲の人たちが自分を愛してくれることを感じ取ります。そして、こうした経験が自尊感情の根幹になり、心理的発達の基盤が形成されます。

ところで、赤ちゃんに社会性を求める親がいるでしょうか。そんな親はいないでしょう。親が子どもに社会性を求めるようになるのは、子どもが幼稚園などに通うようになってからです。その頃になると、親は子どもに「ＮＯ」と言って、現実原則を要求するようになります。それは幼児にとってはいやなことかもしれません。それでも子どもが最終的にその現実原則を身につけていくのは、「自分をかわいがってくれる人（愛着対象）の期待に添いたい」という思いがあるからです。養育者によって愛され、養育者を信頼しているからこそ、養育者からの現実原則の要求に対しても、その期待に添おうとするのです。

これらのことから、心理的発達と社会的発達には順序性があり、心理的発達が基盤となって社会性が発達するということがわかります。人格形成という心理的発達に課題があるのに、健全な社会性を持つことはほぼ不可能でしょう。健全で安定的な人格を基盤として、健全な社会性が育っていくのです。

指導・サポート（支援）・レディネス

　次に、生徒指導を成立させる重要な、指導・サポート（支援）・レディネスの三要素について考えてみましょう。レディネスとは、ここでは「学習や成長の準備ができていること」とします。

　この三つの要素は、理論的には三層構造になっていると考えられます。では、三つはどんな順序なのでしょうか。

　まず言えることは、何かを学習するのにレディネスのない状態で指導はできません。幼稚園児に微分積分を指導して「なんでできないんだ！」と叱っても、意味はありません。レディネスのない子どもをそのように指導することは、マイナスにしかなりません。このことから、少なくともレディネスがあって指導が成立するということがわかります。

　では、サポートはどこに位置づくのでしょうか。私は、サポートはレディネスの下に位置づくと考えています。先ほどと同様に赤ちゃんを例に考えてみましょう。

　生後一か月の赤ちゃんは歩けません。それが一年後には歩けるようになります。それが可能になるのは、養育者が赤ちゃんの様子をていねいに見取り、また感じ取りながら、ちょうどいい具合にサポートをしていくことで、お座りできるようになり、ハイハイができるようになり、そして最後に、立って歩くことができるようになっていくからです。「ちょうどいいサポート」が、次に期待される行動のレディネスを高めていると言えるでしょう。

「サポートがレディネスを高め、高まったレディネスが指導を可能にする」ということです。

教育相談と生徒指導をつなぐのはアセスメント

　ここまでをまとめてみましょう。学校教育は全人的成長を支えることです。つまり、身体的発達を基盤に、心理的発達、社会的発達、学業的発達、そしてキャリア的発達を促進することが求められます。教育相談と生徒指導は、主に心理的発達と社会的発達の領域をカバーします。なお、これらは不可分に関連していることは言うまでもありません。

　教育相談と生徒指導との関係性に着目すると、いわゆる生徒指導は社会的発達の促進に、いわゆる教育相談は心理的発達の促進に比重を置く傾向が強く、指導とサポートという枠組みで考えれば、生徒指導は指導に、教育相談はサポートに比重を置く傾向があります。この比重の置き方の違いが、時に無用な教育相談と生徒指導の対立として表出することがありました。

　両者を統合的に理解する上で重要なことは、心理的発達と社会的発達には順序性があり、心理的発達が基盤となること、同様にサポートと指導にも順序性があり、サポートが基盤になることです。

　ただし、この順序性は、心理的発達が社会的発達よりも、あるいはサポートが指導よりも重要だということを意味するわけではありません。子どもの全人的成長にはともに不可欠です。

　では、適切なかかわりを可能にするものは何でしょうか。それは、アセスメントです。子どもたちの状態を的確に把握することによって、必要なかかわりが見えてくるわけです。

自分の子どもを育てるとき、ただ受容的なだけでは、現実の世の中で人生を切り開いていく社会性を身につけさせることはできません。一方で、厳しく叱ってばかりでも、子どもの心理的発達は阻害され、自尊感情が傷つき、人格はゆがんでしまいます。つまり、サポート的なかかわりも指導的なかかわりも、ともに必要なものでありながらも、タイミングや対象を間違えるとマイナスの影響を与えることになります。となると、重要なのはサポートと指導を生かすアセスメントということになります。MLAでは、このアセスメントを重視します。

一次的生徒指導・二次的生徒指導・三次的生徒指導

一〜三次的支援と、一〜三次的生徒指導

石隈（一九九九）は、学校心理学の領域で一〜三次的援助サービスという概念を提示しています（ここでは一般的に使われている一〜三次的支援という言葉を使います）。これは、援助ニーズの大きさによって三段階に分け、その援助ニーズに応じて支援サービスを提供しようという考え方です。一次的支援の対象となるのはすべての子どもたち、二次的支援は一部の子どもたち、三次的支援は不登校や非行、あるいは発達障害等の課題を抱える特定の子ども、ということになります。開発的・予防的・治療的（問題解決的）教育相談という言い方もありますが、これも基本的には援助ニーズの大きさによって活動のあり方を三段階に分けて考えようというものです。

こうした考え方はわかりやすく、実用性の高い考え方です。ただその一方で、私たちにとっては自分たちの実践とのズレを感じる部分もありました。そこで「生徒指導の目的」によって三種類に分け、一次的生徒指導・二次的生徒指導・三次的生徒指導という言い方をしています。

図3　一次的・二次的・三次的生徒指導の概念図

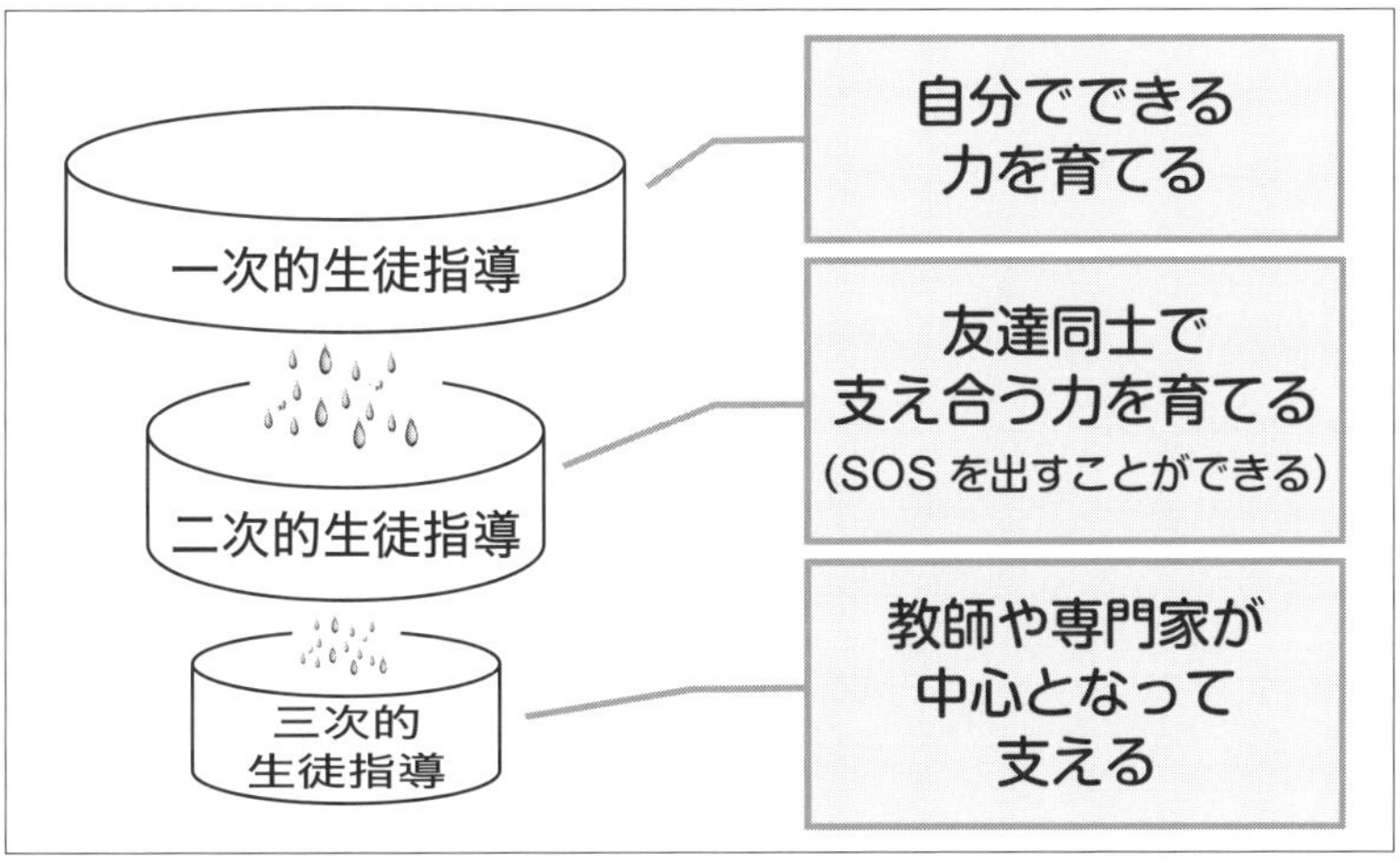

図3を見てください。〝たらい〟を三つ重ねたような図です。一見、一次的支援・二次的支援・三次的支援の図と同じように見えるかもしれませんが、発想が少し違っています。

一次的生徒指導は、「自分でできる力を育てる」ことが目的で、対象はすべての子どもたちです。二次的生

徒指導は、「友達同士で支え合う力を育てる」ことが目的です。SOSを出すことも重要な要素です。石隈の二次的支援の対象は一部の子どもたちですが、この二次的生徒指導の対象はすべての子どもたちです。三次的生徒指導は、「教師や専門家が中心となって支える」ことが目的で、対象は一部の子どもになります。

また、この図は、一人の生徒に一次・二次・三次の生徒指導が必要という見方もできます。例えば、不登校の子どもを「教師や専門家が中心となって支え」、その結果、その子どもは別室登校を始めるかもしれません。しかし、その子どもが友達に「SOSを出すことができる」ようになり、「自分でできる力」を身につけなければ、学級復帰も、社会的自立も難しいままです。そう考えると、「一人の子どもに対する一次・二次・三次の生徒指導」という観点は非常に重要と言えるでしょう。

一次的生徒指導と二次的生徒指導の充実を

先ほど、生徒指導の方向性としては、「よい社会をつくれる個を育てる」アプローチと、「よい個が育つ集団を育てる」アプローチが考えられるが、共同体を重視する後者の方向性をとったほうが日本人の良さを活かすことになり、日本に根付くのではないかと述べました。また、その学級という「集団」が「集合」へと変質しつつあることへの警鐘を鳴らしました。それは図3で言えば、二次的生徒指導の部分が〝ザル〟になっていることを示します。さらに言えば、一次的生徒指導で育てるべき「自分でできる力」も低下してきているということです。

ということは、自分の力でがんばりきることができずに一番上の〝たらい〟から漏れてしまう子どもが増え、その子どもを子ども集団は支えることもなく、本人もSOSを出さず、結果として突然不登校になったりします。つまり、いきなり三次的生徒指導の対象者になってしまうわけです。現実に日本の学校の状況はそうなっていて、三次的生徒指導で対応しなければならない子どもたちの増加に、先生方は日々翻弄されているわけです。

日本の生徒指導に関する行政の取り組みは、この三次的生徒指導を充実させる方向に進んでいるように感じます。先生方の意識もそこにあるように感じます。

たしかに三次的生徒指導の充実は大事ですが、私はそれ以上に、一次的生徒指導で「自分でできる力」を育て、二次的生徒指導で「支え合う」関係性を育てることが重要だと考えています。一次と二次を充実させれば、三次の〝たらい〟まで落ちる子どもは激減しますし、そうなれば本当に三次的生徒指導が必要な子どもに集中的な支援を提供できるのです。

マルチレベルアプローチで日本版包括的生徒指導

包括的スクールガイダンス&カウンセリングアプローチ

MLAのモデルは、基本的には、包括的スクールガイダンス&カウンセリングアプローチ（CSGCA）と呼ばれるものです。これは一九六〇年代のアメリカで生まれ、その後、広くアメリカ全土で展開され、現在では各州が独自のプログラムを実践しています（Gysbers & Henderson, 2000）。プログラムは、学業、キャリア、個人的・社会的発達などの多領域にわたり、さらにそれぞれの領域において対処的・予防的・開発的という多層的水準が考えられています。このアプローチは、現在では広く世界中で実践されており、世界標準のアプローチと言うことができます。

問題行動の発生率が日本よりはるかに高い国では、経験と勘に頼った生徒指導ではとても回りません。当然、生徒指導と教育相談はプログラム化され、予防的・開発的な方向に進むことになります。アメリカは問題行動の発生率が最も高い国の一つですが、だからこそ体系的な生徒指導が発展したのかもしれません。生徒指導上の問題多発国は、同時に生徒指導の先進国でもあるわけです。

日本の現状を考えたマルチレベルアプローチ

世界的に見ると、ＣＳＧＣＡの担い手はSchool Counselorで、多様な専門家によるチーム支援が一般的に行われています。また、分業の傾向が日本よりは強いので、国による差は大きいのですが、教師の仕事の中心は教科指導にあります。

一方、日本の現状は、常駐のスクールカウンセラーはいません。多様な専門家もいません。したがって教師は、教科指導だけではなく、カウンセラーやスクールソーシャルワーカーがやっているようなこともすべてやっています。ただ、これらすべての領域で、教師が三次的生徒指導の対象者のニーズに応えられる水準の力量を獲得するのはかなり困難なことです。

ではどうすればいいのでしょうか。

私は、一次的生徒指導と二次的生徒指導を充実させることだと考えています。「自分でできる力」と「友達同士で支え合う力」が育ったとき、子どもたちは、思いやりのある風土で、支え合い、また切磋琢磨しながら成長していきます。そうなったとき、三次的生徒指導ニーズの強い子どもは激減します。

ＭＬＡに取り組んでいる中学校の話です。ある年、進学してくる小六の子どもたちのなかに不登校の生徒が二〇人いました。しかし、三年後のその子たちの卒業式、その二〇人は全員卒業式の会場にいました。なぜそれが可能になったのでしょうか？　先生ががんばったからでしょうか？　もちろん先生もそうでしょう。ただそれ以上に大きかったのは、友人たちがその二〇人を学校に連れてきていたのです。

そんな学校を、そんな教育を、つくりたくありませんか。

マルチレベルアプローチの特徴

《個を育てる共同体をつくる》　ＭＬＡでは、「個が育つ集団をつくる」ことを強調します。それは安心・安全であるとともに目標志向的な集団です。こうした集団の中で個を成長させていくのです。それは日本人の特質や、学級経営を重視する日本の学校文化に合うと考えます。

《マルチエリア・マルチレベル》 どれほど効果的な活動であっても、一つの活動で子どもを全人的に成長させることはできません。ですからMLAでは、協同学習、SEL（社会性と情動の学習）、ピア・サポートなど、効果の異なるマルチエリア・マルチレベルな活動を組み合わせて実施することで全人的な発達を促そうとします。

《教育色の強いアプローチ》 今日、様々な臨床的アプローチが紹介され、スクールカウンセラーやスクールソーシャルワーカーの配置も進みつつありますが、その配置状況などからすれば、教師がなすべきことは多いのが現状です。ですから、教師が、教育という土俵でできることをまずは強調します。一次的・二次的生徒指導だけでなく、三次的生徒指導についても教師との連携・協同が基本になります。

《共感的理解と客観的理解》 例えばマラソンは子どもの体力づくりに役立ちますが、発熱時に走れば倒れるかもしれません。マラソンが健康に役立つか否かは、子どもの状態次第です。つまり、かかわりの適切さは子どもの状態の「的確な理解」次第であるということです。この「的確な理解」のためには、遅刻や欠席日数、保健室の利用状況、アンケートや検査などの多様な指標を用いて、子どもや学級の状態について多面的に、「客観的理解」を深める必要があります。ただそれだけでは不十分です。子どもがマラソンを走りたいか走りたくないかで、かかわり方は異なります。子どもは、気持ちをわかってくれない人の指導には従いたくありません。実際の子どもにかかわるには、子どもの心を「共感的理解」によってつかむ必要があります。

《データと理論に導かれる実践》 このように「共感的理解」と「客観的理解」によって得られたデータを、通常は「経験と勘」で解釈するわけですが、それが困難になってきているのが今日的状況です。そこで力を発揮するのが理論です。理論を毛嫌いする人もいますが、教科学習で理論的に考えることを教える教師が、生徒指導では「経験と勘」を主張するのもおかしな話です。理論は、「すべてのものに当てはまる」から理論なのです。理論に依拠することで実践の方向性が見えてきます。

マルチレベルアプローチの目指すところ

《子どもたちの自治――平和で民主的な社会をつくる》 MLAの目標は、教育基本法第一条にあるように、子どもたちを平和で民主的な国家および社会を形成できるような大人に育てることです。そのためにMLAでは、「今、平和で民主的な学級を形成できる子ども」に育てることを目指します。

《地域と保幼小中高が目指す子ども像を共有する》 数十年後、子どもたちは大人になって地域を支えることになります。とりわけ地方では、その傾向が顕著です。地域を知らず、愛着もなく、勉強はできるが都会へ出ていって帰ってこないような子どもばかりでは、地域の将来はありません。子どもは「地域の未来」です。MLAでは、地域と学校が育てる人間像を共有し、ともに学校をつくるという観点を大事にします。

《高い教員の力量とチーム性――それを支える研修体系》　ＭＬＡに取り組んでいる岡山県総社市では、警察による中学生の検挙・補導数が六年間で九六・六％減少しました。実数として二〇五件が七件にまで減少したということです（第４章④参照）。こうした実践を可能にするには、個々の「教師の専門性」と「教師集団としてのチーム性」という二つの側面から教師の力量を向上させる必要があります。この二つの力量によってＭＬＡの成否が決まると言ってもよいでしょう。実際、学びに貪欲な先生方が多くてチーム性も高い学校は、研修によって問題を乗り越え、驚くような成果をあげています。逆に、このどちらかが欠けている学校は、例外なく限定的な効果にとどまります。

多くの先生方が「多忙」を理由に研修を嫌がります。しかし、見通しも持てずに一〇〇件の問題に振り回されるのと、力量を磨き、見通しを持って二九件の問題に対応するのとでは、どちらが教師として幸せで、どちらが最終的に多忙でしょうか。また、私は、教師にとってしんどいのは、実は多忙感よりも徒労感だと思っています。研修はこの徒労感を激減させ、教師としての自信とやる気を増大させます。

生徒指導の構造

ここで、ＭＬＡで考える生徒指導の全体像を俯瞰しておきましょう。まず、図４の下のほうから説明します。

「理解」の基盤づくり

人はネガティブな体験をするとストレスがたまります。それがうまく処理されないと、暴力行為等でアクティングアウト（行動化）したり、ストレスをため込み、アクティングインになってうつ傾向になったりします。人によってどちらの傾向が強いかは違いますし、両方を繰り返す人もいます。ＡＤＨＤ傾向の

図４

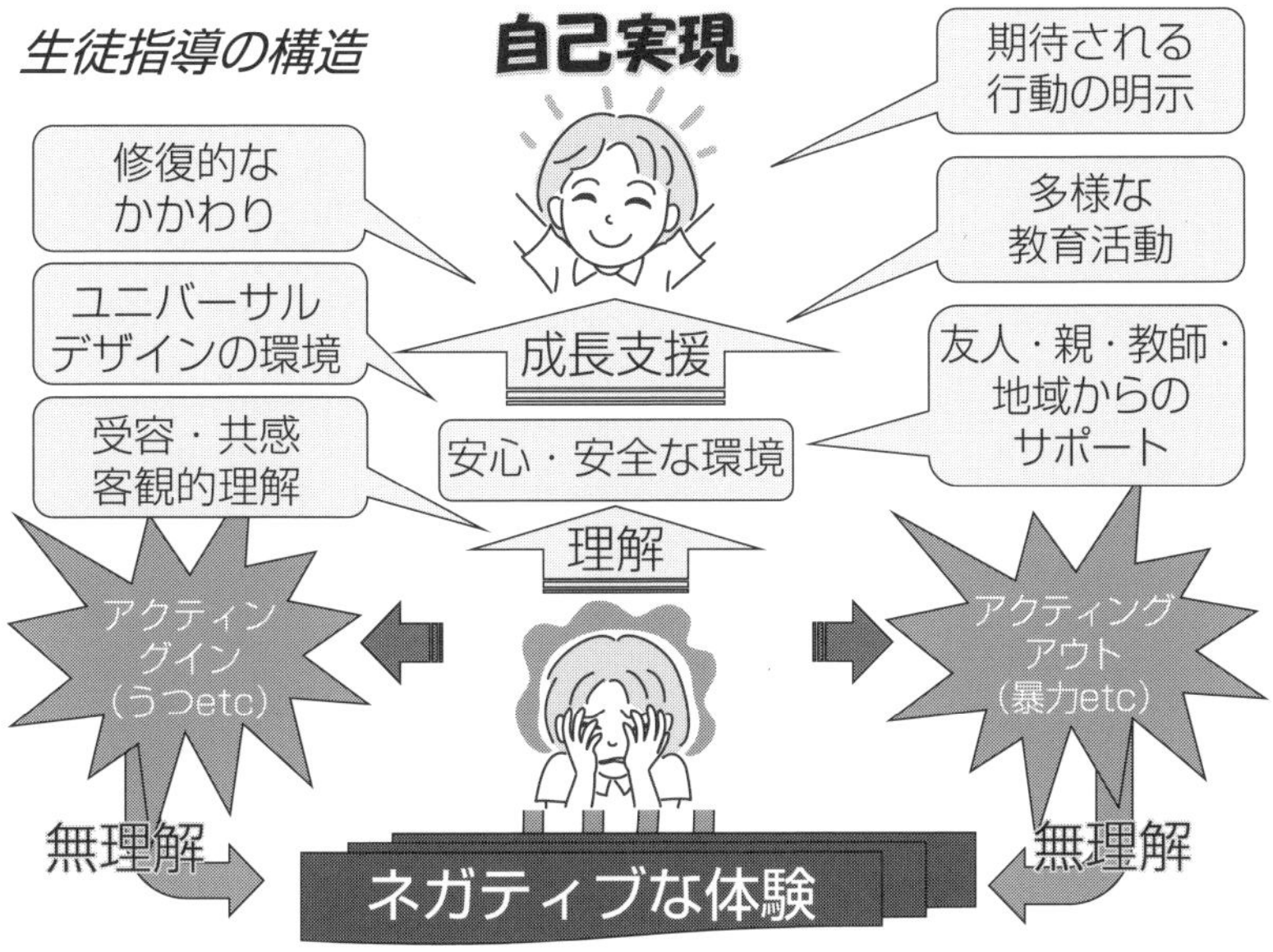

ある場合は、衝動性のコントロールが難しいので前者の傾向が、自閉症スペクトラムの場合は後者の傾向が強くなりがちです。

重要なのは、そういう行動が起こったときの周囲の対応です。その行動にばかり目が向いて子どもの内面を理解しなければ、理解されない経験自体が子どもには「ネガティブな体験」となり、負のサイクルが生まれます。ADHDのある子どもの五〇％程度が反抗挑戦性障害を合併すると言われますが、それはこのような不適切なかかわりが生む二次障害です。大事なのは「まず指導」ではなく「まず理解」です。その思いに耳を傾け、共感的に理解することです。

ただし、「共感的理解」だけでは不十分です。学級には、家庭の不安定さを持ち込んできている子、仲良くしたいからいじめをする子、一日や授業の流れがわからないと不安で仕方がない子、視覚的支援をしないと指示が通らない子など、実に多様な子どもが在籍しています。そうした行動の背景に対する「客観的理解」なしには「的確な支援」は不可能です。

安心・安全な場づくり

人間は環境に適応して生きています。ですから厳しい状況にある子どもの場合は、その状況に適応するだけで精一杯で、自己の成長にも目が向きませんし、他者への配慮など不可能です。その状態が長く続けば成長自体が阻害されます。

教師が「問題児」と思っている子どもの中には、そうした子どもが実に多くいます。こうした子どもを含むすべての子どもを「共感的」あるいは「客観的」に理解し、その理解に基づいて、個々の子どもの状態や特性に合わせた支持的で「安心・安全な環境」をデザインすることが必要です。「ユニバーサルデザインの環境」や「友人・親・教師・地域からのサポート」は、そのための重要な要件になります。

自己実現のための成長支援活動づくり

自己実現の支援でまず重要なことは、マズローの欲求階層説でいえば、「生理的欲求」「安心・安全の欲求」「愛と所属の欲求」「承認欲求」という下位の四つの欲求を充足することです。人間が上位の欲求充足に向かうためには、下位の欲求充足が必要と考えられているからです。

次に重要なのは、「期待される行動の明示」です。例えば、人から優しくされたことのない子どもには、優しさがわかりません。優しさを体験させ、どうすることが優しいことなのかを具体的に教える必要があります。

家庭や地域の教育力の後退は、こうしたかかわりの重要性を増幅させています。そして最後に、その行動を身につけるための「多様な教育活動」を準備する必要があります。

修復的なかかわりによる問題行動への対応

問題行動が起こった場合、問題が軽微であれば注意や説諭で終わりますが、重篤なときは処分や懲戒が科され、子どもには責任を負うことが求められます。これは〝過去の問題行動〟に焦点を当て、その〝責任を問う〟ということです。

時にこうした対応は必要でしょうが、私たちは、まずは「修復的なかかわり」という方法を採用します。この方法では、例えば対人トラブルが生じた場合、行動の是非よりも壊れた人間関係やコミュニティをどのように修復するかという点に焦点を当てます。つまり、〝過去の問題行動〟よりは〝未来の修復状況〟に焦点を当て〝修復行動を支援〟します。

教師がジャッジして罰したところで、どちらかに不満が残るならばその不満は潜在化し、時に恨みとなって何年間もその集団に悪影響を与えます。特に学級規模が小さくなり、クラス替えがないような学校ではその傾向は顕著です。こうした状況を回避するためにも、ＭＬＡでは修復的なかかわりを重視します。

＊

以上がＭＬＡの生徒指導の全体構造です。ＭＬＡでは、この全体を関連させながら、つまり全体構造を理解した上で実行することが重要です。家を建てるとき、部材が全部そろっていても、それを並べただけでは家は建ちません。重要なのは設計図が頭に入っていることです。

マルチレベルアプローチで活用する実際の手法

以上を踏まえ、実際のＭＬＡ実践で活用する手法を示したものが図５です。図４と対応させてみてください。

まず、「理解」を可能にする手法が「アセスメント」と「カウンセリング」です。これが「安心・安全な環境」の基盤的条件になります。そこに「学校づくり」「地域連携」、「ＵＤＬ（学びのユニバーサルデザイン）」、「学級づくり」「ピア・サポート」などが実践されることが、「安心・安全な環境」の十分条件となります。

図５

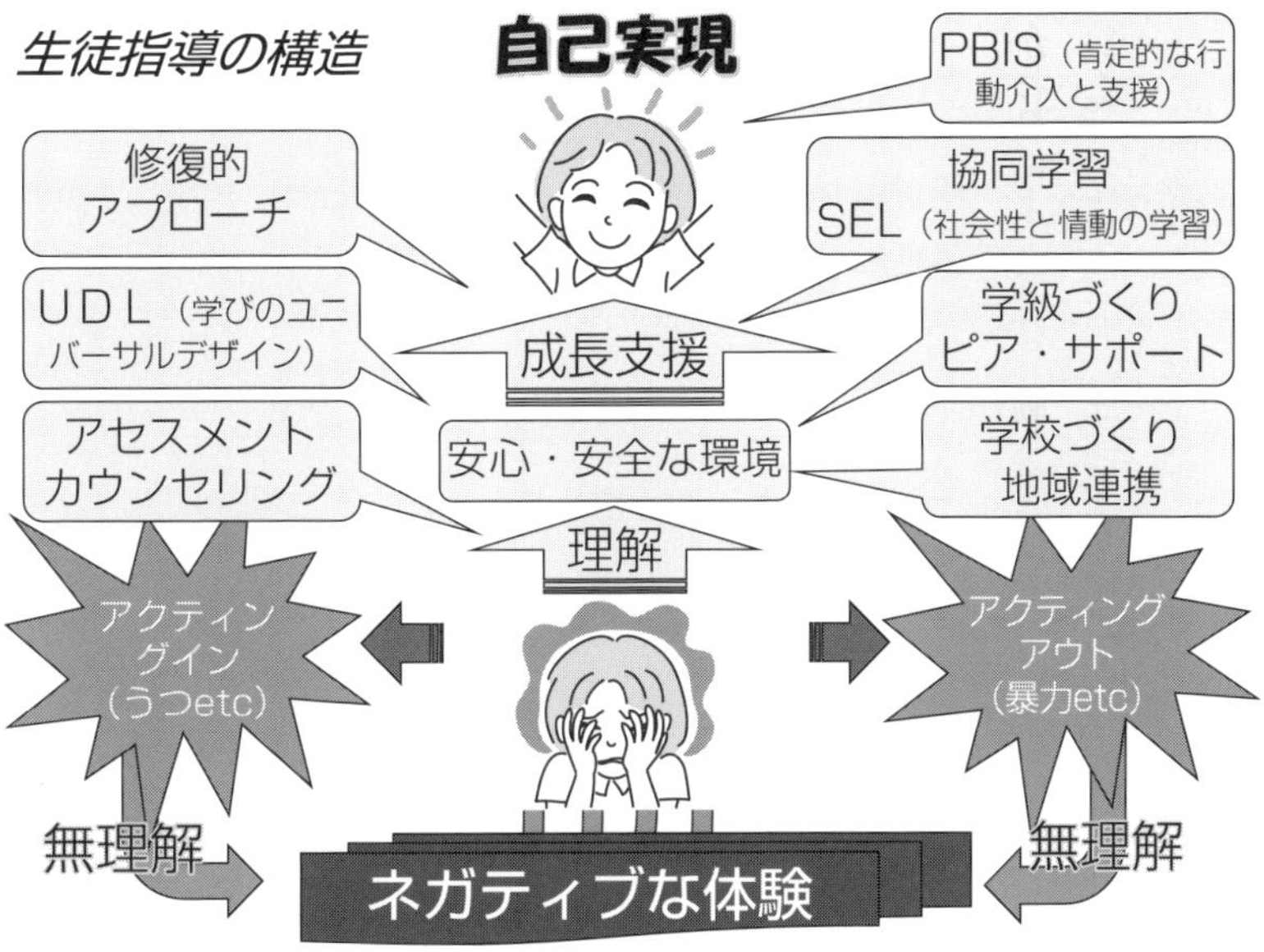

こうした取り組みを基盤として自己実現に向けた成長支援の

ための活動を組むことになりますが、ＭＬＡでは成長支援のための多様な方法として「ＳＥＬ」（Social and Emotional Learning：社会性と情動の学習）と「協同学習」を、「期待する行動の明示」の手法として「ＰＢＩＳ」（Positive Behavioral Interventions and Supports：ポジティブな行動介入と支援）を、主な手法として利用します。また、問題行動への対応については「修復的アプローチ」を活用します（ＳＥＬ、ＰＢＩＳ等、わかりにくい用語が並んでいますが、第2章・第3章で解説していきますので、ご安心ください）。

なお、ＭＬＡでは、ここに挙げた手法を使わなくてはいけないということではありません。学校や地域の実態に応じた創意工夫やオリジナルなものがあって当然です。実際、「学校づくり」や「学級づくり」と書いてはありますが、その中身は実践する学校や学級の教師にゆだねられます。

マルチレベルアプローチの指導の原理

医師は医学的な知見に基づいて治療方針を立てるでしょう。教師も同じです。実践で重要なことは、その実践が理論や研究によって得られた知見によってガイドされることです。その方針が妥当なものであるときに、培った経験と勘が生きます。

ここではＭＬＡが基盤とする代表的な理論を五つ挙げます。

絆を築く――ソーシャルボンド理論

Ｔ・ハーシ（二〇一〇）は、人間を社会集団に結びつけているものをソーシャルボンドと呼びました。これは、①アタッチメント（愛着）：集団を取り結ぶ情緒的絆、②コミットメント：集団から得られる利益を考慮して一種の投資として同調すること、③インボルブメント（巻き込み）：日常生活の様々な活動に参加している度合い、④規範観念：社会の基本的な価値観、の四つで構成されます。誤解を恐れずに言えば、豊かな人間関係を育てる仕組みがあり、毎日の授業や行事が自分の夢や希望の実現につながっていることが実感でき、参加型で自治的な学級経営がなされているとき、子どもは学校にとどまるということです。

ソーシャルボンド理論では、こうした絆が、人が社会からドロップアウトするのを防いでいると考えます。ですから、ＭＬＡの基本はこのソーシャルボンドを築くことです。

欲求を充足する学級経営――社会的欲求理論

人間は基本的に欲求を充足するために行動します。ですから、自己の欲求を社会的に認められる形で充足すること、さらには他者に気づき、他者の欲求を充足させるような向社会的行動がとれるようになることが重要で、教師は子どものそうした力量の形成を目指して学級を経営する必要があります。

その欲求として、Ｍ・トンプソンら（二〇〇三）は、①交流欲求、②承認欲求、③影響力欲求、の三つを挙げました。つまり、

①豊かな情緒的交流、②ほめられる場面、③活躍の場面があることが重要になります。これらの欲求が充足されるとき、学級は温かく、生き生きとした雰囲気になります。逆にこれらの欲求が満たされなければ、子どもたちは問題を起こしてでも交流や承認を求め、影響力を発揮しようとすることになります。

変化に着目し変化を強化する――オペラント条件付け

ある行動に叱る等の嫌悪刺激が随伴するとその行動は制御・消去され、ほめる等の強化刺激が随伴すると、その行動は強化されます。ですからよい行動には強化刺激を、悪い行動には嫌悪刺激を随伴させせます。これをオペラント条件付けと言います。ただ、嫌悪刺激は自己イメージや学校・教師イメージを傷つける可能性が高いので、ＭＬＡでは「ちょっとした肯定的変化」に着目して即時的に強化刺激を随伴させ、よい行動を増やし、問題行動を相対的に減少させるという考え方をします。

ただ、実際に困るのは、叱ってもやめない、ほめても拒否するといったケースです。これはどう理解したらいいのでしょう。

一つは、彼らが望ましい行動に習熟していない、つまり身についていないからできないケースです。その場合は、手取り足取り教える必要があります。「やってみせ（モデリング）、言って聞かせて（言語教示）、させてみせ（リハーサル）、ほめてやらねば（強化）、人は動かじ」の言葉の通りです。

二つ目は、その子にとっては叱責が交流欲求を充足する強化刺激になっている場合です。その場合、問題行動時のかかわりを減らし、「普通のとき」にしっかりかかわることが重要です。

また、問題行動を繰り返す子どもに手をかけすぎると、学級崩壊を招く可能性を高めます。それは普通の子どもへのかかわりが薄くなり、彼らが〝よい行動〟をしていても、強化刺激である賞賛や注目が随伴しないため、〝よい行動〟が消去されてしまうのです。真面目にやっている子どもを大切にすることが、学級経営の基盤になります。これは重要です。

パーソナリティの発達が社会性の発達を支える――愛着理論

アタッチメント（愛着）とは、養育者（主に母親）と乳児の相互作用の結果として結ばれる親密で継続的な情緒的絆のことです。Ｊ・ボウルビィ（一九七六）は、養育者との初期の愛着関係は内在化して、他の人々との関係の原型となると考えました。

例えば、母親との間に愛着を形成できた子どもは、自己と他者に対する肯定的イメージがあるため、他の人との間にも愛着関係を結びやすく、人間関係もスムーズにいくのに対し、愛着形成が不十分な場合、ネガティブな自己イメージや他者イメージが形成され、その後の人間関係の形成を難しくするということです。社会性の発達の基盤にパーソナリティの発達があり、さらにその基盤に愛着の形成があるということになります。

ところで、愛着の形成はおおむね三歳くらいまでと考えられています。では、幼児期の愛着形成がうまくいかなかった場合、学校段階に入ってからの対応では遅いのでしょうか。結論から言えば、難しくはなりますが、間に合います。米澤（二〇一四）

は、愛着関係の修復は、生母だけではなく、父、祖父母、保育士、教師、支援者等、「誰でも担うことができ」「いつでも修復できる」としています。実際、イギリスのナーチャーグループという団体では、愛着の課題を抱えた子どもを通常学級に適応できるところまで支援し、大きな成果をあげています。

　これは、愛着に課題のある子どもたちを学校で支援することの重要性を示すものです。また、その改善は、問題行動の減少と学習意欲や学力向上に直結することが指摘されています。

教師のリーダーシップ――ＳＬ理論

　以上の四つの理論がＭＬＡを導くことになりますが、「実際に教師が理論を実践に落とし込む際、どうすればいいのか」という問題が生じます。この問題に筋道を与えるのがＳＬ理論です。

　リーダーシップ行動には、仕事志向（指示的行動）と人間関係志向（共労的行動）の二つの機能があり、この二つの機能を成員の成熟度によってうまく使い分けていこうとする理論がＳＬ理論（Hersey et al. 1977）です。成熟度が低い場合は指示的行動を前面に出した教示型がよく、成熟が進むにつれて説得型、参加型、最後は委任型へ進むという具合です。

　ＳＬ理論では「状況に応じたリーダーシップ」が重要です。学級経営に当てはめれば、四月当初は担任が学級経営方針を打ち出して行動の枠組みを明示し、ある程度安定したら細かい指示は少しずつ減らし、協力・協同を強調していくといった流れになります。このように理論に依拠して実践を構築するのです。

〈参考文献〉

Ｊ・ボウルビィ（一九七六）『母子関係の理論１　愛着行動』（黒田実郎・大羽蓁・岡田洋子・黒田聖一訳）岩崎学術出版社　一九九一年に新版あり

Gysbers, N. C., & Henderson, P. (2000) Developing and Managing Your School Guidance Program (3rd ed.). Alexandria, VA : American Counseling Association.

Hersey,P., Blanchard,K.H. and Johnson,D.E.（1977）*Management of Organizational Behavior*, Third Edition. New Jersey: Prentice Hall.（一九七八年、山本成二・水野基・成田攻訳『入門から応用へ　行動科学の展開――人的資源の活用』日本生産性本部）二〇〇〇年に新版あり（山本成二・山本あづさ訳）

今井五郎（一九八六）「学校教育相談の概説」今井五郎編著『学校教育相談の実際』学事出版、八～三二頁

石隈利紀（一九九九）『学校心理学』誠信書房

小林利宣（一九八四）「生徒指導と教育相談」小林利宣編著『教育相談の心理学』有信堂高文社、一一三～一二三頁

國分康孝（一九八七）『学校カウンセリングの基本問題』誠信書房

Ｔ・ハーシ（二〇一〇）『非行の原因』（森田洋司、清水新二監訳）文化書房博文社

Ｍ・トンプソン、Ｃ・Ｏ・グレース、Ｌ・Ｊ・コーエン（二〇〇三）『子ども社会の心理学』（坂崎浩久訳）創元社

米澤好史（二〇一四）「愛着障害・社交障害・発達障害への『愛情の器』モデルによる支援の展開と意義――愛着修復プログラムと感情コントロール支援プログラムの提案」『和歌山大学教育学部紀要・教育科学』64、九一-一三〇頁。

第2章

すべての子どもたちを対象にした一次的・二次的生徒指導としてのマルチレベルアプローチ

1 アセスメント

栗原慎二　山崎　茜　長江綾子

第2章から各論に入っていきます。まず、マルチレベルアプローチ（MLA）を効果的に実践していくために必要なアセスメントについてです。

アセスメントの必要性

学校では、社会の急速な変化に伴い、従来の枠ではとらえきれない新しい複雑な課題が生じてきています。また、子どもたちを取り巻く変化も私たちの予想をしばしば超えています。このことは、これまで有効だった経験や勘が通用しなくなってきているということです。

文部科学省（二〇一六）によれば、教員の精神疾患による病気休職者は五〇〇九人で、五〇代以上が最も多く、四〇代も含めると七割近くになります。これらのデータは、「これまでも頑張ってきたし、今も精一杯頑張っているけれど、もうどうしていいかわからない…」という徒労感の表れとも言えるでしょう。こうした徒労感の裏側には、現在の子どもたちの問題行動の背景が複雑で理解しづらく、どのような対応が効果的なのかわかりづらいということがあります。

では、どうしたらよいのでしょうか。医者を例に考えてみましょう。例えば、お腹が痛くて病院に行ったとします。このとき医者は、問診で「いつから？」「どこが？」「どんな痛み？」「熱は？」などと詳しい状態を聞き、それらの情報からその腹痛は「食中毒」「ウイルス性の風邪」「他の臓器の疾患の影響」などの可能性を考えます。そして、血液検査やレントゲン検査などによってどの可能性が高いのかを判別していき、問診や検査結果を医学的知識・理論に照らして治療方法を定めます。このように、医者は症状を医学的な知見に基づいて診察し、治療を行っていきます。

これと同じ作業、つまりアセスメントが教育でも必要です。教育におけるアセスメントは、子どもや学級の問題状況について情報を収集し、理論や知識をもとにその状況や援助ニーズを解釈・判断し、その解釈・判断をもとにした支援を行う、という一連のプロセスです（図６）。また、支援の結果が効果的であったかを評価することもアセスメントであり、この評価が次の支援のための情報や判断となります。

図６

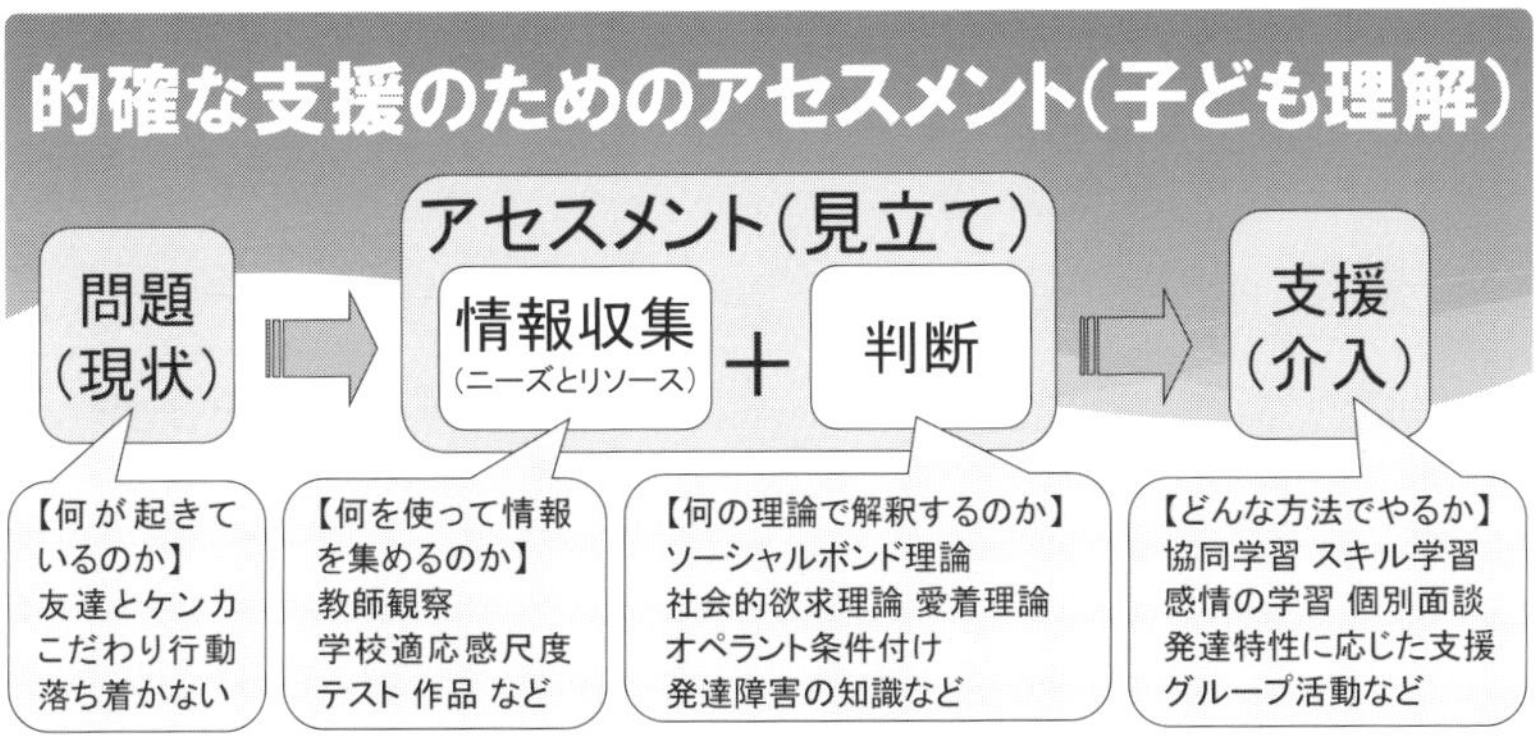

①問題状況を理解するためには、どういった情報が必要か
②その情報を判断するためには、どんな知識・考え（理論）が必要か
③その判断したニーズを満たすためには、どんな支援が必要か
＊**アセスメントは支援のためのもの**（情報収集・分析のみで終わらない）
＊**リソース**（支援に役立ちそうなもの）**もアセスメントする**

例えば、子どもが授業中に立ち歩いて注意をしても座らなかったとします。こんなとき、どう対応しますか？

厳しく叱る、優しく受容する、あえて無視する、などさまざまな方法が考えられますが、子ども理解のないままそれらを実行しても効果がありません。なぜこの子どもは立ち歩いているのか、その背景を理解する必要があります。そのためには、「どんなときに立ち歩くのか？」「教師のかかわりにどう反応するのか？」「友人関係は？」「家庭環境は？」「専門機関の受診は？」などの情報を集めます。それらの情報から、ＡＤＨＤの衝動性によるもの、自閉症スペクトラムの興味の偏りによるもの、しつけ不足、他者視点の不足など、問題行動の背景を特定していきます。そして、そのアセスメントに基づいて、「座席を刺激の少ない場所にする」「今何をする時間なのかを具体的に目に見える形で示す」「どういう行動が望ましいのか丁寧に教えていく」など、背景に対応した支援を行っていきます。

このように、背景を理解することで、適切な支援が見えてきます。こういった作業が今後ますます必要になってきます。

何をどうアセスメントするのか

これまでもお話ししてきたように、学校教育は全人的発達（身体的・心理的・社会的・学業的・キャリア的発達）を促進することが求められます。教育相談と生徒指導は主に心理的発達と社会的発達の領域をカバーします。心理的発達と社会的発達はどちらも子どもの全人的発達にとっては不可欠ですが、心理的発達が社会的発達の基盤となります。

この目的を達成するために、ＭＬＡでは、日本人の特質を活かして、「よい個が育つ集団を育てる」ことを強調します。そこで重要になるのは、目の前の一人一人の子どもだけではなく、子ども集団の心理的発達の段階、社会的発達の段階を的確に把握することです。それによって必要なかかわりが見えてきます。

ところで、アセスメントをする際に、問題となる行動や状況だけに目が向いていると、子どもや集団の抱える「本当のニーズ」に気づけないことがあります。表面上は問題がなさそうな子どもや集団が、実はニーズを抱えているというケースも実際には多くあります。そのため、多様な情報をもとにして子どもの状態を多面的に、客観的に理解することが必要です。

では、どのような指標を用いたらよいのでしょうか。具体的には以下のようなものを用います。

・日頃の子どもとのやりとりや家庭訪問・観察等からの情報
・遅刻／欠席回数と理由
・保健室来室頻度
・学校生活での様子
・学習成績
・学校適応感尺度
・種々のアンケート
・発達検査
・専門家による診断結果

こうした多様な情報をもとにして、現象（問題行動・適応行動・適応感など）だけではなく、その背景となる心理面（生育歴・家庭環境などからくる愛着や欲求の状態）や発達面（認知・学習・行動面の特性など）を把握していきます。

ＭＬＡでは、アセスメントツールの一つとして子どもたちの学校適応感を把握できる「アセス」を用います（「アセス」の詳細については、栗原・井上（二〇一六）参照）。「アセス」では六側面（「生活満足感」「教師サポート」「友人サポート」「非侵害的関係」「向社会的スキル」「学習的適応」）から、子どもの学校適応感を把握していきます。

次に、こうした指標によって得られた情報から子どもの状態を判断するのに必要なのが、理論や知識です。第１章で紹介した五つの理論（ソーシャルボンド理論、社会的欲求理論、オペラント条件付け、愛着理論、ＳＬ理論）や、発達障害に関する知識などが役立ちます。

前出の立ち歩きの例で考えてみましょう。問題行動の中核は、「授業中に立ち歩く」ことと「指導が入らない」ことでしょう。この行動の背景にどのような心理的な、あるいは社会的な原因があるのかと考えます。例えば、愛着理論の視点からは「この子はこれまでに適切に愛着を形成してきたのか」とか、欲求理論の観点からは「家庭や学級の中で社会的欲求はどこまで満たされているのか」といったことを判断していきます。さらに発達面から、「この子の認知面や行動面などの発達的特性に苦手なところがないかどうか」を考えていくわけです。

このように説明すると、アセスメントは「課題とその原因」を把握するためのものと思われるかもしれません。しかし、他にも把握すべき重要なものがあります。それは支援リソースと呼ばれるものです。アセスメントは子どもの「援助ニーズ」に気づくためのものですが、それと同時に「支援リソース」（支援に役立ちそうな資源の情報）を把握するためのものでもあるからです。立ち歩きの例でいえば、「立ち歩く」ということは確かに問題ですが、友人の存在（外的リソース）や興味のあること（内的リソース）、あるいは何より学校が好きで学級にいるということ自体も、支援のリソースになりうるのです。

第1章で、「十分なサポート（支援）がレディネスを形成し、そうやって形成されたレディネスが指導を可能にする」とお話ししました。アセスメントは、子どもたちのレディネスがどこまで整っているのかを把握するものです。レディネスが整っていない場合、まずはカウンセリング的なかかわりをもとに子どもの気持ちを受容・理解し、子どもの支援ニーズに応じてＵＤＬ（学びのユニバーサルデザイン）や安心・安全な学級づくり、友人・親・教師・地域からの支援などを通じて、レディネスを整えて指導を入れていく、ということになります。このときの「指導」も、強面の厳しく叱るという意味でなく、多様な教育活動を通じて子どもの心理的発達と社会的発達を促すという方向になります。

では、事例を通してアセスメントの実際を見てみましょう。

《中学校の事例》

A子（中一）は、親の再婚のため、小学校低学年時にこの学区に転校してきた。学区の小学校はすべて単学級の小規模校で、中学校も全学年単学級。比較的落ち着いているが、人間関係の固定化が強く、友人関係が一度崩れると修復が難しい状況があった。

A子の学級担任は支援がとてもきめ細やかで、生徒は困ったことがあるとよく担任に相談をする。学級全体は落ち着いているが、女子はグループの結びつきが強く、多くの生徒は特定の友人としかかかわっていない。A子も、特定の友人以外とはほとんどかかわっていない様子で、休憩時間には教師や事務員など大人によく話しかけている。大人や特定の友人との会話では活発に話し、相手に対する思いやりの言動もみられるが、「どうせ…」「むかつく」といったネガティブな発言がよくみられる。

図7　学級内分布票から

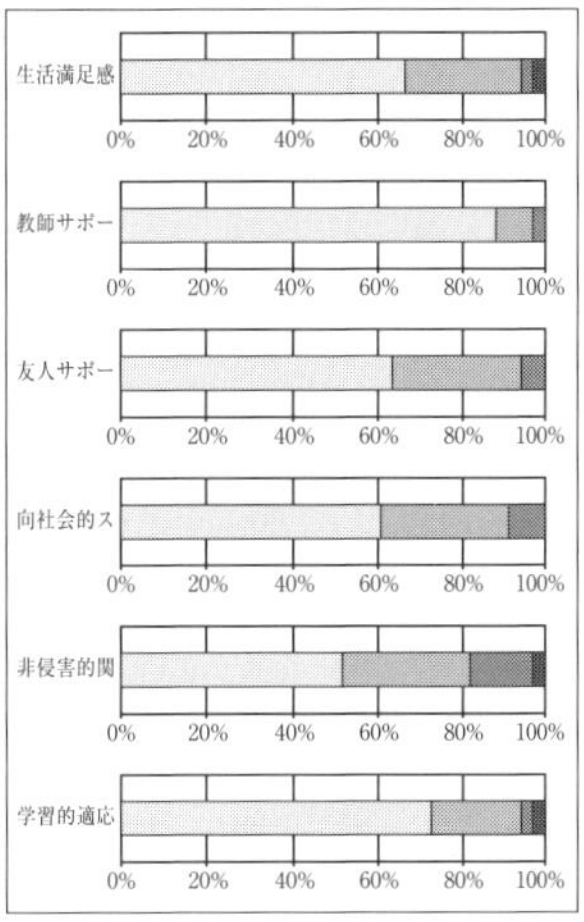

図8　A子のアセスの結果

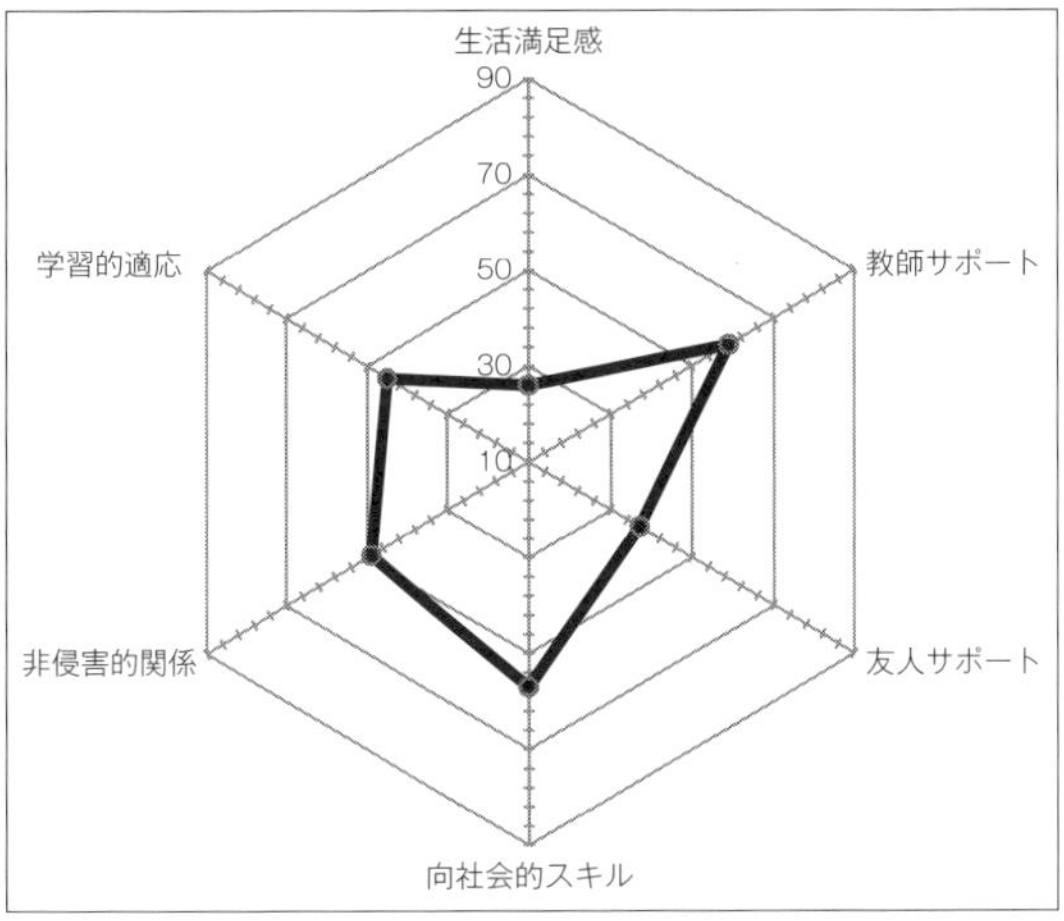

■アセスの結果（五月末）

学級全体（図7）は六側面すべてが50以上で、特に「教師サポート」は61と高い数値だった。

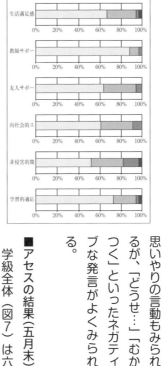

A子個人は、「生活満足感」（26）と「友人サポート」（37）の数値だけが低く（図8）、要支援領域にあった。

■アセスメント

〈A子のアセスメント〉

家庭環境を考えると、A子の「生活満足感」の低さは「友人サポート」の低さの影響だけではないことが予想された。そこで家庭の状況について聞いてみると、経済的に厳しいため両親は仕事で留守が多く、A子が下のきょうだいの面倒を見ていることがわかった。

A子の大人とばかりかかわろうとする行動は、社会的欲求理論からみれば、交流欲求が満たされていないことからきていると考えられた。また、「どうせ…」などの発言の多さは、愛着理論からみれば、愛着形成が不十分なことにより、自己肯定感が低く、他者への信頼感が薄いと考えられる。A子には思いやりの言動はよくみられることから、向社会的なスキルはあるようだが、それを安心できる特定の人間関係でしか発揮できないことが考えられる。

〈学級のアセスメント〉

担任のきめ細やかな支援が「教師サポート」の数値の高さに表れている。ただ、教師が直接支援しすぎることで、生徒が何かあればすぐに担任に相談するなど、生徒同士のかかわる機会が少なくなっている。これは、三次的生徒指導が中心になっているということである。

人間関係の固定化が強い学級であり、A子も友人のサポートが少ないと感じている状況からも、「よい個が育つ集団を育てる」ためには、一次的・二次的生徒指導（自分でできる力を育て、友達同士で支え合う力を育てる支援）が必要となってくる。

■具体的な支援と変化

これらのアセスメントをもとに、担任は、休憩時間など、A子とかかわる機会には、自己肯定感が高まるようA子のふんばりやよさを伝えていった。また、スクールカウンセラーと連携し、A子が安心して過ごせる場として昼休憩に相談室を設定した。学級全体に対しては、担任の直接的な支援から、「どうしたらいいと思う?」「誰が知ってそうかな?」「その人に聞いてみたらいいよ」などと、友人同士をつなげる支援にしていった。また、いろいろなメンバーがかかわるグループ活動の場を意図的に増やし、活動の最後にはメンバーのよかったところを伝え合い、良好な友人関係が生まれるようにした。

A子が安心できて認められる時間を重ねていくことで、A子の話す内容には楽しかったことも出てくるようになった。そのうち、「友達と遊んでいて忘れていた」などと、相談室に来る回数は減っていった。一〇月末に実施したアセスの結果は、「生活満足感」は35と、依然要支援対象だが改善がみられ、「友人サポート」も42と改善がみられた。

■考察

この事例では、愛着関係の修復と「友人サポート」を中心にアプローチしている。家庭へのアプローチは今回の事例では行っていないが、経済的な困難さが伴う場合はスクールソーシャルワーカー（SSW）などの福祉分野との連携も必要になってくることがある。

今回、A子に向社会的なスキルがあることはリソースであったため、A子が安心してかかわれる機会を設定することで、A子のスキルを活かして友人関係を広げていくことができた。もしA子にスキルが不足している場合には、かかわる場を設定する前にスキル学習などの支援が必要となってくる。

マルチレベルアプローチとアセスメント

少し大きな話になりますが、ＭＬＡの特徴として、このアプローチが、科学的に実践を振り返るシステムを内包していることが挙げられます。生徒指導の先進国アメリカでは国の方針として、「すべての児童生徒に」効果的な介入がされなければならないとされています。そのために、さまざまな教育活動がEvidence-Based Practice（科学的根拠に基づいた実践）であるかどうかが問われます。

Bennerら（2013）によると、その実行プロセスは、①ニーズと優先順位を把握する、②ニーズに合わせて実践方法を選択する、③エビデンスとして示すことができるものを見定める、④実践を行う、⑤効果検証を行う、となっています。

つまり、このEvidence-Based Practiceにおいては、個々人の成長への効果が検証されているかどうかが問われます。そのために各々がどのような援助ニーズを抱えているかをアセスメントによって理解・把握し、介入方法の選択、実践が行われ、その効果が検証されます。学校適応感を把握する「アセス」のような種々のアンケートだけでなく、例えば、実践による子どもの行動の変化の記録や、実践前後の子どもたちの考え方の変容もエビデンスとして用います。第３章２で紹介するＰＢＩＳ（Positive Behavioral and Interventions and Supports：ポジティブな行動介入と支援）という生徒指導のシステムでは、子どものポジティブな行動に注目し、その行動の生起率を指標として用いています。

一貫した指標に従ってアセスメントし、実践、振り返り、改善という、ＰＤＣＡサイクル（Plan-Do-Check-Act）が、生徒指導の先進国ではどこでも、どんな教育活動でも行われています。ＭＬＡでも、アセスメントして明らかにした援助ニーズが実践により満たされたかどうか、満たされていないとすればそれはなぜなのか、実践を振り返り、また次の実践につなげていくというシステムにのっとって実践が進められています。

このように振り返ることは一見手間に見えます。しかし、アセスメントをもとに的確な理解をすることによって見通しをもつことができ、希望が湧いてきます。さらに、アセスメントをもとにした明確な目標にそった実践を展開し、その効果がきちんと目に見える形で示されることで、実践者の徒労感は減少していきます。何よりも、教職員全員が共通の子ども理解を持ち方針を一致させ、それぞれが役割分担して支援にあたることが、子どもたちを育てるためには重要です。

〈参考文献〉

Benner, G. J., Kutash, K., Nelson, J. R. and Fisher, M. B.（2013）Closing the Achievement Gap of Youth with Emotional and Behavioral Disorders through Multi-Tired Systems of Support. *Education and Treatment of Children*, Vol.36, No.3, 15-29.

栗原慎二・井上弥編著（二〇一六）『Excel2016対応版　アセスの使い方・活かし方』ほんの森出版

文部科学省（二〇一六）「教員のメンタルヘルスの現状」

2 学級経営

神山貴弥

　ここではマルチレベルアプローチ（ＭＬＡ）の考え方に沿って、そもそも学級を「集団」として機能させるためにはどんな要件が必要なのか、それらの要件から考えて学級・集団づくりをどのように進めていけばよいのか、といったことについて順を追ってみていくことにします。

集団づくりとしての学級経営

　第１章にも出てきた話ですが、社会心理学では「集合」と「集団」を区別しています。一般的には、複数の人が集まっていたらそれを集団と呼んでいると思いますが、そこに集まっている人の間にかかわり合いが何もなければその状態は「集合」であって「集団」とは呼べないのです。四月八日に集まってきた「集合」状態の子どもを「集団」にすることを、ここでは学級経営としてとらえています。

　集団づくりなんて誰もが行っている当たり前のことなのに、なぜわざわざ取り上げるのかと思われるかもしれません。しかし、今の学校における子どもの現状を見ると、改めて集団づくりがうまくいっているのかを問い直してみる必要があるように思います。それは不登校やいじめといった問題行動が多発しているからというだけではありません。そうした問題行動に至っていなくても、お互いにかかわりを避ける傾向、集団の中での責任感や規範意識の欠如、リーダーの不在、やる気のなさ、といった子どもの状態は、学級や学校が「集団」としてうまく機能していないことを物語っているからです。

　ＭＬＡでは、一〜三次まである生徒指導のうち、一次的生徒指導として「自分でできる力を育てる」こと、二次的生徒指導として「友達同士で支え合う力を育てる」ことを目的としていますが、こうした目的をかなえる基盤が、ここで取り上げる「学級経営＝集団づくり」にあると考えています。

集団づくりの要件とは

それでは集団づくりの要件として、何か特別なものがあるのでしょうか。実はそんなものは何もありません。多くの先生方の集団づくりの実践を集約すると、自然と次の二つに集約されます。

⑴人間関係づくり：情緒的なかかわり

集団づくり＝人間関係づくり、と思っている方も少なくないのではないでしょうか。それだけ人間関係づくりは集団づくりにおける重要な要素であるのです。

とりわけ若い先生方は、どうしたらクラスの仲間づくりがうまくいくのか、そのことに腐心する方が多いように思います。もちろん若手の先生に限らず多くの先生方が、新入生に対してやクラス替えがあった直後には、子ども同士が自己紹介する機会を設けたり、お互いが親しくなれるような活動をしたりと、かかわりを深める取り組みをしているのではないでしょうか。また、こうした人間関係づくりは、年間を通して、様々な学校・学年での行事を活かしながら行われていることでしょう。

⑵集団を機能させる仕組みづくり：活動上のかかわり

話が少し飛びますが、みなさんは、あまり馴染みがない外国に行ってレストランに入ったものの、何をどう注文すればいいのか、どうやって食べればいいのかがわからず、困ったり不安になったりしたことはありませんか。

私たちは新しい環境におかれたときには、どのように振る舞ってよいかわからず、とても不安になるものです。新しい学校やクラスに入った直後も同様です。つまり、集合状態のときには、疑心暗鬼になり、当たり障りがないように振る舞い、居心地が悪いのでその場を何とかやり過ごし、早くそこから脱け出したくなるものです。

このような状態の中では、「個」は育ちませんよね。学級がいつまでも集合状態であれば、子どもたちの育ちはありません。

では、どうであればよいのか。その「集まり」が何のためにあり、自分がそこで何を求められているのかがはっきりしていれば、疑心暗鬼になることもなく、安心してその状況で立ち振る舞うことができるのではないでしょうか。そして結果的には、そのことが集団に対して積極的にかかわっていくことになるのです。

つまり、集団の「目標」や「規範」、そして個々のメンバーの「役割」が明確であれば、個々は集団や他者に貢献する行動をとることができると同時に、そうした行動を通じて「個」の力を高めていけるのです。

学級の「目標」「規範」「役割」、これらについてもやはり多くの先生方が、特に年度初めや学期初めに、学級目標を掲げたり、学級生活あるいは授業が円滑に進められるようにルールを決めたり、子どもたちを係や委員につかせたりすることなどを通して、当たり前に実践されていることでしょう。

改めて問われる集団づくり

こうしてみると「人間関係づくり」も「集団を機能させる仕組みづくり」も、学級経営＝集団づくりの中で当たり前に行われているのですから、なんら問題がないことになります。しかし、冒頭でも書いたように、子どもたちの現状を振り返れば、学級や学校が「集団」としてうまく機能していないと言わざるを得ません。言い換えれば、以前と同じように集団づくりをしているだけでは、太刀打ちできなくなっているのです。

ここでは紙面の都合から多くは説明できませんが、核家族化、少子化、地域など、子どもを取り巻く環境や遊びの変化などによって、今の子どもは多様な人々とのかかわりを持つ機会を奪われています。それと同時に、他者とかかわる力が落ち、他者とかかわることで得られる感情体験（自己肯定感や自己効力感など）も少なくなっています。こうしたことが、今日の集団づくりを難しくする一因になっていると言えるでしょう。

ではこうした背景因も踏まえ、どのように集団づくりを進めていけばいいのでしょうか。

集団づくりの進め方

上記のようなことを背景にして子どもが変わってきたからと言って、集団づくりの要件自体が変わってしまうというものではありません。それはこの集団づくりの要件が、あらゆる集団に当てはまる普遍の原理だからです。

これも紙面の都合で詳しくは述べませんが、集団づくりの要件は、例えばリーダーシップ理論として広く知られている三隅（一九六六）のＰＭ理論におけるリーダーシップ行動と対応します。つまり、「集団を機能させる仕組みづくり」は集団目標達成（Performance）行動と、また「人間関係づくり」は集団維持（Maintenance）行動と対応しています。集団に対してどのような働きかけをすべきかの原則は、そうは変わらないのです。

次ページの図に、集団づくりがうまくいっていない学級（集合状態）での子どもたちの代表的な懸念を挙げました。「受け入れてもらえるかなぁ？」や「こんなこと言ったり、やったりして大丈夫かなぁ？」といった懸念は、「人間関係づくり」がうまくできていないことから生じるものです。また、「みんな何をしようとしているのかなぁ？」は集団目標が、「こんなこと言ったり、やったりして大丈夫かなぁ？」は集団規範が、「この中で自分は何をすればいいのかなぁ？」は集団における役割が定まっていないことから生じるものです。つまりこれらは、「集団を機能させる仕組みづくり」がうまくできていないことから生じる

集団づくりがうまくいっていない学級（集合状態）での子どもたちの懸念

懸念です。

要するに、これまでの集団づくりの要件はそのままに、しかし今までと同じやり方だけでは集団のよさを引き出せないので、これまで以上に丁寧に集団づくりをしていくことが重要だということです。

それでは、その進め方をもう少し具体的にみていきましょう。

⑴かかわりの機会を増やす：かかわる量と質の充実

「人間関係づくり」に関しては、以前は子どもたち自身にかかわる力もかかわろうとする意欲もある程度備わっていたので、年度初めや行事を中心に教師が仕掛けをすれば、それを機会に子ども同士が関係を深めてくれていたのではないでしょうか。今日では他者とのかかわりが乏しくなり、かかわることのよさもあまり体験できていないわけですから、やはりまずこのかかわりの機会を日常的に増やしてやる必要があります。

著者らとともに広島県立教育センター（二〇〇七）が行った実践研究は、このかかわりの機会を増やすことに焦点を当てたものでした。この取り組みに参加した小学校四学級、中学校三学級には、年度初めや行事といった要所に限らず、日常的に子ども同士がかかわる機会を増やしてもらいました。その方法は各学級が取り組みやすいよう様々で、例えば小学校の一つの学級では「朝のミニ会話」と称して、〝最近楽しかったこと〟といった気軽なテーマから、徐々に〝がんばったこと〟といった自分自身のことを語るテーマに移行するように工夫しながら、朝の会の一〇分間を使って、ペアでの会話の機会を設けるものでした。小学校の残る三学級の取り組みは「係活動の自由化（に伴う話し合い）」「グループ学習」「今日のベストフレンド」、中学校三学級の取り組みは「ランチトーキング」「ペアスピーチ」「グループ面接」と称するもので、いずれも朝の会・終わりの会、昼休み、あるいは授業を利用して、短時間ですが継続してかかわりの機会を設けるものでした。

単年度の実践研究であるため実践期間は九月から一二月とわずかな期間でしたが、Q-U（学級満足度尺度・学校生活意欲尺度）を用いた事前・事後測定の結果、学級満足群の割合は小学校で五四％から七〇％へ、中学校で四七％から五六％へと、統計的にも有意な増加を示しました。また小学校では、「承認」「友達関係」「学級雰囲気」の各得点が上昇するとともに「被侵害」得点が減少、中学校では「承認」「友達関係」「学習意欲」「教師との関係」「学級との関係」の各得点が上昇し（いずれも統計的に有意）、小学校・中学校ともに逆効果を示す指標は一つもありませんでした。この研究では比較対象となる学級を設けていなかったので、こうした変化がかかわりの機会を増加させたことによると強く述べることはできません。しかし、複数の学級で取り組み方が違っても同様の効果がみられた点は注目に値するでしょう。

このような効果がみられたわけですが、当たり前のことながら、ただかかわりの機会を増やせばいいというわけではありません。そこにはいくつかのコツ（ポイント）があります。

①社会的欲求の階層性を考慮する

第1章ですでに述べた人間の社会的欲求には、階層（順序）性が想定されます。まず基盤となるのが、誰かとつながって居場所をつくり安心感を得たいという「交流欲求」、次いで周りの人々から認められることで自己肯定感を得ようとする「承認欲求」、そして、周りの人々に何らかの影響を及ぼすことで自己効力感を得ようとする「影響力欲求」です。通常、誰ともつながっていない（「交流欲求」が満たされていない）のに、いきなり「影響力欲求」を行使しようとはしないでしょうし、つながりがない中で行使しても周りから疎まれるだけです。

したがって、かかわりの機会を設ける際も、まずはしっかり「交流欲求」を満たす（人とつながり安心感が得られる）取り組みから始め、順次、「承認欲求」「影響力欲求」を満たす取り組みへと移行させていくこと、あるいは同じ取り組みであってもどの欲求を満たす活動になっているのか重点を意識し、順次その重点を移行させていくことが大切です。

②成功体験を積ませる

かかわりが少ないあるいは苦手な子どもは、要するにかかわりを通した成功体験が少ないのです。誰かとかかわることで楽しかった、何かをやり遂げることができた（達成感）、他の人の役に立った（自己効力感）といったことが体験できておらず、かかわって恥ずかしい思いをした、嫌な思いをした、気ばかりつかって煩わしいだけだという思いが先立ってしまうのです。

したがって、まずはかかわって楽しかったと思えるような取り組みを導入するようにし、他者とかかわることの抵抗感を低くすることが肝要です。そして抵抗感が低くなったところで、一歩進んで、達成感（協働して成し遂げる）や自己効力感（誰かの役に立つ）を体感させられるような取り組みへとつないでいくのです。①では社会的欲求の階層性を考慮することの大切さを説きましたが、それぞれの欲求充足の段階で成功体験を積ませる、つまり、かかわることを通してつながっている、認められている、役立っているといった経験が積めるよう仕掛ける必要があるのです。

(2)かかわり方を学ばせる：かかわるスキルの獲得

集団づくりを進める上で、かかわりの機会を増やすことと同時に進めたいことが、他者とのかかわり方を系統的に学ばせる取り組みです。ＭＬＡでは、単に他者とかかわる行動だけでなく情動の理解・表出・調整を学ばせる社会性と情動の学習（ＳＥＬ：Social and Emotional Learning）を推奨していますが、この詳細は第2章[3]で紹介していきます。

(3)かかわる仕組みをつくる：かかわることができる場の提供

　集団づくりの要件として「集団を機能させる仕組みづくり」を挙げました。そして集団の「目標」や「規範」、そして個々のメンバーの「役割」が明確であれば、個々は集団や他者に貢献する行動をとると指摘しましたが、〝かかわる仕組みをつくる〟とはまさにこのことです。学級での集団活動を仕組む上でこれら三つの要素が明確であり、しっかりと子どもたちのものになっているか否かが、集団活動の成否のポイントです。お題目だけの「目標」「規範」「役割」ではなんら意味を持ちません。

　ＭＬＡでは、学校での主活動である授業における集団活動、つまり協同学習に着目し、これを効果的に進めることを推奨しています。この進め方の詳細については第2章[4]をご覧ください。

集団づくりの要件と進め方（まとめ）

■要件

○人間関係づくり　…〔情緒的なかかわり〕をつくる

○集団を機能させる仕組みづくり　「目標」「規範」「役割」の明確化

…〔活動上のかかわり〕をつくる

■進め方

1）かかわりの機会を増やす：かかわる量と質の充実

そのコツ：①社会的欲求の階層性を考慮する　②成功体験を積ませる

2）かかわり方を学ばせる：かかわるスキルの獲得

3）かかわる仕組みをつくる：かかわることができる場の提供

〔学級アセスメント〕を活かす

＊

　ここでは学級経営＝集団づくりについて述べましたが、学級に対してどのような手立てをするかは、学級が今、どのような状態にあるかに依存します。そうした意味でも、第2章[1]で紹介した学級のアセスメントは、これからの学級経営においてなくてはならないものと言えます。アセスメントを有効に活用しながら、的確な集団づくりを進めていくよう心がけてください。

またこれにかかわっては、紙幅の都合で触れていませんが、集団の状況（メンバーの成熟度）に合わせてリーダーシップの発揮の仕方が異なることを示すＳＬ理論（Situational Leader-ship Theory：Hersey & Blanchard, 1977）があります。もちろん理論通りの順番にリーダーシップを発揮するとはいかないでしょうが、ＳＬ理論で示される考え方は学級の集団づくりにおいても参考になることでしょう。そちらもご参照ください。

〈参考文献〉

Hersey, P. & Blanchard, K.H.（1977）*Management of Organizational Behavior：Utilizing Human Resources*（3rd ed.）, Prentice Hall.（改訂版の翻訳本は以下。Ｐ・ハーシィ、Ｋ・Ｈ・ブランチャード、Ｄ・Ｅ・ジョンソン『入門から応用へ 行動科学の展開―人的資源の活用［新版］』山本成二・山本あづさ訳、生産性出版、二〇〇〇年）

広島県立教育センター（二〇〇七）「児童生徒の学級への適応を促す生徒指導の在り方に関する研究―1次的アプローチにおける工夫・改善を通して」『広島県立教育センター研究紀要』34、四五―六四頁

三隅二不二（一九六六）『新しいリーダーシップ―集団指導の行動科学』ダイヤモンド社

3 SEL（社会性と情動の学習）

山田洋平

第2章3以降は、マルチレベルアプローチ（MLA）を支える具体的な実践について話をしていきます。

最初は、SEL（Social and Emotional Learning：社会性と情動の学習）についてです。SELは、子どもたちの対人関係能力を育成するための取り組みです。SELという言葉はまだ聞きなれない言葉だと思いますので、詳しく説明していきます。

SELが求められる背景

友達とよくケンカをする子ども、暴力をふるってしまう子ども。反対に、言いたいことが言えずにいつも我慢しているような子ども。みなさんの学校にはこのような子どもはいないでしょうか。そして、こうした子どもたちの行動はなぜ起こるのでしょうか。

これまで指摘されてきた問題行動の主な原因として、対人関係能力の未熟さが挙げられています。しかし、二〇〇〇年代以降に〝キレる〟という問題が起きてから、問題行動の原因に新たな視点が加わりました。それは感情機能の未熟さです。実際にさまざまな研究によって、不適切な行動が感情理解や感情コントロールなどの感情機能の未熟さによって引き起こされていることがわかってきました。例えば、すぐに暴力をふるう攻撃的な子どもは相手の感情理解に歪みが見られることや、感情のコントロールが苦手であることが明らかとなっています。

こうした感情機能の未熟さは、攻撃的な子どもや引っ込み思案な子どもなど特定の子どもだけではなく、多くの子どもたちにも共通する問題となってきました。例えば、相手の感情が理解できない子ども、集中力が続かない子ども、すべての感情を「うざい」「やばい」で表現する子どもが増えてはいないでしょうか。このような背景から、近年では、社会的スキルのような行動面だけではなく、行動実行に重要な影響を与える感情面の育成の重要性が求められるようになりました。そこで注目されているのがＳＥＬです。

ＭＬＡでは、ＳＥＬの実践によって社会的スキルと感情的スキルの育成を目指しています。相手の感情を理解したり、自分の感情をコントロールしたり、感情を表現するといったスキルは、ＭＬＡのその他の取り組みである協同学習やピア・サポートを実践する上で重要なスキルとなります。そういった意味で、ＳＥＬは、ＭＬＡの取り組みにおける基盤づくりを行う重要な取り組みと考えられます。

ＳＥＬとは

ＳＥＬは、日本では「社会性と情動の学習」と訳されている心理教育プログラムの総称です。学術的には「自己の捉え方と他者の関わり方を基礎とした、社会性に関するスキルや態度、価値観を身につける学習」（小泉、二〇一一）と定義されており、感情の理解やコントロール、他者への思いやりや気遣いの育成、責任ある意思決定、前向きな対人関係の構築、困難な状況の効果的な対処などの力を育成することを目指しています（Collaborative for Academic, Social, and Emotional Learning, 2003）。

ＳＥＬはアメリカを中心に、イギリス、カナダ、オーストラリアなど多くの国で実施されており、数多くのプログラムが存在しています。アメリカのCollaborative for Academic, Social, and Emotional Learning（CASEL）という機関は、これら多くのＳＥＬプログラムをとりまとめています。

ＳＥＬの核となる能力は、(a)「自己への気づき」、(b)「他者への気づき」、(c)「自己のコントロール」、(d)「対人関係」、(e)「責任ある意思決定」の五つの能力です（図９参照）。

ⓐ「自己への気づき」

「自己への気づき」とは、自分の感情や思考、そして自分の行動の影響について正しく認識する能力です。この能力には、自分の強みや弱みについて、現実的で根拠のある評価をすることなどが含まれます。例えば、自分が「イライラしている」「とても悲しい」「ずるいと思っている」などの自分の感情状態に気づくことや、自分の長所と短所を正しく理解しているかにかかわる能力です。

ⓑ「他者への気づき」

「他者への気づき」は、他者の立場に立つとともに、さまざまな他者の背景を理解し、共感する能力です。例えば、「相手の立場だったら悲しいな」「相手はこう考えているかもしれない」「かわいそう」といった他者の感情状態に気づくことが含まれます。また、自分と他者は違う存在で、同じ状況であっても異なる感

図9

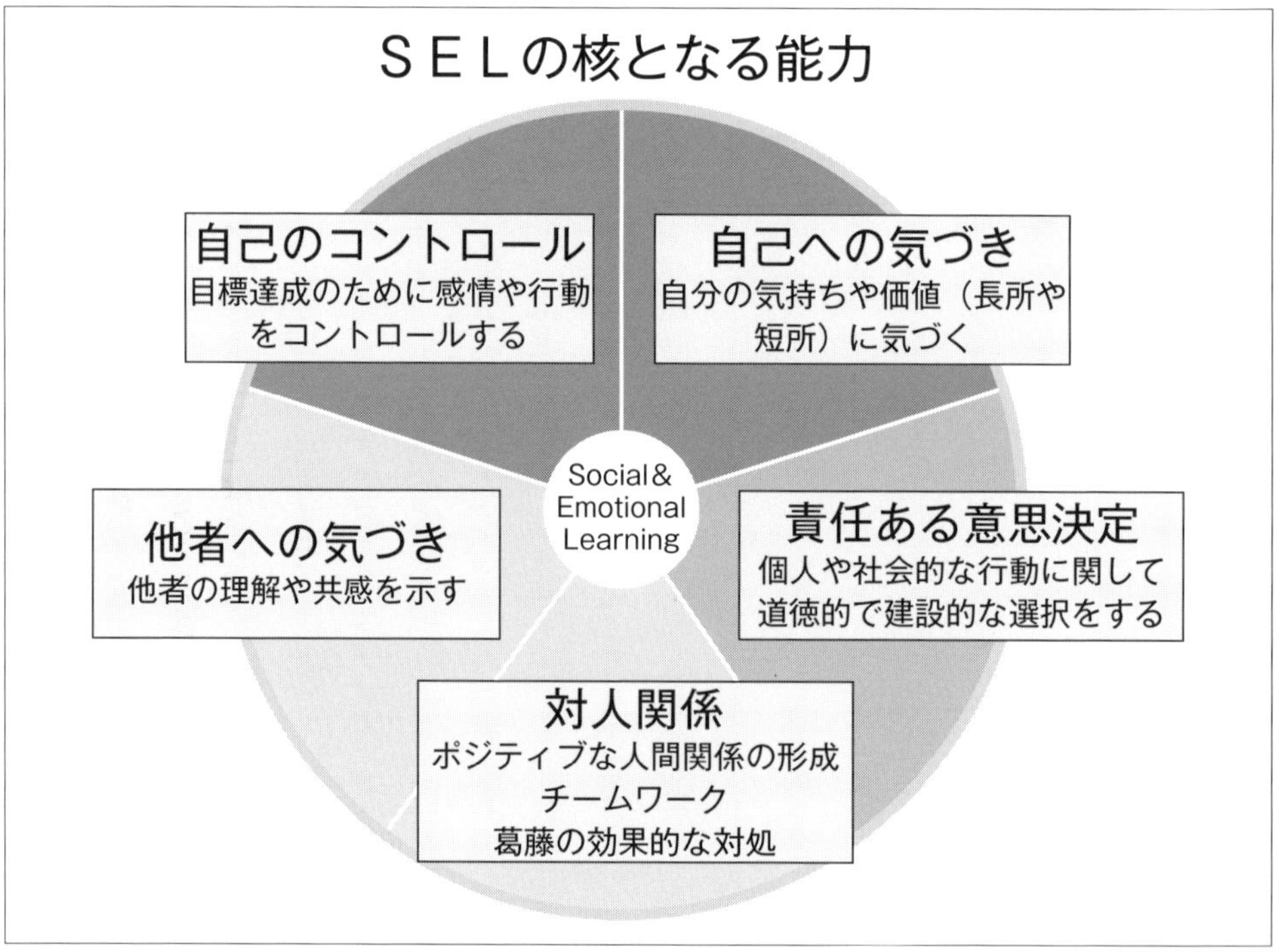

出所：Collaborative for Academic, Social, and Emotional Learning (2003) をもとに筆者作成

じ方やとらえ方があることを認めることができる力です。

(c)「自己のコントロール」

「自己のコントロール」とは、さまざまな状況で異なる自分の感情や思考や行動を調整する能力です。これはストレスマネジメント、衝動のコントロール、モチベーション管理、個人の目標達成に向けた計画と実行の力を含みます。例えば、「イライラが爆発しそうだけど、暴力をふるわない」「遊びたいけど、我慢して勉強しよう」「気が進まないけど、気分転換をして頑張ろう」というように、自分の感情をうまく制御し、適切な行動をとれる能力です。

(d)「対人関係」

「対人関係」は、異なった個性や集団と、健全で満足できる人間関係をきずいて維持する能力です。「わかりやすく伝える」「積極的に聞く」「協力する」「不適当な社会的圧力に対抗する」「建設的に葛藤を解決する」「必要に応じて助けを求める」といった能力が含まれます。

(e)「責任ある意思決定」

「責任ある意思決定」とは、個人の行動や社会的なかかわりについて、他者を尊重した建設的な選択ができる能力です。「安全への考慮」「社会のルールを尊重する」「さまざまな行動の結果に対する現実的な評価」「自己と他者の幸福などを考慮に入れた決定ができる」などの能力です。例えば、「友達からの誘いを受け入れるか、断るか」「寝る前に勉強すべきか、寝てから勉強すべきか」などというような、日々の選択にかかわる能力です。

＊

先ほども述べましたように、こうした能力の育成をねらいとして実践されているSELにはたくさんのプログラムがあります。それぞれのプログラムで特色は異なりますが、おおむねSELを実施することで得られる効果が明らかになってきました。それは、①社会的スキルおよび感情的スキルの向上、②向社会的行動（人のために良い行動をすること）の改善、③問題行動と攻撃行動の減少、④情緒的問題の改善、⑤自己と他者および学校に対する態度の改善、⑥学力の向上です。学力の向上については、一一～一七％の上昇が認められました（Durlak et al. 2011）。

イギリスでのSEL実践では、上記の他に、①子どもの出席率の安定、②効果的な学びの促進、③教職員の効率の向上、④学校の全児童生徒と教職員の情緒的な健康状態の向上が挙げられています。つまり、SEL実践は、子ども個人の能力や心身の発達に直接的な効果を与えるだけでなく、学校全体の健全な環境の確保にも間接的な影響を与えることがわかっています。

日本での実践はまだ少ないのですが、セカンドステップ（日本こどものための委員会、二〇〇六）や、SEL-8S（小泉・山田、二〇一一a、二〇一一b）などのプログラムが開発・実践されており、少しずつ広がりを見せているように感じています。

SEL実践――岡山県総社市での実践の構成

それでは、SELの具体的な実践内容について紹介します。

ここでは、長年、MLAを導入している岡山県総社市での実践を取り上げます。総社市のマルチレベルアプローチ全体の実践については、第4章[4]で紹介していますので、そちらもあわせてご覧ください。総社市の小中学校でのSEL実践では、「感情の理解」「感情のコントロール」「感情の表現&社会的スキル」「問題解決」の四つの単元構成にしました。

図10

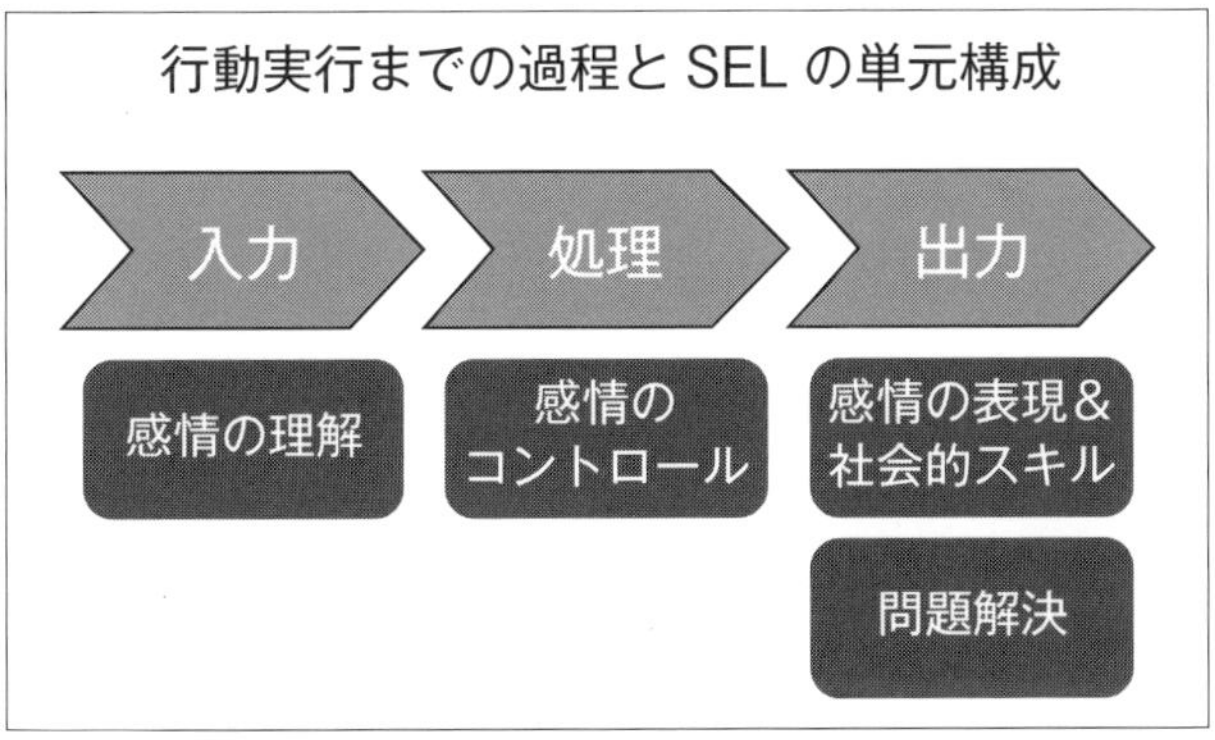

一般に、人は行動をするまでに、三段階の過程を通ります。それぞれ、①相手の感情理解や状況把握を行う「入力」段階、②収集した情報から適切な行動を落ち着いて考える「処理」段階、③適切な行動を実行する「出力」段階です。

総社市における四単元は、この三段階の過程に対応しています（図10参照）。「問題解決」の単元は、社会的スキルの応用を学習する単元として、問題解決のステップを学習します。

各単元の実際の活動を紹介していきましょう。

SEL実践――「感情の理解」の単元

まず「感情の理解」の単元です。ここでは、自己と他者の感情理解について学習します。

感情を理解するためには、豊かな感情に関する言葉を知っておくことが大切です。また、相手の感情を理解する際、私たちは、相手の表情やしぐさ、声の大きさ、周りの状況など、さまざまな情報を手がかりにしています。この単元では、感情語を増やすことと、他者の感情を知るための手がかりを知ることが大きな目的となります。

「いろんな気持ち」――感情語の獲得

「いろんな気持ち」という授業では、さまざまな感情の言葉を知り、感情の理解を深めることがねらいです。

私たちは、さまざまな感情の言葉をどのように使えるようになったのでしょうか。それは主に、親が教えてくれたからです。例えば、子どもがモヤモヤして泣いているとき、親が「涙を流しているけど、悲しいの?」と言葉をかけます。こうした経験を何度も繰り返すうちに、子どもは、「このモヤモヤした気持ちは『悲しい』という気持ちなんだ」ということを理解します。このような過程は〝感情のラベリング〟と呼ばれます。授業では、この〝感情のラベリング〟をSELの活動を通して行うわけです。

例えば、「恥ずかしい」という感情語を学習するときの授業では、まず、「人前で転んだとき、どんな気持ちになりますか?」と子どもに尋ねます。子どもたちから「恥ずかしい」という回答が出てきます。次に、「恥ずかしい顔とはどんな顔ですか?」と、恥ずかしい表情を絵に書かせます。その後、グループ活動の中で、それぞれが描いた顔の共通点を導き出します。そこでは、「顔が赤くなる」「眉毛がへの字になる」「下を向いている」などという共通点が出てきます。

こうした活動を通して、子どもは、「人前で転んだとき、『恥ずかしい』という気持ちになるかもしれない」「『恥ずかしい』ときは、顔が赤くなる」ということを学習し、特定の状況と表情に「恥ずかしい」という感情語を関連づけさせます。これが〝感情のラベリング〟です。学年に応じて取り扱う感情を変えることで、感情語の理解を深めることができます。

「相手はどんな気持ち?」――相手の感情を理解する

次は、相手の感情を理解する方法を学ぶことをねらいとする「相手はどんな気持ち?」という授業を紹介します。

そもそも私たちは、何を手がかりに相手の気持ちを理解しているのでしょうか。おそらく、①しぐさ、②顔の表情、③言葉の様子、④周りの状況などを手がかりに、相手の気持ちを推測しています。授業では、こうした手がかりについて学習します。

授業では、例えば、おもちゃが壊れて悲しんでいる様子が書かれた絵を提示し、「どうして悲しんでいると思いますか？」と質問します。子どもたちからは、「涙を流していたら」「下を向いているから」「おもちゃが壊れているから」などの相手の気持ちを知る手がかりとなるポイントが出てきます。そして、〝相手の気持ちを知るヒント〟として、上記に挙げた四つの手がかりを確認します。その際、覚えやすくするためにゴロ合わせを用います（図11参照）。

図11

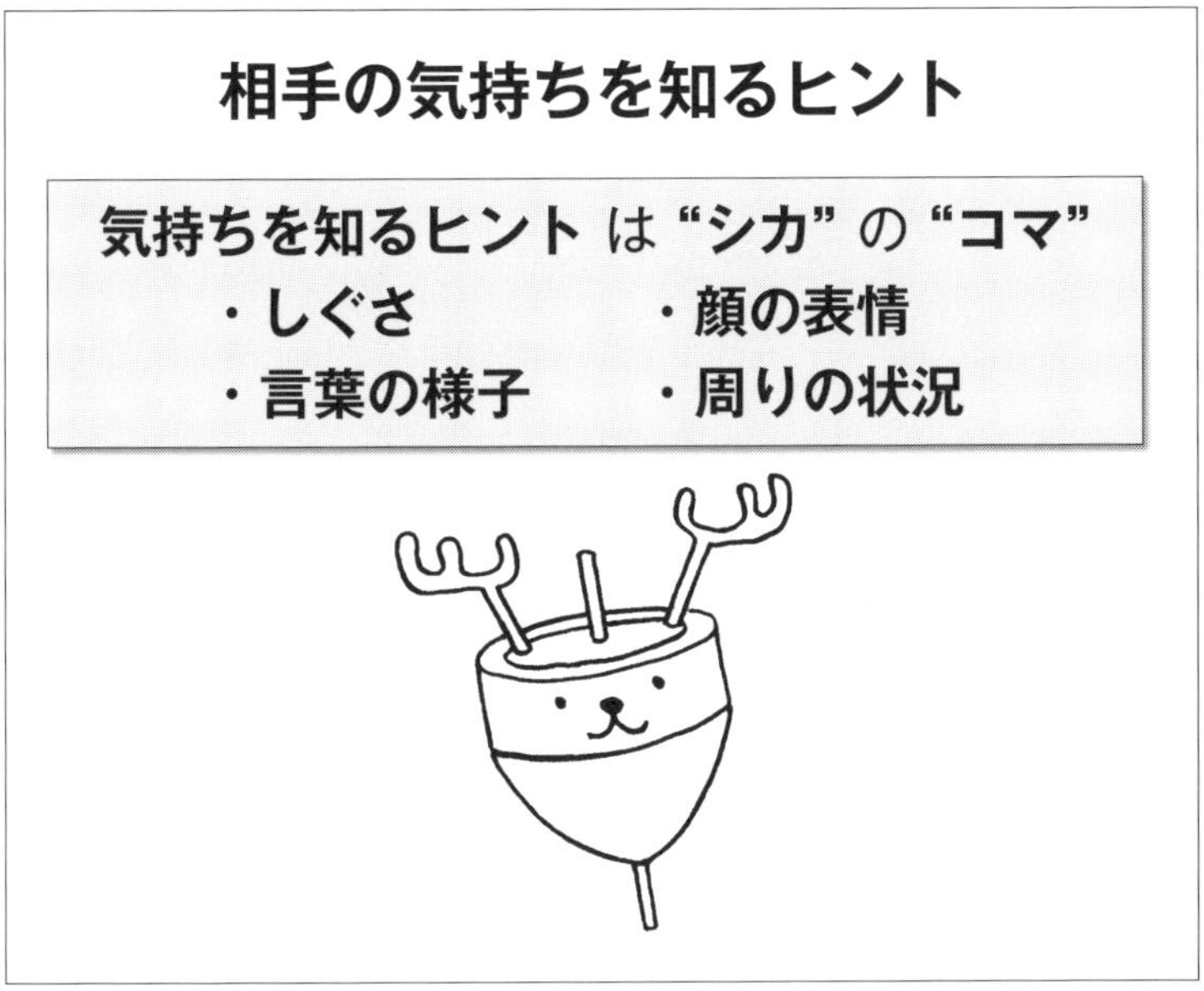
相手の気持ちを知るヒント
気持ちを知るヒント は “シカ” の “コマ”
・しぐさ
・顔の表情
・言葉の様子
・周りの状況

出所：小泉・山田、2011a

次に、このヒントを使って、相手の気持ちを理解する練習をします。具体的には、絵や写真を見て、登場人物の気持ちを推測する活動をします。その中には表情が見えない写真やしぐさが見えない絵が含まれており、さまざまな手がかりを活用して感情を推測する練習を行います。さらに、学級の友達の表情やしぐさから、気持ちを推測するゲーム形式の活動も行われます。

他者感情の理解については、ある研究によって、手がかりをたくさん用いて他者の感情理解をしている子どもの学校適応感が高いことがわかっています（田中ら、二〇〇九）。つまり、他者の感情を理解するには、多くの手がかりを活用して推測できることが大切です。そのために、上記の活動を通して、相手の感情を理解するさまざまな手がかりについての理解を深めます。

SEL実践——「感情のコントロール」の単元

「感情のコントロール」の単元では、自己の感情コントロールについて学習します。自分の感情をコントロールするためには、①自分の感情とその強さに気づくことと、②感情を落ち着かせる方法を知ることが大切です。その二つが、この単元の大きな目的となります。

では、実際の授業の様子です。例えば、「怒っている私」という授業です。この授業では、自分が怒っているときの体や表情、言葉づかいなどの特徴を知り、自分の感情の強さについての理解を深めます。まず、感情の強さを三段階に分けて、〈レベル1〉は少し怒っている状態、〈レベル2〉は怒っている状態、〈レベル3〉はとても怒っている状態とします。そして、「少し怒ったとき（レベル1）には、どんな表情や体になりますか?」と子どもに尋ねます。すると、子どもたちから「口がへの字になる」「少しイライラする」などが出てきます。〈レベル2〉〈レベル3〉についても、同様に検討します。

また、ある状況でどのくらい怒るのかを考えます。例えば、「自分のケーキを弟に食べられたら、どのくらい怒りますか?」と尋ねます。すると、〈レベル1〉と答える子どももいれば、〈レベル3〉と答える子どもも出てきます。

こうした活動を通して、自分が怒ったときに表現される体や表情によって、異なる感情の強さがあることに気づくことができるようになります。また、状況によって怒りの強さが異なることに気づくようになります。さらに、周りの友達が自分とは違う感じ方をしていることにも気づくことができます。この授業を通して、自己の感情コントロールを学習すると同時に、他者理解を深めることもできます。

次に、自分の感情を落ち着かせる方法を学習する授業です。感情を落ち着かせる方法には、感情が生じる問題を根本的に解決する〈問題解決型〉と、強くなった感情を鎮める〈情動焦点型〉の二種類があります。今回は〈情動焦点型〉の対処法を学習する「いろんな対処法」という授業を紹介します。

まず、感情が強くなりすぎると思考力が低下してしまい、自分でも驚くような行動をしてしまうこと、そうならないために気持ちを落ち着かせることが大切であることを確認します。そして、イライラしたときにどのような対処法を使っているのかを考えさせます。その後、それぞれが考えた対処法をグループ活動によって話し合います。こうした活動を通して、子どもたちに、気持ちを落ち着かせる方法がたくさんあることを気づかせ、いろいろな方法を使うきっかけをつくります。

学年に応じて、簡単にできる対処法、時間に余裕があるときの対処法など、その時々に適した様々な方法を考えさせることもできます。

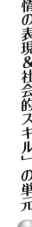

SEL実践――「感情の表現&社会的スキル」の単元

この単元では、適切な感情表現の仕方と社会的スキルについて学習します。気持ちのよい聞き方、上手な伝え方・頼み方・断り方など、日常生活で特に必要となるスキルの学習を行います。

例えば「気持ちのよい聞き方」では、まず、話している人が話すことが嫌になる「よくない聞き方」の例を実際にやってみます。そこから、「気持ちのよい聞き方をするにはどうしたらよいでしょうか」と子どもたちに尋ねます。子どもからは、「目を見る」「うなずく」などの回答が出てきます。それらを「気持ちのよい聞き方のポイント」としてまとめます。具体的には、①うなずく、②目を見る、③体を向ける、④最後まで聞く、とい

図12

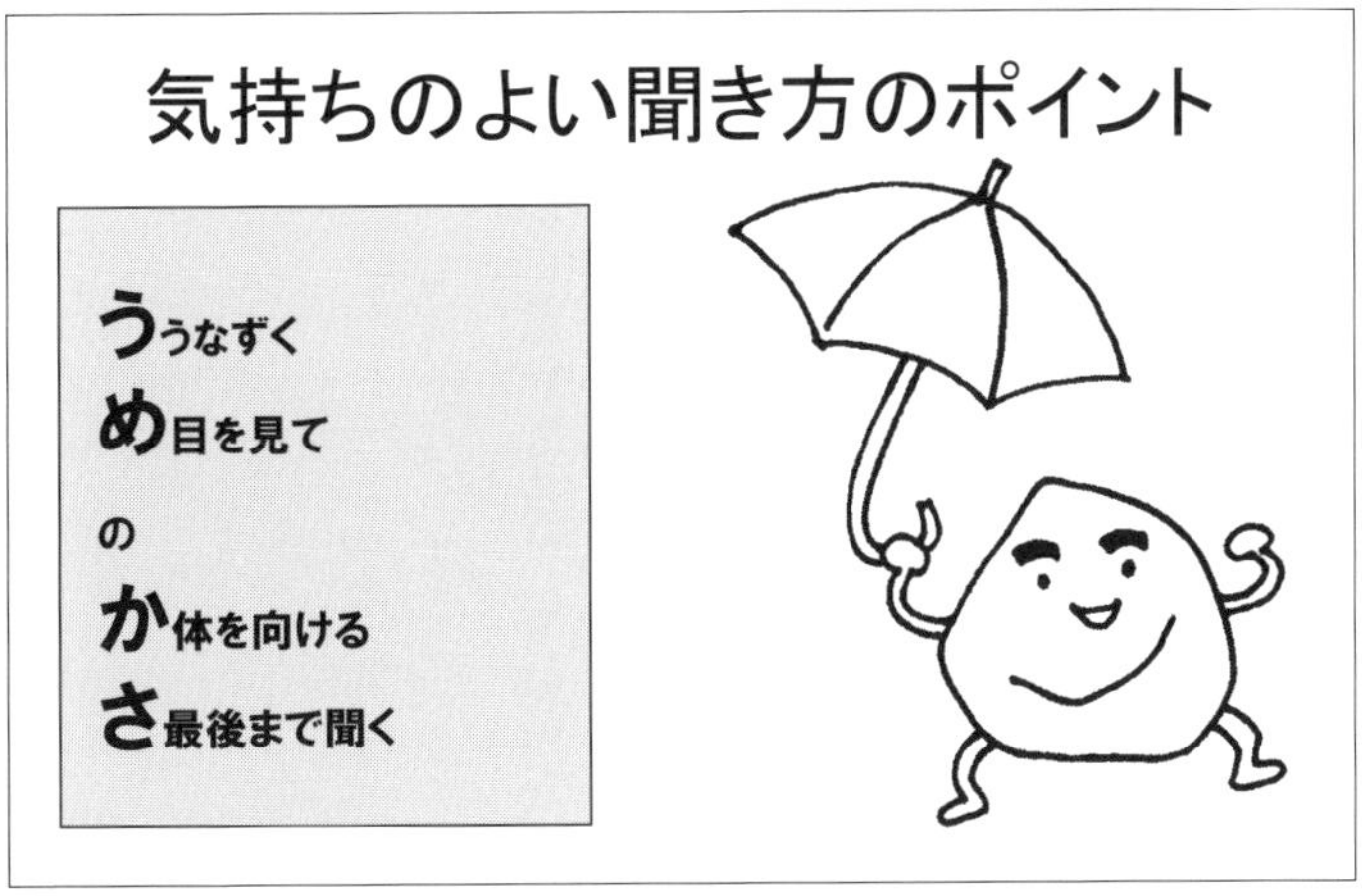
気持ちのよい聞き方のポイント
ううなずく
め目を見て
の
か体を向ける
さ最後まで聞く

小泉・山田（2011a）より

う四点です（小泉・山田、二〇一一a）。覚えやすいように、頭文字を用いて「**うめのかさ**」というゴロを使います（図12）。

　その後、四つのポイントを使った気持ちのよい聞き方を教師がモデルとなって示します（モデリング）。

　そして、子どもたちが気持ちのよい聞き方を実践（ロールプレイ）します。ロールプレイでは、話し手と聞き手を交代して、異なる立場の気持ちの理解を深めます。最後に、それぞれの感想をグループで交流し合います。

SEL実践――「問題解決」の単元

「感情の表現&社会的スキル」の単元では、上手な聞き方や断り方などの具体的な状況でのスキルを学習しました。日常生活で起こる様々な葛藤場面で、よい行動ができる問題解決方法の学習です。具体的には、「問題解決の四ステップ」を学習します。四ステップとは、①目標の設定、②多くの解決方法を考える、③結果の予想、④最もよい方法の選択と実行です。

　この四ステップは、実は私たちはいつも当たり前のように使っています。例えば、①「温泉に行こう」と考えたときには、まず、②どんな交通手段を使うかを考え、新幹線、車、飛行機などの候補が出てきます。そして、③それぞれのメリットとデメリットを考えた上で、例えば④「車で行こう」という決定をしています。このようにして、私たちは日常生活の問題を解決しています。

　なかでも重要なステップは、②の多くの解決方法を考えることです。実は、学校に適応できていない子どもは、問題や葛藤が起きたときの解決方法の選択肢が少なく、攻撃的な方法しか思いつかないという特徴を持っています。この単元を通して、子どもたちには、多くの選択肢を考えられるようになってもらいたいと考えています。

　授業の具体例を紹介します。例えば、この授業では「休み時間、あなたがボールを使って遊ぼうと思っていたら、A君がやってきて『僕も使いたい』と言ってきた」というような葛藤場面の解決を目指します。

四ステップの①では人によって異なる目標が考えられますが、例えば「休み時間にボールを使って遊びたい」という目標を立てたとします。②では、目標を達成するためには、どんな解決方法があるのかを考えます。大切なことは、解決方法の良し悪しは気にせず、たくさんの方法を考えることです。子どもたちからは「一緒に使う」「時間を分けて使う」「ジャンケンで決める」などが出てきます。さらには、「先生がA君を呼んでいるとウソをつく」という方法も出てきます。様々な解決方法が出そろったら、③結果の予想をします。例えば、「一緒に使う」は、「あなたもA君もボールを使えるけれど、違う種目の遊びだったらどちらかが我慢することになる」。「時間を分けて使う」は、「どちらも使えるけれど、半分の時間しか使えない」「交代するときに時間を守らない可能性がある」といったことが予想されます。

それらを踏まえて、最後は、④最もよい方法の選択と実行です。いろいろな結果が予想される中で、どの方法がいいと思うかを挙手してもらいます。そして、「このクラスでは、〇〇という方法が一番多かったですが、××という方法がいいと思っている人もいます」と伝えます。

どの方法がうまくいくのかは、実際にやってみないとわかりません。日常生活の中ではうまくいくと思っていても、うまくいかないことが多々起こります。その場合は、別の方法を試せばいいのです。大事なことは、最もよいと思う方法から順番に実行することなのです。

SEL実施の留意点

授業の流れ

各授業は、〈導入・説明〉→〈話し合い〉→〈モデリング〉→〈ロールプレイ〉→〈振り返り・まとめ〉というモデルとなる流れに沿って進めていきます（図13）。

〈導入・説明〉の段階では、授業の環境づくりと学習のねらいの確認が行われます。SELでは、ロールプレイや話し合いなどのグループ活動が多く行われますので、その際に十分な話し合いができるような雰囲気づくりをこの段階で行っておくことが重要となります。そこで、ここではエンカウンターなどの活動を取り入れます。

また、学習のねらいを確認することも重要です。特に、この学習を行う意味を説明し、子どものやる気を高めることが大切です。例えば、「今日は上手な聞き方を学習します。来週から体育祭の準備が始まりますが、そのときには先生や先輩からの話をよく聞かなければいけません。そのためにも、今日の授業があります」という具合です。

ねらいを確認したら、次は〈話し合い〉の段階です。例えば、まず、「上手な聞き方」にはどのようなポイントがあるのかについて話し合います。このとき、考えやすいように、あえて「よ

図13

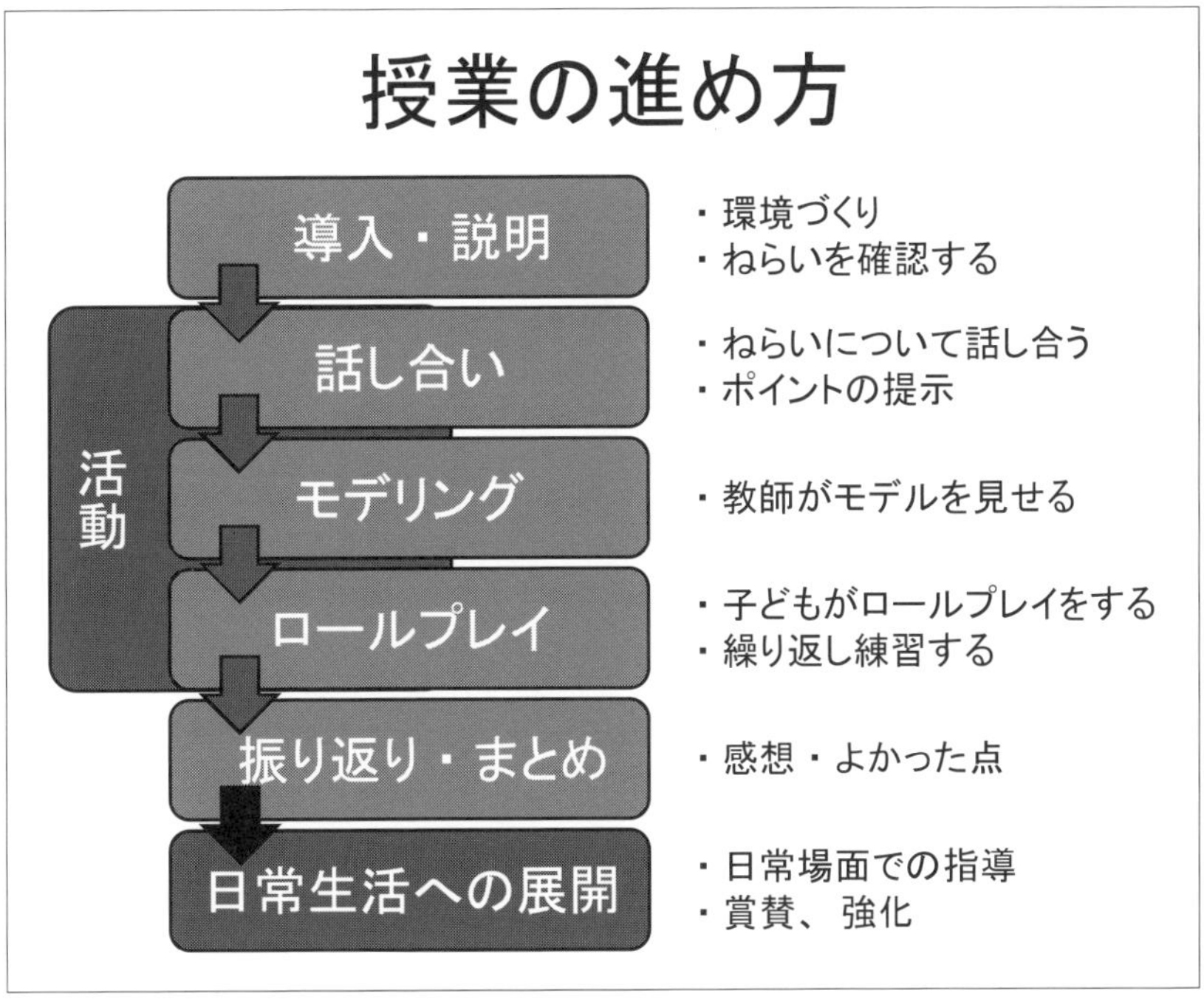
授業の進め方
導入・説明
・環境づくり
・ねらいを確認する
活動
話し合い
・ねらいについて話し合う
・ポイントの提示
モデリング
・教師がモデルを見せる
ロールプレイ
・子どもがロールプレイをする
・繰り返し練習する
振り返り・まとめ
・感想・よかった点
日常生活への展開
・日常場面での指導
・賞賛、強化

くない聞き方」の例を提示する場合もあります。そして、ねらいとなるポイントを完成させます。「上手な聞き方」の例では「**うめのかさ**」でした。

〈モデリング〉では、ポイントの使い方を教師がモデルとなって示し、よい行動の使い方を確認します。その際、「今、目を見ていますね。体も向けていますよ」というように、言葉でもポイントをわかりやすく説明します。

その後、子どもたちによる〈ロールプレイ〉が行われます。ロールプレイは役割演技とも言われ、子どもたちがポイントを用いて実践する活動です。明確な状況を設定して、ポイントが上手に使えるか確認します。また、「上手な聞き方」を説明する際にも述べましたが、話し手と聞き手の両方の役を体験できるようにします。それにより、上手な聞き方をされた話し手の気持ちを理解することができます。ロールプレイの後には、お互いのよい点や改善点について話し合う時間をとり、さらなるスキルアップを目指します。

こうした活動の後、〈振り返り・まとめ〉を行います。活動を通してどのような感想を持ったのか、グループや学級全体で交流します。

この授業の流れによって、スキル獲得のサイクルを循環させます。具体的には、〈話し合い〉で行動のコツを学習し、その後、〈ロールプレイ〉によって様々な感情体験を行います。そして、肯定的な評価によってやる気を高め、次への動機づけを高めます（図14）。こうしたサイクルを繰り返すことで、対人関係能力が育成されていきます。

ロールプレイの重要性

この授業の流れの中で最も大切な活動は〈ロールプレイ〉です。その理由は二つあります。

一つ目の理由は、ロールプレイを通して他者の感情を実体験することが、感情の育成にとってとても重要だからです。他者の感情理解については、頭で理解する〈認知的共感〉と、他者になりきって理解する〈情動的共感〉の二種類があります。他者の感情理解の育成には、この二つの共感がとても重要なのです。そのため、絵や文章から他者の感情を理解するポイントを学ぶことに加えて、ロールプレイで他者になりきることはとても大切です。また、いくつかの研究によって、頭で考えるだけよりも、体を使ってロールプレイを行うほうが、他者の感情理解が深まることがわかっています。

二つ目の理由は、ロールプレイのように自らが体験するという学習へのかかわり方は、講義形式で話を聞くだけよりも学習効果が高いことがわかっているからです。

これらの理由から、ロールプレイはSEL実践にとってとても重要であり、なるべく多くロールプレイの機会をつくったほうがよいと考えています。しかし、ロールプレイは人前で演じるため、中学生の年代では恥ずかしくてやりたくないと訴えてくる子どもが出てきます。そういった場合は、全員の前ではなく、二人組などの少人数で行うなどの工夫をします。それでも難しい場合は、無理はせず、観衆として参加を促します。例えば、「友達のロールプレイを見て、よかった点を伝えてあげてください」と促すことで、観衆となった子どもは、ロールプレイを観察して学ぶこと（観察学習）ができます。

図14

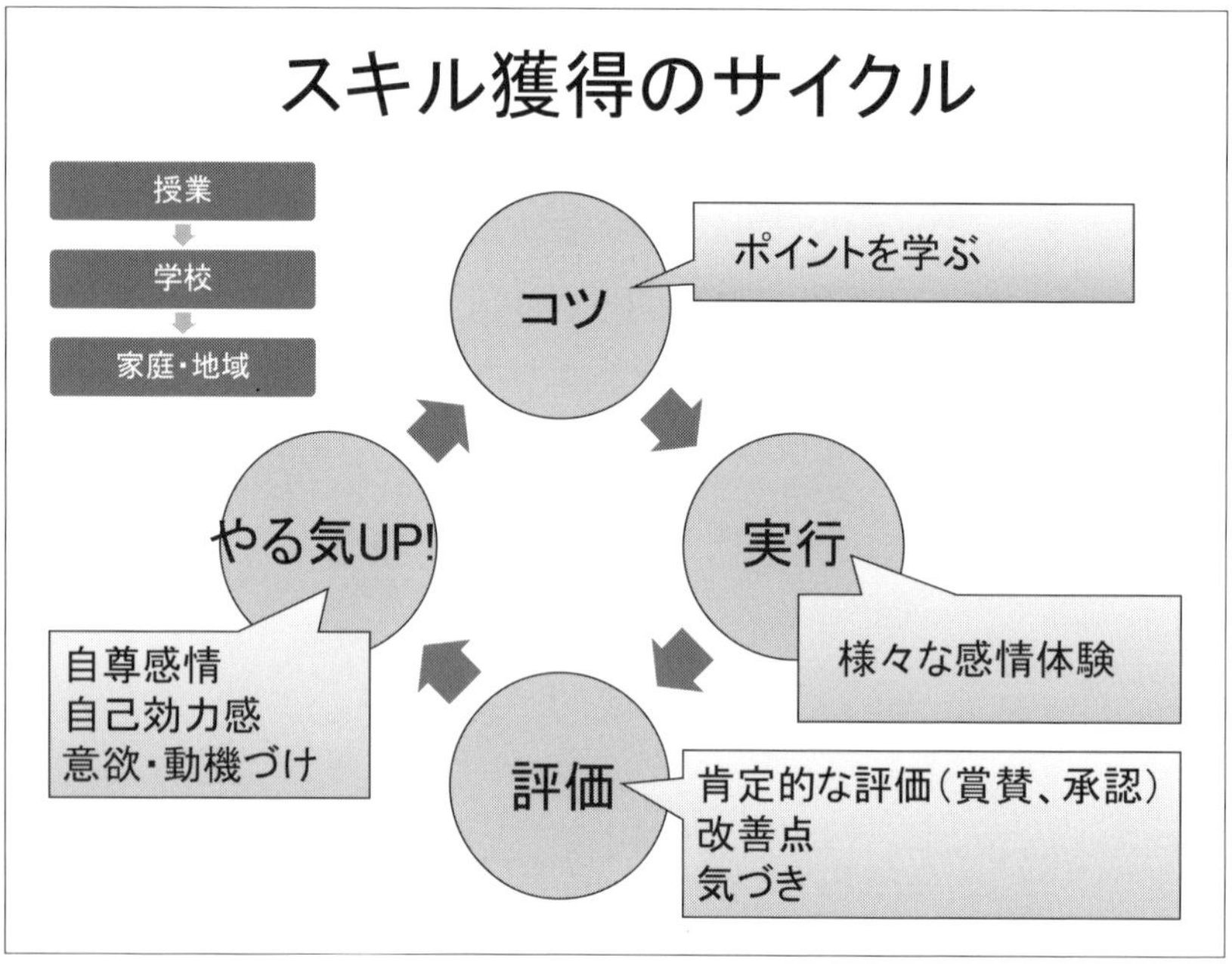

日常生活への展開

ＳＥＬのような実践では、学習内容を日常生活で使えるようになることが最終目標となります。そのため、これまで説明した一つ一つの授業をいかに日常生活で展開させるかが重要となります。

そのためには、日常生活で学習内容を使える環境を整えることが大切です。例えば、学習内容を教室や廊下に掲示し、普段の生活の中で学習内容を思い出せるようにします。また、学習内容を使っている場面を見たら、賞賛し、学習内容の使用を強化します。

その他、実際に学習内容を使用できる場として、学校行事との関連を図るのもよいでしょう。朝の会や帰りの会などにロールプレイを行ったりすることもできます。

さらに、学級だよりや保護者参観などを通して、保護者にＳＥＬのことを伝え、家庭でも学習内容を使えるように促すことも大切です。

ＳＥＬの実施回数

ＳＥＬは授業を一回行ったからと言って、対人関係能力が育成されるわけではありません。何度も繰り返し練習することで、少しずつ成果が表れます。これは教科学習でも同じことです。算数の公式を一度教えたからと言って、すぐに問題を解けるようにはなりません。何度も算数ドリルをすることで、少しずつ問題を解けるようになります。

では、ＳＥＬを何回くらいすると効果が出るのでしょうか。私たちがこれまでにかかわってきた学校を調査したところ、一年に七回以上実施すると、安定した効果が示されることがわかりました。

ただし、発達障害の子どもや対人関係が苦手な子どもなど、対人関係能力や感情機能に課題がある子どもの発達を考慮すると、もう少し実施回数を増やす必要があります。岡山県総社市の実践でも、年間一〇回の計画を立てました。これは月に一回のペースです。ＳＥＬ実践を本格的に実施する際には、年間一〇回、あるいは月一回を目安に計画を立てるとよいでしょう。

＊

ＳＥＬを通して、子どもの感情機能を含めた対人関係能力を育成することで、協同学習やピア・サポートといったマルチレベルアプローチ（ＭＬＡ）の取り組みがさらに効果的になると考えています。

〈参考・引用文献〉

Collaborative for Academic, Social, and Emotional Learning（2003）. Safe and Sound：An Educational Leader's Guide to Evidence-Based Social and Emotional Learning（SEL）Programs. Chicago：Author.
Durlak, J. A., Weissberg, R. P., Dymnicki, A. B., Taylor, R. D., Schellinger, K. B.（2011）. The impact of enhancing students' social and emotional learning：a meta-analysis of school-based universal interventions. Child Development, 82, 405-432.
小泉令三（二〇一一）『社会性と情動の学習（ＳＥＬ－８Ｓ）の導入と実践』ミネルヴァ書房
小泉令三・山田洋平（二〇一一ａ）『社会性と情動の学習（ＳＥＬ－８Ｓ）の進め方―小学校編』ミネルヴァ書房
小泉令三・山田洋平（二〇一一ｂ）『社会性と情動の学習（ＳＥＬ－８Ｓ）の進め方―中学校編』ミネルヴァ書房
日本こどものための委員会（二〇〇六）『キレない子どもを育てるセカンドステップ』日本こどものための委員会
田中聡・木村諭史・大谷哲弘（二〇〇九）「小学４年生の感情読み取りの手がかりと学校適応感の関連」『発達心理臨床研究』15、四一－四八頁

4 マルチレベルアプローチ型の協同学習

沖林洋平

マルチレベルアプローチ型の協同学習の特徴

現在、さまざまに解釈され、多様な実践が行われている「学びあい」や「協同学習」について、例えば中谷・伊藤（二〇一三）は、学びあいとピア・ラーニングという言葉との関連性から「同じような立場の仲間（ピア）とともに支え合いながら、ともにかかわりを持ちながら、知識やスキルを身につけていくことといえる」と述べています。マルチレベルアプローチ（MLA）の観点に基づいて考えると、ここで述べられている学びあいを促進する人間関係としてのピアは、いささか辞書的だと感じる点もあります。

筆者が、栗原らとMLA型の協同学習の実践について取り組みはじめた当初、実践校の先生方から発せられた疑問の一つに、「子どもの仲間関係が機能していない場合、学びあいをどのように授業に組み込んでいけばいいのか」というものがありました。それは「同じような立場の仲間と学びあいを進めていくのが知識やスキルを身につけることに必要・有用であるとしても、子どもたちの人間関係が機能していなければ導入のしようがない」という意見だと思います。

たしかに、MLA型の協同学習の実践において重要なことは、まず、学びあう子どもは「集合」ではなく「集団」でなければならないということです。第1章や第2章2でも述べられているように、集団とは、同時に同じ場所にいること、そしてメンバー間にかかわりがあることが、その成立条件であります。言い換えると、ただ同じ場所に同じ時間いたからといって、それだけでは「集団」とはいえないのです。つまり、真に知識やスキルを身につけることを促進する協同学習の実践をねらうならば、学びあう子どもの「集団」をつくることが先行的に必要になるといえます。

ただし、「集団」ができていれば、協同学習の実施に際して、子どもの人間関係づくりがうまくいっていないことで、教師が悩むことはないと筆者は考えています。実は、ＭＬＡ型の協同学習は、導入時の児童生徒そして教師の、ストレスやプレッシャーの低減を考えているという点で、一般的な学びあいのモデルとは異なるのではないかと考えています。

とはいえ、実際は、協同学習を実施する際に多くの先生方から、「いわゆる一斉授業とどのような違いがあるか」とか、「いわゆる本時の目あての習得と協同学習の効果の違いは何か」などという点についての疑問が投げかけられます。

ここでは、ＭＬＡの考える協同学習について、その特徴を述べたいと考えています。ただし、他の協同学習、共同学習、協働学習、あるいは「学びあい」「ピア・ラーニング」のような言葉や教育実践のねらいとの違いを明確にすることを目的とするものではありません。むしろ、児童生徒の学びを促進することを目指すさまざまな学びあいの取り組みをつなぐ視点を提供することを目的としているととらえていただきたいと考えています。

文科省提唱の「二一世紀型能力」とマルチレベルアプローチ型の協同学習

二一世紀に入ってずいぶん年数が経過しつつあります。ＩＣＴ（Information and Communication Technology）に代表される情報通信環境の急激な変化が象徴するように、児童生徒を取り巻くコミュニケーションのあり方に関する理解は、一〇年前の知識では通用しなくなっています。スマートフォンなどで用いられることの多いアプリケーション「ＬＩＮＥ」を用いたグループからの仲間外し等に関する問題は、現在、いじめ問題の中心的課題の一つとなっています。このような問題については、一〇年前の私たちでは想像できなかったものだといえるでしょう。

さて、このような、児童生徒を取り巻くコミュニケーション環境の急激な変化に対して、わが国ではどのような人材育成を目指しているのでしょうか。代表的なものの一つとして、国立教育政策研究所ならびに文部科学省が提唱した「二一世紀型能力」が挙げられます（国立教育政策研究所、二〇一三）。

「二一世紀型能力」とは、「思考力（例：問題解決・発見力・創造力、論理的・批判的思考力、メタ認知・適応的学習力）」を中核として、それを支える「基礎力（言語スキル、数量スキル、情報スキル）」、その使い方を方向づける「実践力（自律的活動力、人間関係形成力、社会参画力、持続可能な未来づくりへの責任）」という三層構造で構成されると考えられています（図15）。

私たちの考えるＭＬＡ型の協同学習で育成を目指すスキルや

図15

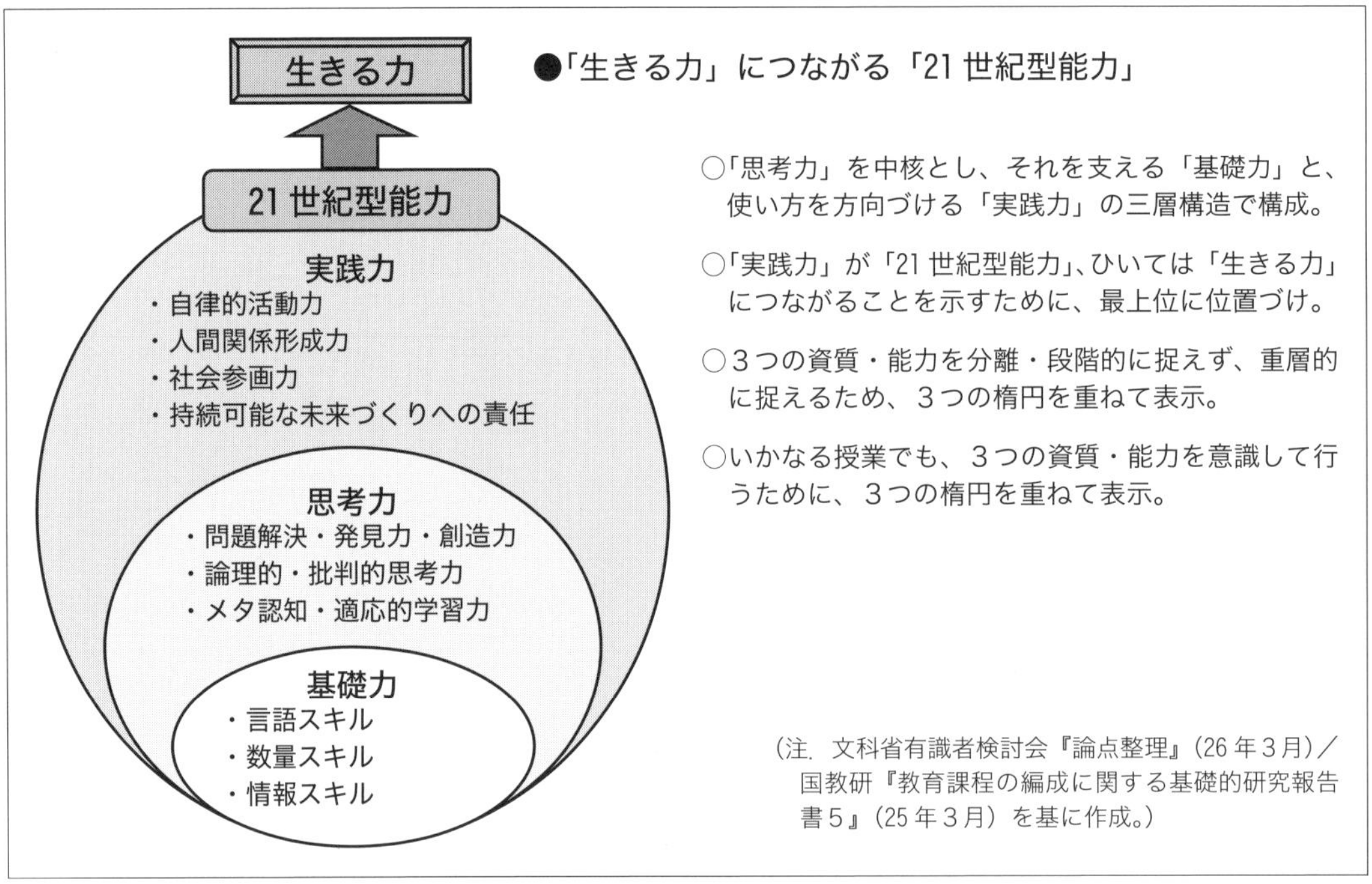

出所：旺文社教育情報センター（2014）

能力としては、とりわけ「実践力」における人間関係形成力、社会参画力、また「思考力」におけるメタ認知・適応的学習力が関係するでしょう。すなわち、MLA型の協同学習は、実践力に基礎づけられた思考力の育成を目指すもの、と位置づけることができます。

学習指導要領における「言語活動の充実」とマルチレベルアプローチ型の協同学習

「二一世紀○○」という言葉は、近年、多くの場面や話題で用いられるようになりました。例えば、このような情報が多様化した社会において、生きるために必要な情報を適切に取捨選択するスキルを備えた人間を「二一世紀市民」と呼びます（楠見・道田、二〇一五）。「二一世紀型能力」を身につけた「二一世紀市民」を育成するために、どのような教育が行われる必要があるでしょうか。

ここでは、学習指導要領の改訂に伴う、言語活用力の観点を紹介したいと思います。

平成二〇年告示の学習指導要領においては、「生きる力」の充実が明文化されていることは周知のことです。その「生きる力」の育成の手段として、具体的な教育実践活動と関連づけて述べられることが多いのが言語活動です。例えば、「学習指導要領・生きる力　第1章　言語活動の充実に関する基本的な考え方」（文部科学省、二〇一一。以下、「基本的な考え方」）においては、次のように、「生きる力」の育成と言語活動の充実が関連づけて述べられています。

「ア　新しい学習指導要領の基本的な考え方

知識基盤社会の到来や、グローバル化の進展など急速に社会が変化する中、次代を担う子どもたちには、幅広い知識と柔軟な思考力に基づいて判断することや、他者と切磋琢磨しつつ異なる文化や歴史に立脚する人々との共存を図ることなど、変化に対応する能力や資質が一層求められている。一方、近年の国内外の学力調査の結果などから、我が国の子どもたちには思考力・判断力・表現力等に課題がみられる」

これを踏まえた改訂に基づいて、学習指導要領においては次の七点が重視されるとされています。

(1)改正教育基本法等を踏まえた学習指導要領改訂
(2)「生きる力」という理念の共有
(3)基礎的・基本的な知識・技能の習得
(4)思考力・判断力・表現力等の育成
(5)確かな学力を確立するために必要な授業時数の確保
(6)学習意欲の向上や学習習慣の確立
(7)豊かな心や健やかな体の育成のための指導の充実

筆者がいちばん注目すべきと考えるのは、この「基本的な考え方」に引用されている学校教育法第三〇条二の次の部分です。

「基礎的な知識及び技能を習得させるとともに、……主体的に学習に取り組む態度を養う」

「態度」とは、行動を規定する心的状態のことを指し、ここでの「態度」には、学習内容や学習行動に対する動機づけ、あるいは学習の効果に対する期待などが含まれています。

つまり、重要なことは、この「基本的な考え方」において児童生徒の学習に主体的に取り組む態度を養う方法として言語活動が効果的であると規定されている点にあります。

児童生徒が学習に主体的に取り組むために、これまでも授業者である教師はさまざまな工夫を凝らしてきました。例えば、本時の目あての工夫、板書計画の工夫、発問の工夫などが挙げられます。ここに、平成二〇年告示の学習指導要領においては、言語活動の充実が加えられたことが重要であると筆者は考えています。そして、言語活動を組み込んだ学びは、今後、二一世紀型市民を育成するなかで、さらに重要になっていくことは間違いありません。なぜなら、ＭＬＡ型の協同学習は、学習の協同場面で児童生徒の相互作用として行われる言語活動を通じて、児童生徒の主体的な学習の態度を促進しますが、さらに逆に、児童生徒が主体的に学習に取り組むことができる環境を整えることによって、協同場面における言語活動を促進することをねらった教授・学習方法であるからです。

それでは、教師が、児童生徒が言語活動に主体的に取り組むように仕掛けるようになると、生徒指導上、どのような効果があるのでしょうか。これについては、第1章で栗原が紹介しているように、授業時に協同場面を促進するように児童生徒を的確に支援することによって、とりわけ仲間に対して非侵害的意識をもつ児童生徒は教師からの効果的なサポートを受けていると感じるようになります。

このことは、いささか不思議なことのように思えますが、筆者らは今のところ、この結果について次のように考えています。授業場面で児童生徒が協同するように教師が支援することは、児童生徒が集団となるように支援する機能をもつ、ということです。学習場面での課題が仲間と協力しなければ解決できない課題であれば、課題解決の場面では仲間と協力する可能性が高くなると考えられます。そのような児童生徒の相互協力的な関係を形成することからスタートするのが、ＭＬＡ型の協同学習の考え方です。

マルチレベルアプローチ型の協同学習の概要

それでは、ＭＬＡの中で、協同学習はどのように位置づけられているのでしょうか。

現在では、協同学習はＭＬＡの中で違和感なく位置づけられています。しかし、取り組みの当初は、協同学習の概念自体が一般的ではありませんでしたし、授業時に課題解決や対人関係のコミュニケーションを組み込むこと、とりわけ教室での学習を活かした生徒指導的観点に基づいてデザインした取り組みは、筆者の知るところでは他にはありませんでした。そのため教員研修等で、ピア・サポートに加えて協同学習を行う必要性を理解していただくのに苦労したことが思い出されます。

ここに紹介する「協同的な学習成立のための五要件」（表１）は、筆者が栗原と研修を進めるにあたってのスタートになった

表１

協同的な学習成立のための５要件

・**相互協力関係**…自分がやらないと仲間が成功できず、仲間がやらないと自分が成功できないような関係
・**対面的―積極的相互作用**…生徒同士が顔をつきあわせて行う相互活動
・**個人の責任**…各メンバーの努力が査定されるなどして、グループの他の仲間の成果に「ただ乗り」できないこと
・**対人機能の適切な奨励・訓練・使用**…協力に必要なスキルを教え、使うように励ますこと（例：話している人を注目しよく聴く・仲間の参加を促す・名前を呼ぶ・仲間を馬鹿にしない・説明や明確化を依頼する・自分の気持ちを述べる・他のメンバーの発言をわかりやすく言い換える　etc）
・**グループの改善手続き**…どうすれば自分たちの取り組みがもっとよくなるか、そのためにグループでの活動を振り返る
教師…子どもたちの取り組みにフィードバックを与える

出所：ジェイコブズほか（2005）を一部改訂

ものの一つであり、現在も繰り返し使い続けています。筆者は、現在でも教師にとって実践的価値が高いものと考えています。

ただし、最近では、協同学習成立のための五要件を三つに分けて説明することが多くなりました。すなわち、①「相互協力関係」「対面的―積極的相互作用」、②「個人の責任」、③「対人機能の適切な奨励・訓練・使用」「グループの改善手続き」、としています。言い換えると、①相互の協力関係などコミュニケーションを促進する仕掛け、②個人の責任を意識すること、③ソーシャルスキル等のスキル教育、それぞれを焦点化したものということです。

とりわけ、ＭＬＡの一環としての協同学習の教員研修では、スキル教育と協同の振り返りの重要性を指摘するようにしています。これは、スキルトレーニングと振り返り、すなわちフィードバックをセットとして考えるという観点を重要視するようになったからだろうと考えています。この点が、ＭＬＡにおける協同学習と他の関係する理論等とが比較される点だと考えています。

また、私たちが協同学習の教員研修を行うにあたって長く使い続けている資料として、「協同学習のエッセンス」（図16）があります。これは、ＭＬＡ型の協同学習を授業で行うにあたっての流れを説明する際に用いるものです。

ＭＬＡで考える協同学習は包括的生徒指導の枠組みに根ざすものですが、授業で実施するものである以上、「個人思考」の手続きも当然のことながら重要です。この「個人思考」のときに

図16

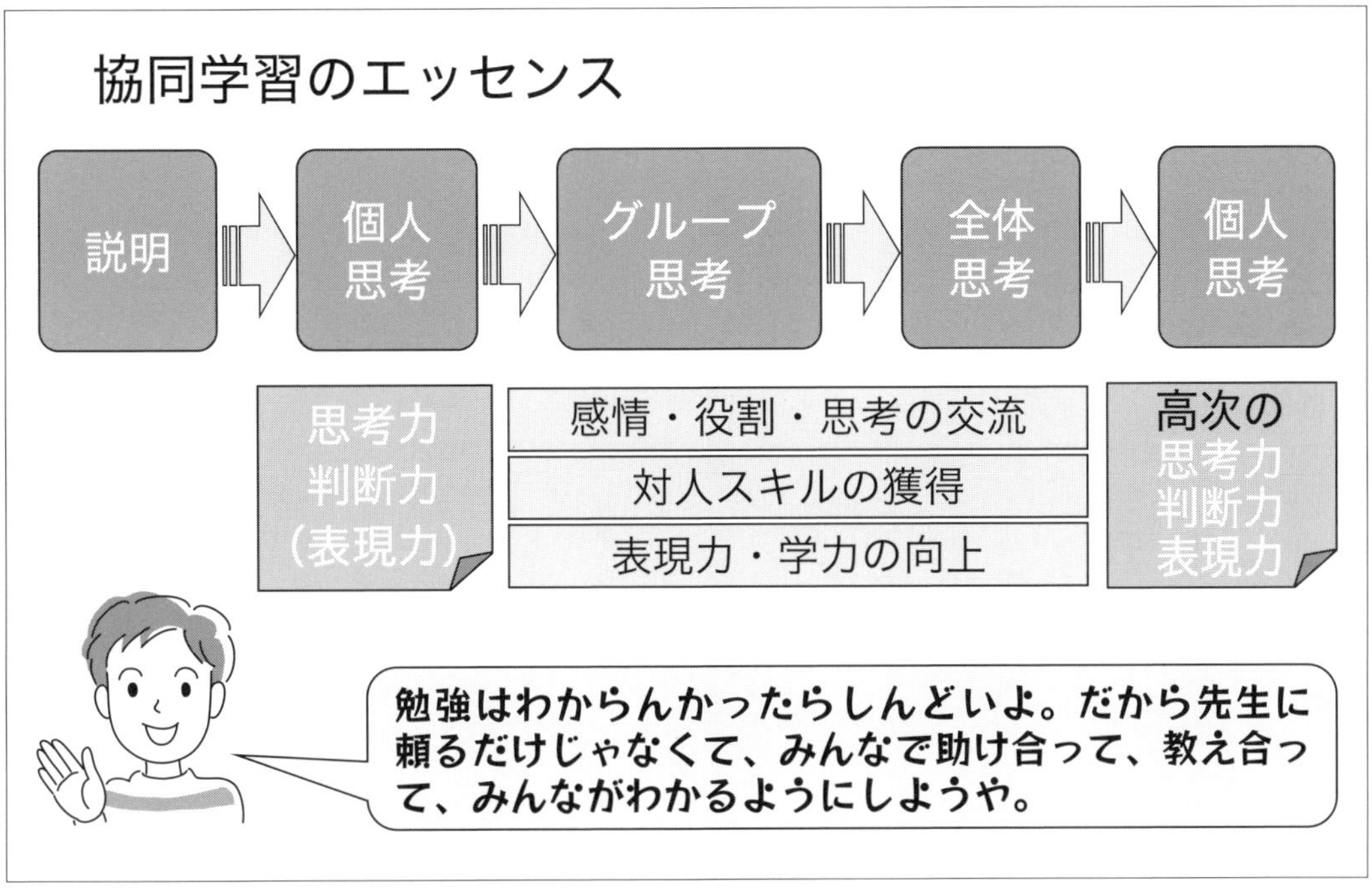

メモなどを作成すると、グループでの話し合いなどでの発言に対する不安感を低減させる効果があることは、研究授業を観察させていただく中で筆者が学んだことの一つです。これは、協同学習におけるグループの集団的機能の向上に効果的であることを支える手続きであると考えています。

効果的な協同学習を目指して

次に、MLA型の協同学習を効果的に実践するための手がかりについて述べたいと思います。

現在でこそ、協同学習に挑戦している先生方が執筆された、実践に有用な出版物が多く出版されていますが、私たちがMLAに取り組み始めたころは、授業といえば一斉型がほとんどでした。しかし、平成二〇年告示の学習指導要領以降、言語活動は授業で実施しなければならない活動の一つとなっています。ですから私たちが考えるべきなのは、「授業に子ども同士のコミュニケーションを組み込むことが必要かどうか」ということではなく、「コミュニケーションを授業内に効果的に組み込むにはどうしたらいいか」ということであると考えています。

それでは、実際にはどうすることが効果的なのでしょうか。

マルチレベルアプローチ型の協同学習の基本形

まず、私たちが紹介しているMLA型の協同学習を取り入れた授業モデルを紹介します。以下の五つのステップで構成されます。

①**授業の準備やねらいの説明**（約五分）〝学習上のねらい〟を示すのは当然ですが、それとともに「グループ全員が納得する結論を出す」「解き方について班員に説明をする」といった〝行動上のねらい〟も示すのがポイントです。

②**一回目の協同場面**（約五分）授業の基盤づくり的な内容を扱います。アイデアを出したり、基礎問題の確認をしたりするような活動がその例です。

③**講義**（約二〇分）説明しすぎないことが重要です。一斉学習と同じ調子で語っていては時間が足りなくなります。

④**二回目の協同場面**（約一〇分）難しめの問題にみんなで挑戦します。後述しますが、〝個人思考〟の時間と〝グループ思考〟の時間をしっかり分けます。

⑤**授業のまとめ**（約五分）単に授業の学習内容がわかったかを振り返る時間ではありません。〝行動上のねらい〟が達成できたか、〝学ぶ集団〟として自分たちはどうだったのか、何が集団をよい方向に導き、成長するのに何が必要なのかを振り返ります。

即興的な協同学習場面

最近は協同学習の授業構成について説明することは少なくなりました。というのも、協同学習にはいろいろなやり方がありますし、特定の型を紹介しなくても、先生方は十分に実践できると筆者らが考えるようになったからです。

そのような協同学習を組み込んだ一般的な授業の構成とは別に、筆者が大学の授業で協同学習場面を取り入れるようになって実感したのは、事前に計画した協同的課題と授業内で即興的に実施する協同的課題には、異なる教育的効果があるのではないかということです。

毎日授業を行っている先生方は、日ごろの授業で「本時の導入は、前回の授業でしっかりやったことを振り返ったはずなのに、思ったような子どもの反応ではないな」と思ったり、「今日の授業は応用的内容だったけど、どれだけ理解しているのか、子どもの反応だけだと判断が難しいな」と思うことはないでしょうか。

筆者も、大学の授業で同様のことを感じることがあります。このような場合、筆者は「前回の授業で覚えていることを三つ思い出して、隣の人に伝えてみよう」といった活動を即興的に取り入れています。その際にこの発問がうまく機能するかという点で重要なことは、〝個人思考〟と〝グループ思考〟をしっかり分けることです。つまり、前時の授業内容を個人で振り返る活動と、他者にわかりやすく説明する活動の目的や作業内容が違う活動であることを明示する、ということです。

通常、筆者が学生に伝える教示は次の三つです。まず、①学生同士でペアやグループのメンバー構成の確認を行うこと、次に②〝個人思考〟としてノートなどを見直すこと、そして③〝グループ思考〟として他者（グループのメンバー）に説明を行うことです。筆者の経験では、こうした活動によって、大学の講義でもある程度の理解の違いを確認することができます。

重要なのは、このような活動をある程度定型化・習慣化して、児童生徒、あるいは学生にとって馴染みのあるものにすることではないかと考えています。いったんこのような活動を習慣化しておけば、即興的に行う協同学習場面でも、他者とのコミュニケーションに対する心理的負担感を低減することが可能です。

ここまで、筆者の経験も踏まえて、協同学習を授業に組み込むための要点について考えてきました。重要なのは、単元や授業内容に対応して定型化したワークシートなどの教材を事前にすべて決めてしまうことではない、ということです。

しかし、当たり前のことではありますが、行う授業にとって協同学習ならではの活動がなくてもよいと判断した場合は、ことさらに協同学習を行う必要はありません。近年、協同学習に対する興味が高まっているのは、二一世紀型能力を育成することの重要性が認識されつつあること、あるいはアクティブ・ラーニングへの関心が急速に高まっていることなどが挙げられます。そして、その育成のためには、協同学習における様々な仕掛け――例えば、協同学習場面で他者とのコミュニケーションを行うことや、そのための準備を個人で行うなどの活動――が有用であると先生方が感じるようになったためではないかと筆者は考えています。

そこで、いわゆる指導案の提案ではなく、授業の進め方の参考となるような協同学習の手法について紹介しましょう。

授業での協同学習の手法

ここでは、協同学習の手法の中から、「シンク＝ペア＝シェア」「ジグゾー学習」「経験の振り返り」の三つを紹介したいと思います。これら三つのうち、「経験の振り返り」以外は、この本以外の出版物でも読むことができますので、そちらも参照してください。

「シンク＝ペア＝シェア」

ここで紹介する「シンク＝ペア＝シェア」は、『協同学習の技法』（バークレイら、二〇〇九）に基づいて、筆者なりに改定したものです。

「シンク＝ペア＝シェア」とは、例えば、AさんとBさんがそれぞれの考えを準備して（シンク）、互いの考えを比較し（ペア）、その共通点と相違点を明らかにする（シェア）、という手法です。本稿ではじめに「シンク＝ペア＝シェア」を紹介するのは、これが授業中にコミュニケーションを促進する手法として最も汎用性が高いと筆者は考えているからです。また、「シンク＝ペア＝シェア」で仮定しているグループは二名であることも、協同学習を組み込むことを考えている先生方の心理的負担感を低減するのではないかと考えます。

図17と18は、筆者が研修を行う際に使用するものです。筆者が研修で「シンク＝ペア＝シェア」を説明する際には、「まず、ペアでベン図（複数の集合の関係や範囲を図式化したもの）を

図17

シンク=ペア=シェア

グループ形態	ペア
所要時間	5～15分間
グループの存続時間	授業1コマ（1回の話し合い）

概要
1. 話し合いの課題を明示し、1人で考える時間を与える
2. パートナーと話し合い、考えを共有する
3. 「シンク」場面では、話す前に立ち止まり、よく考えることを子どもたちに求める
4. 「ペア」「シェア」は、自分と他者の理解を比較したり照合することを子どもたちに勧める
5. クラス全体に向けて発表する前に、まず不安の少ない場面で自分の考えを言ってみる（準備性を高めておく）

図18

シンク=ペア=シェア　演習

・テーマ
・「子どもに身につけてほしい力は何か」

・個人で考える（2分）
—何を話すかを考える
・ペアで意見を述べ合う（2分）
・個人で考える（2分）
—はじめの自分の考えを振り返る

・話し合いでの作業

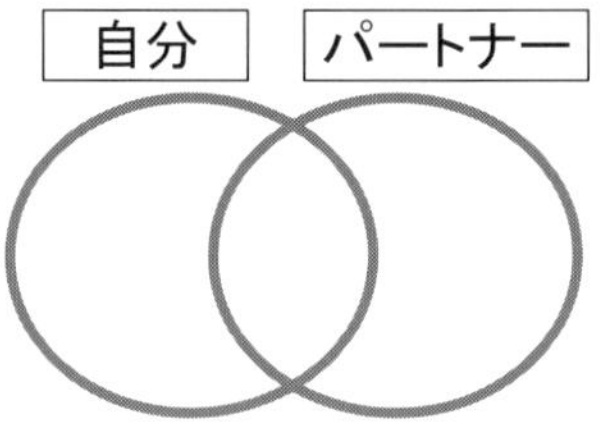

ノートに上に示すような図を書いて、互いの意見を比較する

図19

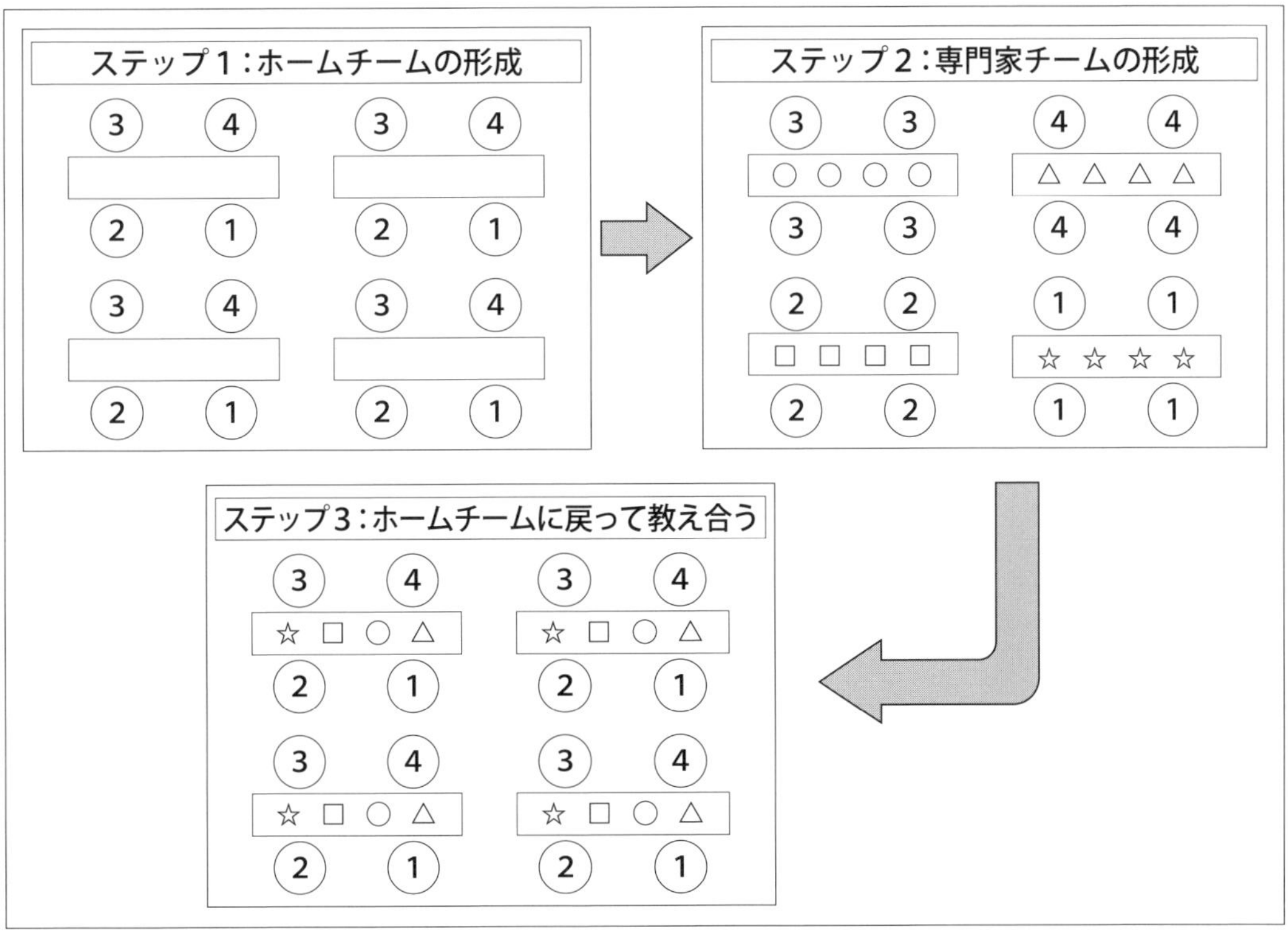

作成しましょう」と活動内容について説明して、活動を経験していただきます。その後に、「シンク＝ペア＝シェア」の目的と効果について説明します。ここで、まず「シンク＝ペア＝シェア」を体験していただくのは、協同学習という学習形態は特別な学習ではないことを理解していただくことを狙っています。

この手法は、先述した「一回目の協同場面」でお互いの考えを確認したり、「二回目の協同場面」で「今日、学んだこと」を整理するためにも使えます。また、他者理解や自己理解にもつながります。協同学習を授業に取り入れてみようと考えている先生方には、この手法は汎用性の高い、有用な手法の一つであると思います。

「ジグゾー学習」

「ジグゾー学習」は、協同学習として広く知られている学習法で、先ほど紹介した「協同学習成立の五要件」を満たす典型的な学習法であることは間違いありません。ただし、「ジグゾー学習」は、構成がしっかりしているため、守るべきルールも多く、実践へのハードルがやや高く感じる方もいらっしゃるかもしれません。とはいえ、「ジグゾー学習」は、協同学習として優れた手法です。その一般的な流れを紹介しましょう（図19）。

まず、ステップ1では、最初のグループを確認します。これを「ホームチーム」と呼び、それぞれメンバーに番号などの識別記号を割り当てます。

ステップ2では、メンバーはそれぞれのホームチームを離れ、同じ情報を持った別のホームチームのメンバーとともに「専門家チーム」をつくります。専門家チームの役割は、自分たちのパートの内容をしっかり理解し、自分のホームチームのメンバーに教えられるようにすることです。

ステップ3では、学習者は自分のホームチームに戻り、相互に自分の分担部分を教え合います。グループメンバーは質問をしたり、討論したりします。あるいは、グループごとによるレポート作成、発表などが行われます（沖林、二〇一〇）。

このように、「ジグゾー学習」は、グループとしての協同作業と個人の学習成果の測定の両方を組み込むことができる理想的な学習法であるといえます。また、「ジグゾー学習」では、グループメンバーの互恵的な支え合いの関係が重要だとされます。

こうしたことから、筆者らは、「ジグゾー学習」をMLAの一環としての協同学習として成立させるためには、隠れた、あるいは潜在的な必要条件があると考えています。例えば、「ジグゾー学習」ではホームチームと専門家チームを設定し、専門家チームでの学習成果をホームチームに持ち帰ることが、ステップ3のホームチームでの作業には必須となります。ここで、仲間関係に対して不安や懸念を持っている児童生徒がいる場合、それがグループの学習成果に影響を及ぼすことが心配されます。また、「ジグゾー学習」は、グループ構成の組み換え手続きを複数回組み込むため、「ジグゾー学習」を取り入れる当初は、教示や移動に予想より多くの時間を要することが考えられます。このような隠れた必要条件を満たすことがMLAの一環としての「ジグゾー学習」には不可欠であると筆者は考えています。

こう考えますと、やはり実りある協同学習を行うためには、MLAで重視する児童生徒の集団づくりやスキルの育成が土台となることを踏まえておく必要があると考えます。

「経験の振り返り」

最後に、「経験の振り返り」というものを紹介します。この手法は単純です。図20の作業1～4を順番に進めるだけです。

ディスカッションの際には、司会・書記・計時係・発表者の役割を決めます。司会は、みんなが作業に不満を持っていないか気を配りながら話し合いを展開します。書記は、話し合いで出てきた意見を記録し、発表に有用なノートを作成します。計時係は、話し合いの時間がうまく管理できているか気を配ります。発表者は、グループ作業の成果をアピールするという役目を負っています。

この活動は、例えば授業や単元、特別活動や道徳などの終わりの頃に「まとめの活動」として行うとよいかもしれません。あるいは、作業2の後に講義等を組み込んで、講義後に作業3、作業4をやるなどのアレンジも可能でしょう。

筆者は、これを教員免許更新講習で使っていました。参加する受講者は、そこで校種、年齢層などさまざまな背景をもつグループをつくります。異校種、異年齢層の交流を通じて、問題意識の共有に対する効力感を高めている方もいます。

図20

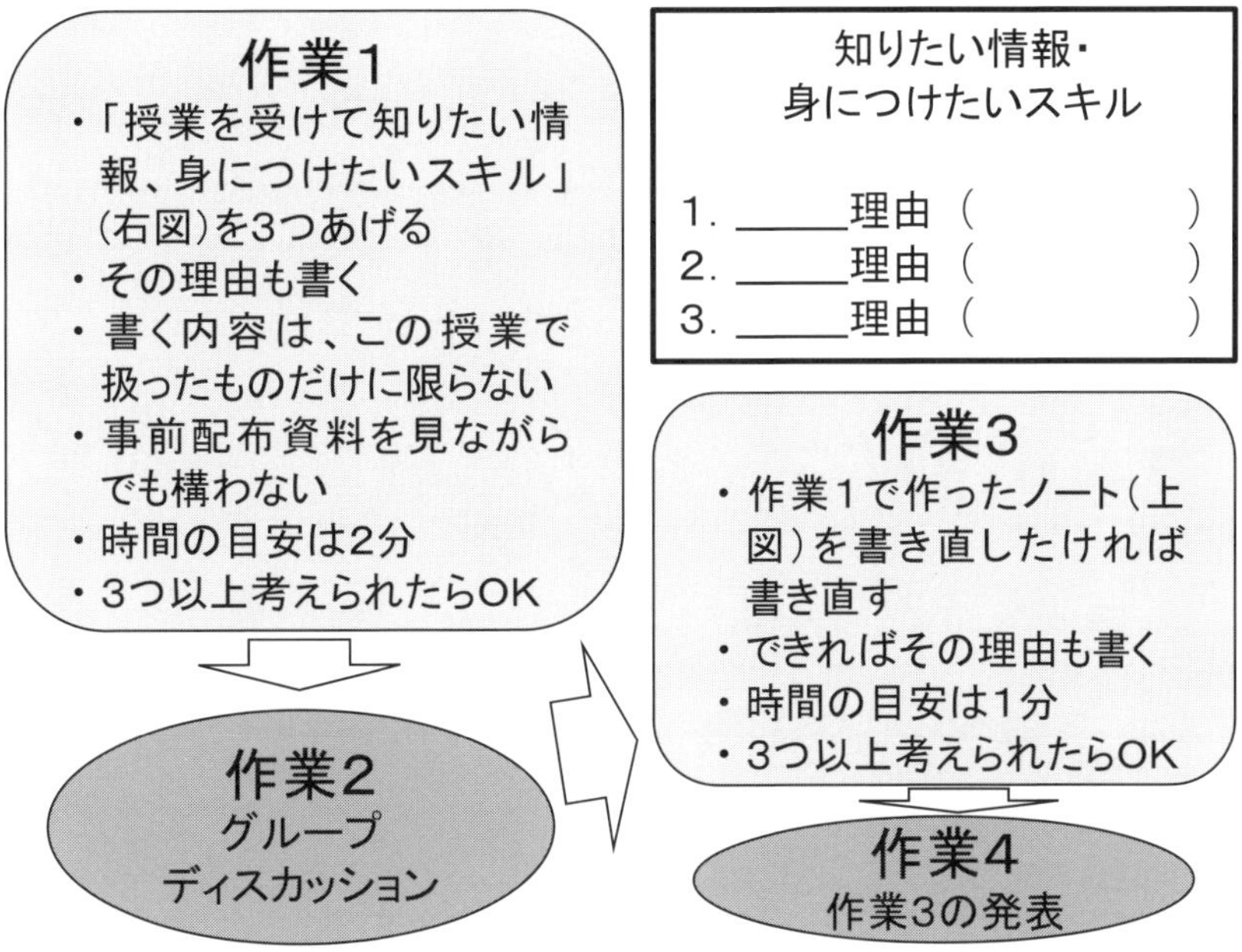
作業1
・「授業を受けて知りたい情報、身につけたいスキル」(右図)を3つあげる
・その理由も書く
・書く内容は、この授業で扱ったものだけに限らない
・事前配布資料を見ながらでも構わない
・時間の目安は2分
・3つ以上考えられたらOK
作業2
グループ
ディスカッション
知りたい情報・
身につけたいスキル
1. ＿＿＿理由（　　　）
2. ＿＿＿理由（　　　）
3. ＿＿＿理由（　　　）
作業3
・作業１で作ったノート（上図）を書き直したければ書き直す
・できればその理由も書く
・時間の目安は1分
・3つ以上考えられたらOK
作業4
作業3の発表

まとめ

協同学習は、ＭＬＡの位置づけとしてはすべての児童生徒に提供する心理教育的援助サービスにあたるものです。日常的には授業で実践するＭＬＡということになります。そのため、学力向上と生徒指導の両方を考慮する必要があります。ただし、安心安全な環境でなければ、授業内でのコミュニケーションが促進することは考えづらいことを踏まえると、集団づくり、ＳＥＬ（Social and Emotional Learning：社会性と情動の学習）、ピア・サポートのような活動と協同学習は、ＭＬＡにおいて相補的な関係にあると考えます。

〈参考・引用文献〉

エリザベス・バークレイ、パトリシア・クロス、クレア・メジャー（二〇〇九）『協同学習の技法―大学教育の手引き』（安永悟訳）ナカニシヤ出版

ジョージ・Ｍ・ジェイコブズ、マイケル・Ａ・パワー、ロー・ワン・イン（二〇〇五）『先生のためのアイディアブック　協同学習の基本原則とテクニック』（伏野久美子・木村春美訳、関田一彦監訳）日本協同教育学会（販売元／ナカニシヤ出版）

国立教育政策研究所（二〇一三）「社会の変化に対応する資質や能力を育成する教育課程編成の基本原理」教育課程の編成に関する基礎的研究報告書5

楠見孝・道田泰司編（二〇一五）『ワードマップ　批判的思考―21世紀を生きぬくリテラシーの基盤』新曜社

文部科学省（二〇一一）「現行学習指導要領・生きる力　第1章　言語活動の充実に関する基本的な考え方」

中谷素之・伊藤崇達（二〇一三）『ピア・ラーニング　学びあいの心理学』金子書房

旺文社教育情報センター（二〇一四）「どうなる⁉　次期『学習指導要領』の枠組み　教科・科目の〝縦割り〟ベースから、〝横断型〟の『資質・能力』重視へ」http://eic.obunsha.co.jp/viewpoint/201406 02viewpoint/html/1

沖林洋平（二〇一〇）「協同学習」森敏昭・青木多寿子・淵上克義編『よくわかる学校教育心理学』ミネルヴァ書房、一五八〜一五九頁

5 特別支援教育 その1

髙橋あつ子

マルチレベルアプローチ（MLA）は、マルチエリア（多領域）とマルチレベル（多階層）が縦横に連動するモデルです。第2章ではここまで、一次的生徒指導で効力を発揮するマルチエリアの中の重要な要素である協同学習やSEL（Social and Emotional Learning：社会性と情動の学習）について説明してきました。ここでは、マルチエリアから、マルチレベルに視点を移し、MLAにおける特別支援教育について考えていくことにします。

生徒指導の三段階とMLA

第1章で指摘したように、石隈（一九九九）の三段階の援助サービスのモデルは、一次的支援（すべての子ども）、二次的支援（一部の子ども）、三次的支援（特定の子ども）というように、対象の違いによるものです。一方、MLAの三段階は生徒指導の目的による階層です。つまり、一次的生徒指導（自分でできる力を育てる）、二次的生徒指導（友達同士で支え合う力を育てる）、三次的生徒指導（教師や専門家が中心になって支える）というように、「どういう力をつける指導なのか」で区別しています。この二つを融合させて、子どもの伸びる姿と指導の連続性が見える形にできるのです。

なお、石隈の三段階を介入の順や場としてだけで理解すると、一次的支援でうまくいかない子へ二次的支援を、それでうまくいかない子へ三次的支援を行うことになり、実践に時間差が生じかねません。このような理解では、登校しぶりや発達障害のある子を受け持った際、集団対象の一次的支援をし、気になる一部の子への対応をし、その上で不登校対応、発達障害対応を行うことになります。しかし、学校現場では、一次的支援で学級内の人間関係づくりをしながら、できるだけ早期に不安が高

図21　生徒指導の３段階とその発展例

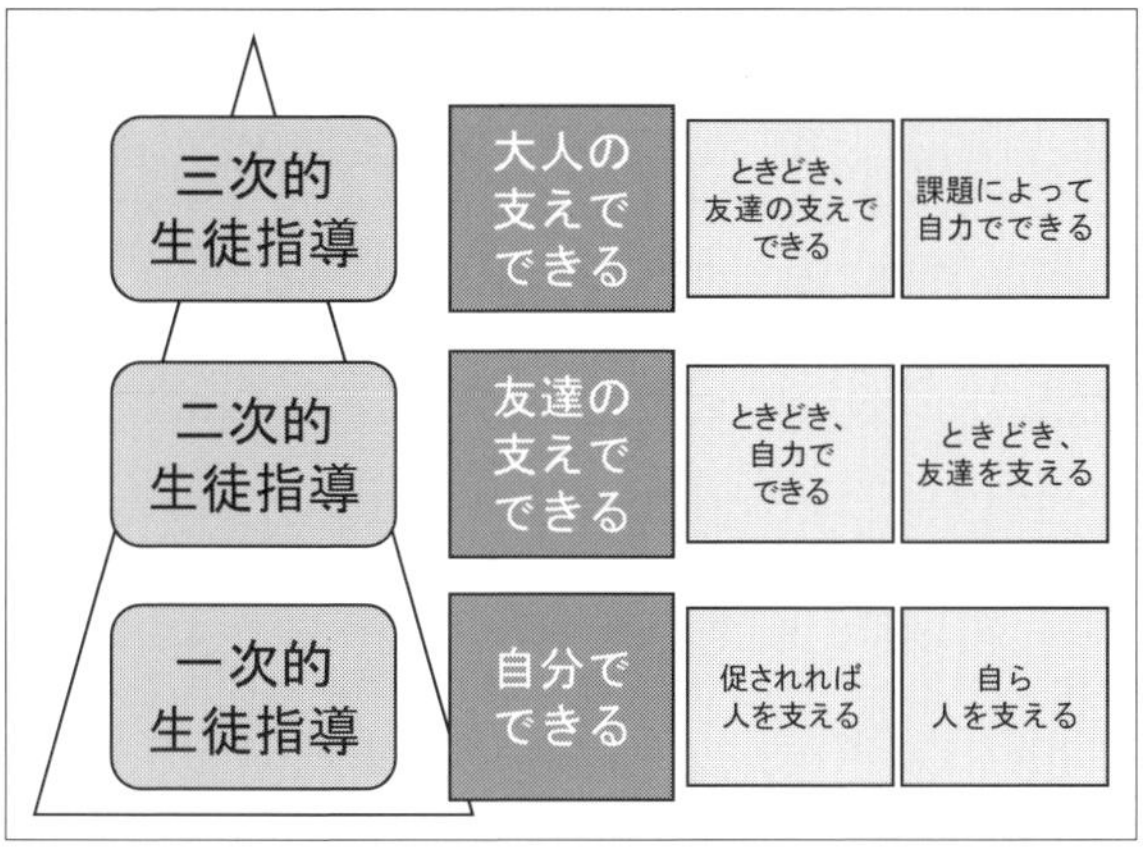

い子へ声をかけ、教室を飛び出す子にも対応しなければなりません。学習障害の子には、最初から合理的配慮を行わなければなりません。つまり一次的支援から三次的支援までを同時的・構造的に提供する必要があるのです。場を重視してモデルを読むと、目的論と変わりません。集団を対象にした場で伸びていく子は、自分でできる力を育てられる子とほぼ相応します。一方、目的を基盤に見ていくと、子どもの伸びる姿が連続して見えてきます。

図21を見てください。一次的生徒指導から三次的生徒指導までを積み上げ式にしてあります。こぼされるイメージではなく、より精度の高い指導・支援を乗せていくことを表しています。まず、生徒指導の目的による三段階をとらえます。中心的につけたい力がどこなのか、子どもによって異なります。大事なのは、どの次元でもそれは固定的ではなく、常により次元の高い力を育てるプロセスを志向していく点です。

特別支援教育の対象と思われる子どもを例に考えてみましょう。落ち着きがなく、すぐに席を立ったり、衝動的な発言があったりするとします。スケジュール表を使い見通しを持てるようにし、短いスパンで個別のフィードバックを用いる等、大人の支援を受けて学習に取り組む三次的生徒指導が多くなります。しかし、係活動など、友達と一緒にできることもあります。得意な学習活動は、率先して自力で取り組む場面もあり、そのような二次、一次に相当する力も伸ばしていくという三段階モデルなのです。

図22　３段階を同時にすることも

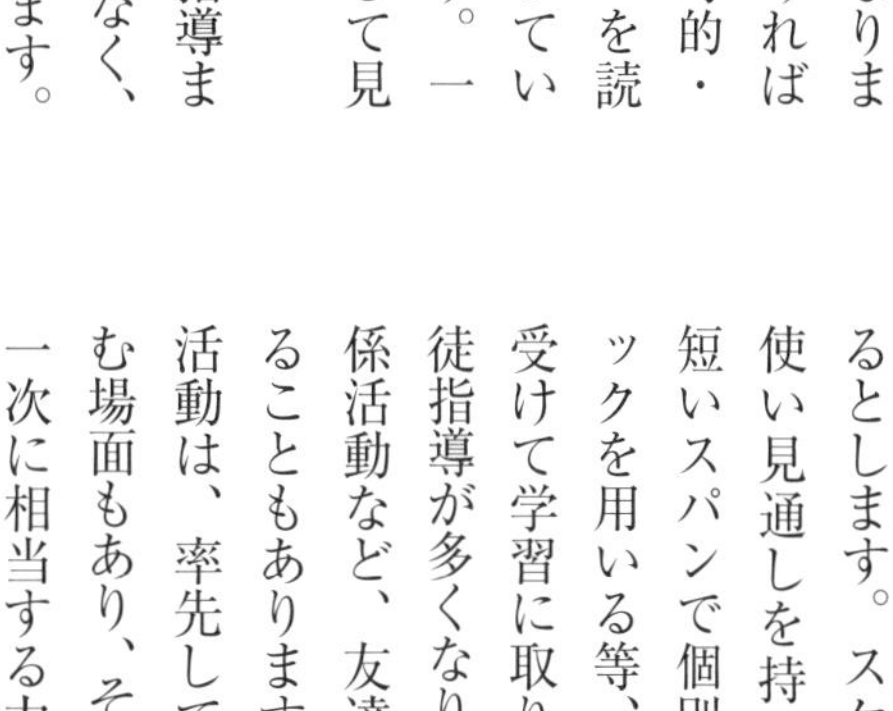

あるいは、場の問題としても活用できます。よく、特別支援教育は個別支援で、そのための人的・時間的ゆとりがないことが指摘されます。しかし、場を変えなくても、二重、三重にやらなくてもできることも多いものです。例えば図22のように、全体に指示を出し（一次）、隣同士やグループで確認させます（二次）。そして、最初の指示を三次支援の子のそばで出し、教師がその子の行動を見守る（三次）等のようにです。

マルチエリアの連動性

ここまで生徒指導の側面で見てきましたが、学習指導との連動も忘れてはいけません。特別支援教育に取り組むと、生徒指導の問題も、学習指導の問題も視野に入れて支援を検討していく必要が高まります。多動や不注意のある子は、行動面だけでなく学習面にも支援が必要です。対人関係面のニーズのある子も、学習面に偏りがあることが多く、一次的生徒指導で協同学習を行うことで、協同技能を伸ばしていく視点が必要です。

　アメリカでは、この領域連動性をＰＢＩＳ（Positive Behavioral Interventions and Supports：ポジティブな行動介入と支援　第3章[2]参照）とＲＴＩ（Response to Intervention：介入に対する反応モデル）で実現しようとしています。これは、評価システムの助けがあって実効性が増すものですが、生活面で承認欲求を満たすと学業面に効果が見られたり、反対に学業で評価されることで行動面が落ち着いたりすることは、多くの子どもの姿を通して経験してきました。

ＭＬＡと特別支援教育

　それでは、日本の特別支援教育の視点から領域連動性と階層性を見ていくとどうなるのでしょうか。図23を見てください。ＭＬＡにおける特別支援教育は、マルチエリアの一要素ではなく、三次的生徒指導までを貫く、子どもの状態に応じて対応を変化させる視点になります。つまり、特別支援教育はマルチエリアを基盤に三段階のＭＬＡを個々の子どもに合わせるアンカーボルトの役を担っていると言えます。

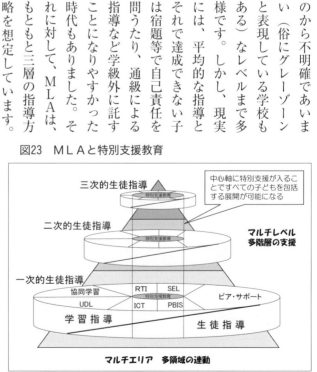

　特別支援教育の対象は、診断がある子、保護者や本人が支援を要望している子、そうではないけれど教師が要支援だととらえている子、というように、その支援ニーズは明確で大きいものから不明確であいまい（俗にグレーゾーンと表現している学校もある）なレベルまで多様です。しかし、現実には、平均的な指導とそれで達成できない子は宿題等で自己責任を問うたり、通級による指導など学級外に託すことになりやすかった時代もありました。それに対して、ＭＬＡは、もともと三層の指導方略を想定しています。

図23　ＭＬＡと特別支援教育

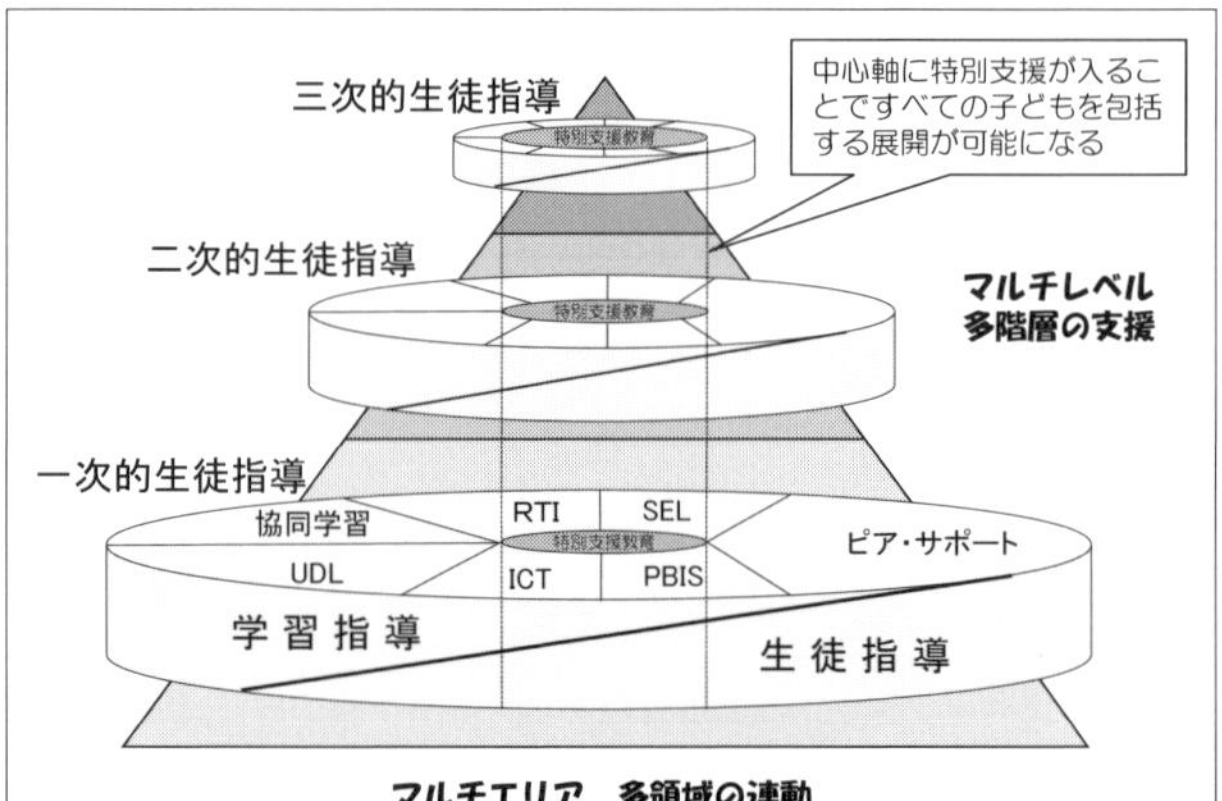

加えて特別支援教育には、その子に合った適切な支援がアセスメントから考案されるので、各階層のメニューも増え、精度も上がるのが強みです。これが、ＭＬＡにおける特別支援教育がアンカーボルトになる理由です。

　この階層性は、子どもを分けるのではなく、三段階の力をつけていく連続性を持っています。指導する立場で見ると、一次的生徒指導においても、学習障害の子をこぼさないような協同学習や、自閉症スペクトラム障害（ＡＳＤ）の子をも包み込むＳＥＬやピア・サポートを目指すことにつながります（図24）。特別支援教育の対象の子の側から見ると、集団内で取り込まれ

図24　領域連動性と階層性のある指導

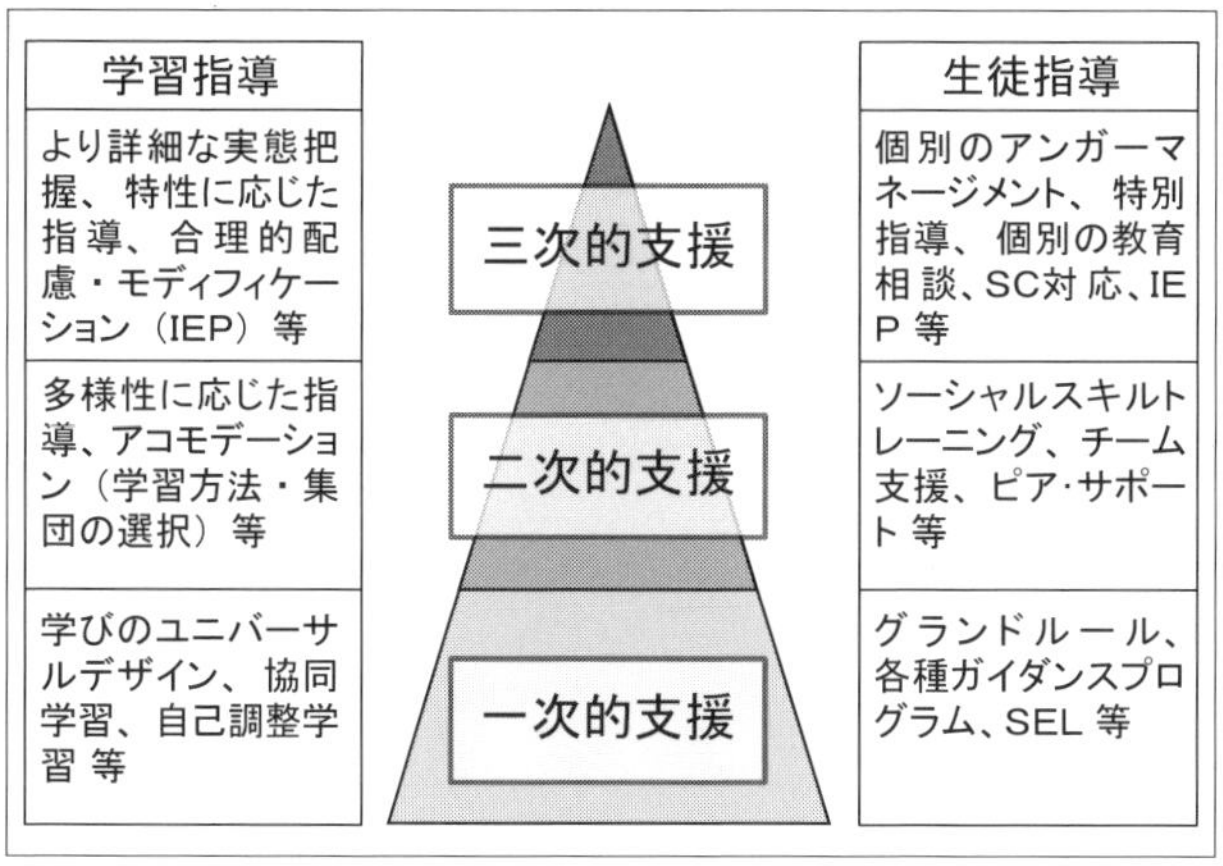

図25　特性への支援の般化

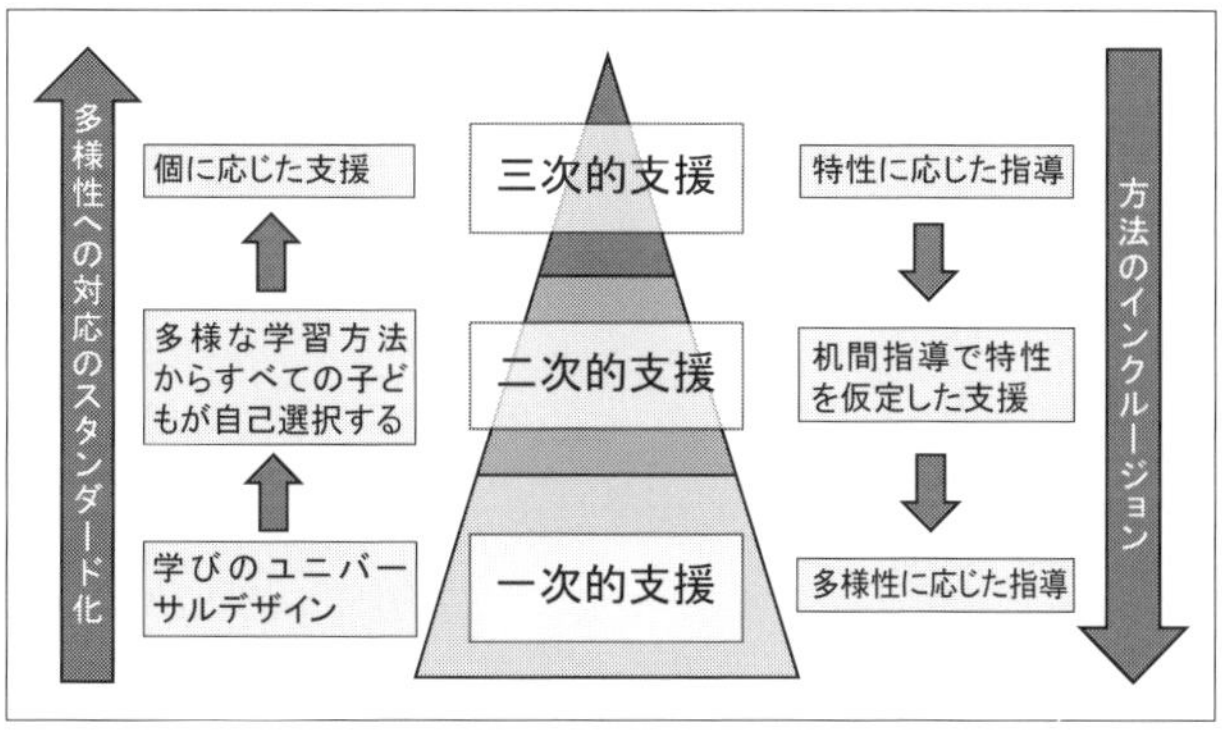

図26　学習のユニバーサルデザイン

る場面が増えることで、友達との関係を活用できるようになり（二次的生徒指導）、自分でできることを増やしていく（一次的生徒指導）可能性が膨らむのです。

教師の側に目を転じると、ＭＬＡにおける特別支援教育は、支援力の向上に資するモデルでもあります。特別支援教育の手法を学んだ教師は、他の子の指導にも、集団指導にも活用し始めます。これを私は「方法のインクルージョン」と呼んでいます。特性への指導の般化です（図25）。翻って、学びのユニバーサルデザイン（universal design for learning：以下、ＵＤＬ）の実践を始める教師は、一次的生徒指導の場でそれだけでは達成が果たせない子に気づくようになり、個に応じた指導を探るようになり（二次的支援）、さらに達成が厳しい子への方略を工夫するようになります（三次的支援）。

ＵＤＬからでも、特別支援教育の手法からでも、教師の学びがスタートすれば、循環するのです。つまり、三層の支柱に特別支援教育の視点を入れることで、どの次元の指導にも多様な個に応じる的確性が増すのです。

学習指導

特別支援教育の視点から、学習指導領域を見ると、一次的支援では、まずＵＤＬが必要でしょう。これはアメリカでは、特別支援教育以前に取り組むべきものとして位置づいています。この骨子は、環境の統制でもなければ、視覚化するなどの一定の指導方法を示すものではありません。子どもたちの多様性に応じるかどうかなのです。それをＵＤＬの研究機関ＣＡＳＴの3原則に沿って説明します（図26）。

まず、取り組みのための多様な方法を提供します（原則Ⅰ）。興味関心に訴え、やる気が続くよう励ましや賞賛を送り、自分の学び方に合わせて教材や活動を選択できる場面をつくる等します。次に、多様な提示方法を提供します（原則Ⅱ）。教科書を開く指示を例に挙げると、言葉で言う、ページ数を板書、ページを開いて見せる、電子黒板で提示等の複数の方法で促すのです。さらに、行動と表出のための多様な方法を提供します（原則Ⅲ）。調べたことを発表する場面では、口頭発表、実物を示しShow & Tell、ポスターや新聞の掲示、ラップにのせて紹介する等、子どもが選んでできるようにする等です。

なぜ、このような手のかかることをしなければいけないのでしょうか。これは、そもそもすべての子どもに学び方の個性があり、それに合わせた学び方を用いてこそ効果が上がるからです。教育心理学では、適性処遇交互作用といい、学習者の適性と教授者が提供する処遇との適合という観点で研究されています。わかりやすく言えば、言葉の力の高い子は教師が言葉だけで説明することで理解できても、視覚的な情報処理のほうが得意な子にとってはわかりにくいものなのです。反対に図形や画像だけでは、視覚情報処理の得意な子は納得しても、言葉で学びやすい子にはわかりにくいのです。

私は、現場の先生方が取り組みやすいように、視覚、聴覚、運動感覚の三つは用意しようと提案しています。情報提示は、言語と視覚提示を基本とし、学習課題によっては運動感覚を使う活動も用意します。運動感覚というのは、運動や操作、経験、触覚等の感覚を用いた学習です。新しい概念を学ぶときには、最初に全員で運動感覚で学ぶ活動も効果的です。例えば、数直線上を歩いて正と負の方向を体感したり、分子結合を子ども同士の動きで体感したり、英語で三人称を使う際にロールプレイをしたりするのです。

しかし、教師の用意した三つの学び方を、皆でやるだけでは一斉指導です。一単位時間内に順番に多様性をなぞるのではなく、一場面で複数の学習活動が保障され、それを子どもが選ぶことを目指します。主体的に学ぶ子どもを育てるというのは、自分の学び方を選び、遂行する力を育てることだと考えています。漢字を覚えるのに「一〇回書こう」と提案されても、自分は「三回でいい」「見るだけでいい」と、チョイスできる力を育てたいのです。英単語も「書いて覚える」「見て再生する」「音声テープを聞く」など多様な方法がありますが、「ひたすら書くしかないと思っていた」という高校生も少なくありません。学び方を変えただけで学力が大きく上昇する例もあるのです。

学びの多様性の中には、協同学習も入ります。これも、集団が成熟してくると、子どもの側から、「ペアで学びたい」「グループで学びたい」「あの子と学びたい」「いやいや、一人で学びたい」という自己選択ができるようになります。

学びの多様性を前提に学習指導を行っていくと、仲間同士で「こうやってみたら」という方略の提案もできるようになります（二次的支援）。一つの教え方に依存している教師より、その子に合った合理的配慮を工夫しやすくなります（三次的支援）。

生徒指導

生徒指導領域でも特別支援教育の視点を入れると変化が見えてきます。不注意な子がいることを前提にすれば、まず集団に対し注意を喚起し、何をすべきかを明確に伝えるような指示をするようになります。

「これをやってはいけないことは誰でも（言わないでも）わかるだろう」等の訓育的指導では効果がない子がいるとわかっている教師は、最初からそのような子にもわかる言い方でルールを明示するでしょう（一次的支援）。すぐにおしゃべりを始めたり人にちょっかいを出したりする子たちがいれば、集中維持が弱いと理解し、短いスパンでゴールを示し、即時にフィードバックするようになるでしょう（二次的支援）。席を立って飛び出してしまう子には、目標を決め、望ましい行動がとれたらシールを貼る、あるいは「〜したら、〜してもいい」等の契約をして、自分のために頑張れるように支援します（三次的支援）。

怒りのコントロールが弱い子がいたら、その子を念頭において、より予防的な時期からＳＥＬを始めるでしょう。この際、想像力が弱い子、視点取得の発達が遅い子をも包み込むＳＥＬが求められます。また、対人関係面に支援ニーズのあるＡＳＤ（自閉症スペクトラム障害）の子らにとって、「この子はどんな気持ちだろう」という問いかけは、漠然としすぎて難しいのです。他の子の発言を活かしながら、表情のどこを見れば「気持ちの読み方がわかるか」を示していきます。また、「こんなとき、あなただったらどうする？」という問いも、仮定形は想像力があってわかるものですから、相手の立場に立つ視点取得が未熟であれば難しいのです。イラストより写真や実際の表情のほうが理解しやすい子もいます。対処行動を発言させるだけでなく、ロールプレイの中で言われる側に立って感じてもらう等、理屈ではなく体験的に学ぶように組むことが求められます（一次的支援）。

それでも気づきにくく、気づいても日常で使えないこともよくあります。勝ち負けのある活動をする際には、事前に「負けたらどうするか」を考えさせたり、イライラした子らと表情ポスターの前で考え合ったりすることで、一次的支援で学んだことが日常に使えるよう育てていきます（二次的支援）。けんかの後の振り返りも本人の話を聞きながら絵に書き、感情語彙リストから言葉を選ばせ、状況認知や感情表現そのものを育てていきます（三次的支援）。

また、行動を育てる方法も、ルールやしてはいけないことの表示から、こういう行動をとろうというポジティブな行動目標の提示に移行していきます。望ましい行動を具体的に示され、それを称賛されることで、不適切な行動が減っていきます。

今後、ＰＢＩＳの導入によって、特別支援教育の対象になる子どもの自己教育力も高まることが期待されます。

〈参考文献〉

ＣＡＳＴ（二〇一四）、バーンズ亀山静子・金子春恵（訳）（二〇一五）「学びのユニバーサルデザイン・ガイドライン ver.2.0」http://www.udlcenter.org/sites/udlcenter.org/files/Guidelines_2.0_New%20organization_japanese.pdf（ＣＡＳＴのモデルは、脳科学の研究に基づいて、日々、更新されています。ガイドライン全文と図表の原則の順が異なるため、本文では図表3.0に沿って説明しています）
石隈利紀（一九九九）『学校心理学』誠信書房
髙橋あつ子（二〇〇八）「授業のユニバーサルデザイン化―学習支援のポイント」『月刊学校教育相談』三月号
髙橋あつ子・中川優子他（二〇一三）「通常の学級における多様性に応じる支援の再考―集団と個への支援の統合」日本ＬＤ学会第二二回大会発表論文集

6 ピア・サポート

中林浩子　栗原慎二

　マルチレベルアプローチ（ＭＬＡ）は、安心・安全で目標志向的な集団をつくり、その中で個を成長させていくこと。つまり「よい個を育てる集団づくり」を目指したアプローチです。また、生徒指導の観点から、すべての子ども一人一人に「自分でできる力を育てる」ことと「友達同士で支え合う力を育てる」ことを目標としています。ＭＬＡでは、この力を育むために協同学習、ＳＥＬ（社会性と情動の学習）、ピア・サポートなど、効果の異なる活動を組み合わせて、マルチエリア・マルチレベルで実施していきます。そして、子どもの全人的な発達を促していくのです。ここでは、ピア・サポートについて解説します。

ピア・サポートとは

　ピア・サポートは、「人は人を実際に支援する（相互援助の人間関係の）中で成長する」という基本的な考え方をベースにしています。また、「人は誰もが成長する力をもっている」「誰もが自分で解決していく力をもっている」という人間尊重の精神に基づいていることを押さえておきたいと思います。

　さて、みなさんは困難な事態に出合ったとき、どうするでしょうか。普通はまず、自分の力で何とかしようと頑張るでしょう。でも、自力で頑張ってダメだったらどうするでしょうか。

　内閣府が行った平成二三年度「親と子の生活意識調査」（調査対象は、中学三年生とその保護者、各四〇〇〇人）では、悩んだときの相談相手として七一・五％の子どもが「中学校の友だち」を挙げています。子どもたちは悩んだり困ったりしたとき、多くは身近な友達や仲間を頼りたいと思っていることがわかります。

　また、第１章で栗原は、子どもの学校適応感のデータから、子どもは、どんなによい先生であっても教師はいじめに影響は与えられないと考えていることが推察できると指摘しています。

一方で、同じデータをよく見てみると、「友人サポート」から「非侵害的関係」にパス（線）が出ています。これは、子どもは「自分がいじめにあったときには、友達に助けてもらいたい」と思っていることを示唆していると読み取ることができるでしょう。ピア・サポートは、悩んだり潰れかかったりしているそんな友達のことをいち早く察知し、自分から「大丈夫？」と声をかけ、手を差しのべられる子どもたちを育てることをねらいとしています。

「ピア」とは、仲間（単に親しい友達を指すだけではなく、交流のある上級生や下級生、つながりのある大人なども含む）という意味です。そして、ピア・サポートとは、仲間同士で互いに支え合う活動のことです。これは、子どもたちが他者への共感性を培ったり、思いやりを行動で示したりする方法を学び、実際に仲間同士で互いに支え合う活動を通して、学校全体の人間関係に「支え合い、助け合う」という支持的な風土を醸成することができる取り組みとも言えます。

さらに時代状況からも、ピア・サポートの重要性は増しています。現在、貧困や虐待など、子どもを取り巻く環境や養育にかかわる状況は厳しくなる一方です。心身ともに厳しい状況に置かれた子どもたちが、信頼関係の基盤となる「愛着」に課題を抱えるのは必然です。愛着に課題を抱えた子どもたちは、他者への信頼感をもてず、学校生活では、教師との関係のみならず、友達との関係においても苦戦を強いられることになります。

近年、子どものコミュニケーション力の低下が課題となっています。しかし、実は、単にコミュニケーション力に課題があるということではなく、他者への信頼感が薄い子どもの中には、愛着の課題によってパーソナリティ自体が自己防衛的になり、他者とのかかわりを回避したり、攻撃的になったりする子どもがいるということを押さえておかなければなりません。

そういった意味でも、ピア・サポートは、その解決の一助にもなり得る活動と言えるでしょう。なぜなら、ピア・サポートは、このような様々な課題を抱える子どもたちが、自分たちで、自分たちの課題を解決していくことを支援するとともに、豊かな情緒交流によって健康で安定的なパーソナリティの形成に寄与する活動でもあるからです。

ピア・サポートとマルチレベルアプローチ

「子どもたちの対人関係能力や自己表現能力等、社会に生きる力がきわめて不足している現状を改善するための学校教育活動の一環として、教師の指導・援助のもとに、子どもたち相互の人間関係を豊かにするための学習の場を各学校の実態や課題に応じて設定し、そこで得た知識やスキル（技術）をもとに、仲間を思いやり、支える実践活動をピア・サポート活動と呼ぶ」日本ピア・サポート学会のピア・サポート活動の定義です。

これをＭＬＡが基盤とする五つの理論（第1章参照）の中から社会的欲求理論に照らして説明してみましょう。Ｍ・トンプソンら（二〇〇三）は、特に人や社会とのかかわりを求める欲求、つまり社会的欲求には、「交流欲求」「承認欲求」「影響力欲求」

の三つの欲求の存在を指摘しています（図27）。

ピア・サポート活動において、サポーター（サポートする側）はサポート活動という活躍の場面が保障され、上位の欲求である影響力欲求の充足につながります。つまり、このサポート活動や感謝される経験を通して、「自分も人の役に立てる」という「喜び」や「誰かに必要とされる」ことへの「自信」といった自己有用感が強化されていくのです。そして、その感覚が、社会に貢献したいという思いを育むことにつながっていくわけです。

図27　ピア・サポートと欲求充足

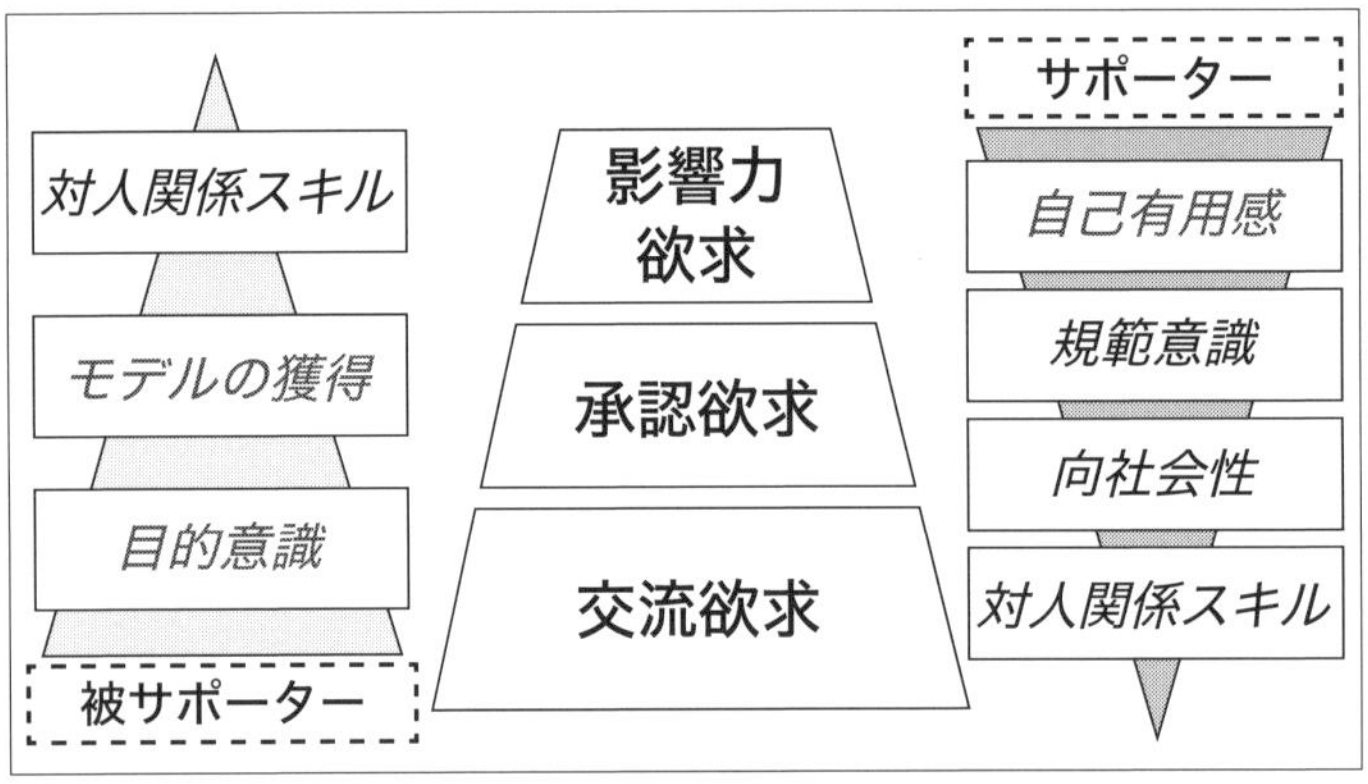

一方、被サポーター（サポートを受ける側）はどうでしょう。サポートされる経験を通して、豊かな「情緒的交流」によって交流欲求が満たされます。さらに、「すごいね」「できたね」「やったね！」などとサポーターから認められたりほめられたりすることで承認欲求も満たされますし、できることが増えることで影響力欲求も満たされます。つまり、困難な養育環境や発達障害等によって愛着に課題を抱えた子どもや、対人関係のスキルの獲得が不十分なまま育った子どもが、サポートされる体験を通して、他者から優しく支えてもらうことの安心感や、人とかかわることの心地よさを実感し、他者信頼を体得していくことにつながるのです。この、誰かに支えてもらった経験は、「いつか自分もあの人のようになりたい」「自分がしてもらったことを誰かに返したい」という他者貢献の意識や意欲を喚起させることにつながります。サポートされる体験が、子どもたちの目に見えない人格的成長を促しているとも言えるでしょう。

ＭＬＡは、教育基本法第一条にあるように、子どもたちを平和で民主的な国家および社会を形成できるような大人に育てることを目標としています。ピア・サポートとは、広義にとらえれば、平和で民主的なコミュニティを共に形成しようとする関係性であり、精神であり、生き方とも言えます。また、実際の活動としてのピア・サポートは、健全なパーソナリティ形成に必要不可欠な「情緒的交流」を提供するとともに、「社会的能力」を育むことになります。その意味で、ピア・サポートは、ＭＬＡの神髄とも言えるでしょう。

ピア・サポートプログラムの構造と実施上の留意点

ピア・サポートは、学校や友達のニーズを探り、それを充足するための感性とスキルを訓練し、活動する一連のプログラムです。ただサポート活動をするだけでは、個人にとっても集団にとっても十分な効果は期待できません。具体的な実践につい

図28　ピア・サポートプログラムの構造

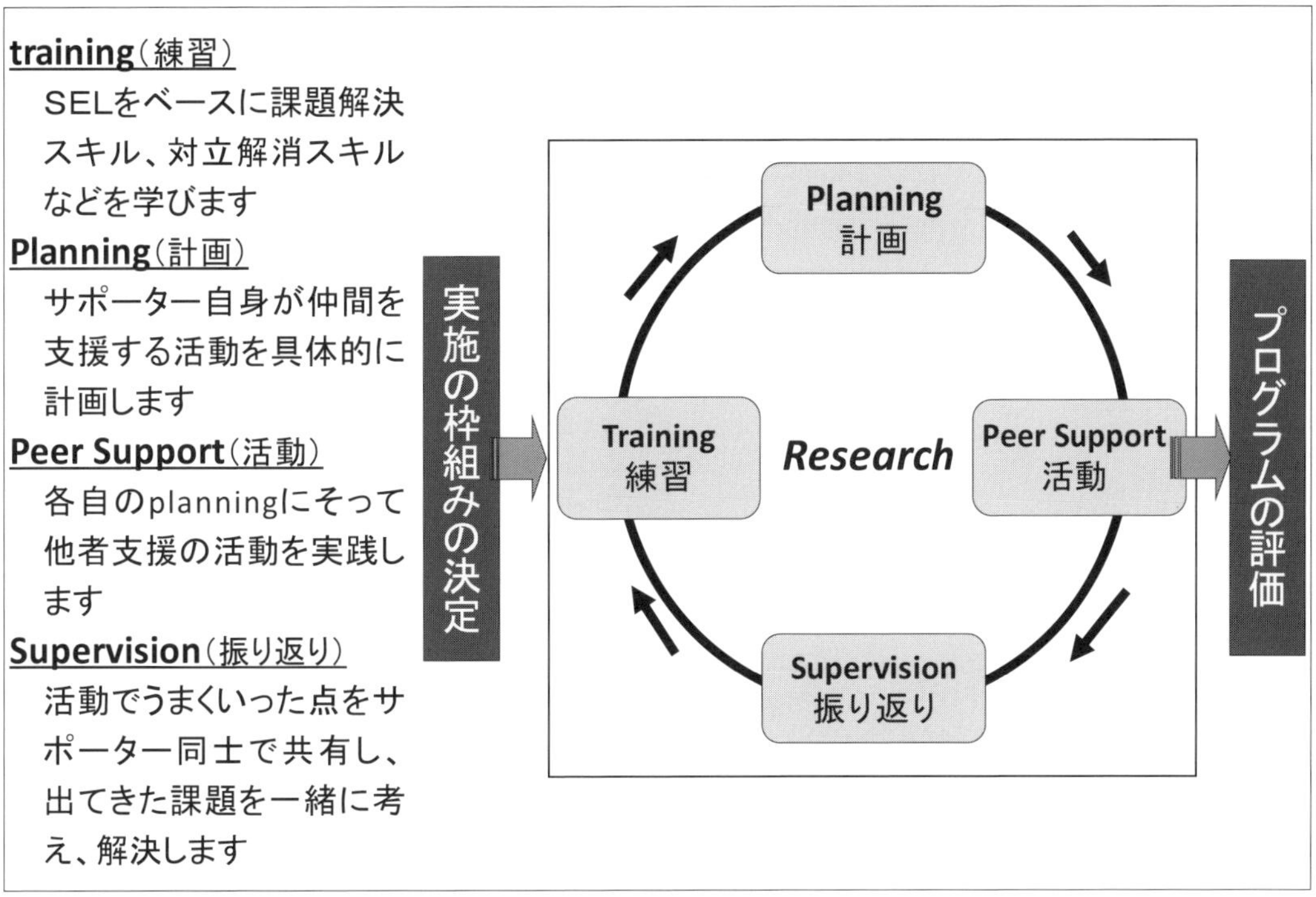
training（練習）
SELをベースに課題解決スキル、対立解消スキルなどを学びます
Planning（計画）
サポーター自身が仲間を支援する活動を具体的に計画します
Peer Support（活動）
各自のplanningにそって他者支援の活動を実践します
Supervision（振り返り）
活動でうまくいった点をサポーター同士で共有し、出てきた課題を一緒に考え、解決します
実施の枠組みの決定
Planning
計画
Training
練習
Research
Peer Support
活動
Supervision
振り返り
プログラムの評価

ては次節にまわし、ここでは順番に理論的なことを紹介します。

実施前の留意事項

ピア・サポート活動を始める前の準備として重要なポイントは次の二点です。

一つは、指導者として、どのようなニーズに基づいて、どんな活動をさせたいのか、どの場所、どの時間、どの範囲でサポート活動に取り組ませるのか、また、子どもたちが考えたプランをどこまで許容するかなど、指導者側が実施の枠組みをしっかりもっていることが大切です。

二つ目は、子どもたち自身に「人を支援すること」について、しっかりとした動機づけをもたせることです。「人を支援する」というと、多くは、ものすごいことをしなくてはならないと考えてしまいがちです。しかし、自分がこれまで誰かにしてもらって嬉しかったことや感謝したことなどを振り返ってもらうと、「声をかけてもらった」「荷物を持ってくれた」「待っていてくれた」など、実はさりげないことにたくさん支えられていたのを思い出します。人はちょっとしたことで元気になったり、勇気が湧いてきたり、頑張れたりすることに気づきます。「だったら、自分にもできるかもしれない」「自分ができることは何だろう」と、一人一人の子どもがサポート活動の青写真を描けるようにすることです。

枠組みが決定したら、Training（練習）→Planning（計画）→Peer Support（活動）→Supervision（振り返り）という四段階を円環的に展開していきます（図28）。

Training（練習）

まずはサポート活動の前に、友達を支えるために必要な知識やスキル（技術）をトレーニング（練習）によって学びます。

ピア・サポートの最大の特徴は、受容と共感をベースにしながら、トレーニングを積み重ね、課題解決や対立解決の具体的な方法までをスキルとして体験的に学んでいくことを重要視している点にあります（図29）。ここでは、人の気持ちを理解し、サポートを提供するためのスキルと意欲の育成に焦点を絞ってトレーニングを構成していく必要があります。

MLAでは、SELの実践によって社会的スキルと感情的スキルの育成を目指しています（第2章3参照）。他者支援的な視点を強調しているのがMLAにおけるSELととらえ、MLAにおけるピア・サポートではトレーニング部分のほとんどをSELとして実施します。

図29　トレーニングの内容と構造

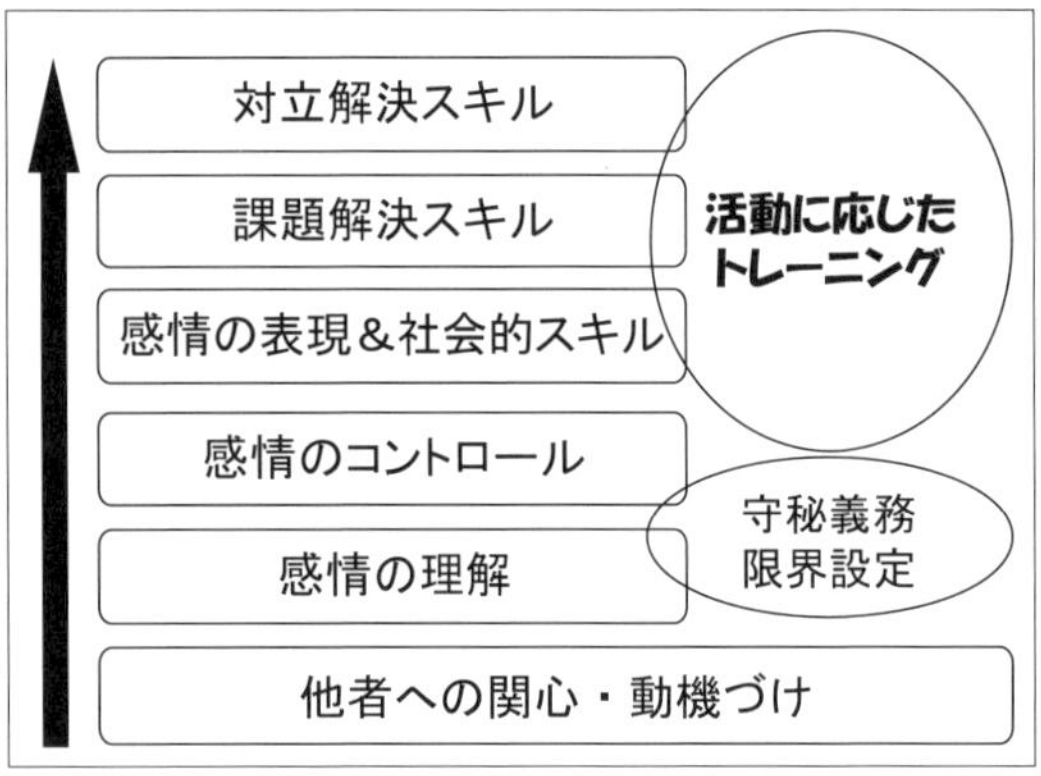

Planning（計画）

次にプランニングです。このプランニングは、個人プランニングを意味します。例えば、中学校二年生で「小学校二年生に九九を教えに行く」というサポート活動をしようと決めた場合、自分は、どんなふうにサポートするのか、先のトレーニングで学んだことと自分の強みを生かして、それぞれが具体的にサポート活動の個人プランを立てます。

このように、サポート活動への目的意識を明確にすることで、サポート活動への意欲を喚起していきます。

Peer Support（活動）

いよいよサポート活動です。具体的な実践のイメージは次節の実践紹介に譲ることにしますが、それぞれの学校の状況や地域に応じて、「縦割り仲良し遠足」「中学生が小学生の授業に入る学習サポート」「ケンカの仲裁」など、様々な活動が展開されています。このサポート活動は、特別なことを新たにしようとするのではなく、これまで学校の教育活動の中で行ってきた行事や各種活動をピア・サポートの視点でとらえ直し枠組みを替えて実践することができるのです。

Supervision（振り返り）

ここでは、活動前に立てた個人プランニングに照らして自分のサポート活動を振り返ります。学校ではしばしば行事や活動の後に振り返りを行いますが、ここでの振り返りは、それとは異なる活動です。ピア・サポートでは、この振り返りを「グループスーパービジョン」という形で実施するのです。図30のような流れで進めます。

子どもたちは活動の前に練習をします。実際の活動場面では、当然のことかもしれませんが、なかなか思ったようにできないことがあります。指導者は、このスーパービジョンを通して、スキルを教え、励まし続け、自分たちのやっていることには価

図30　グループスーパービジョンの流れ

1　ウォームアップ
・エネルギー補給ゲーム
・よかった点を出し合う（うまくいったコツを共有する）

2　うまくいかなかった点や困っていることを出し合う
・守秘義務に気をつけ、課題だけに焦点を絞るように注意する

3　解決したい課題を選択する
＊取り上げられなかった課題を抱えている子には、ミーティング後に個別に対応する

課題解決スキルを使う

4　解決策に対する意見をサポーターから引き出す
・解決策をグループで考える
・ロールプレイやスキルの練習を通して課題解決方法を体験的に学ぶ

5　評価とプランの練り直し
・１～４の活動を振り返って、サポーターが自分のプランを練り直す

6　まとめ
・指導者が取り組みに対する肯定的評価や価値を伝える

値があるということを伝えます。そうやって、サポーターの子どもたちへの精神的支援を提供するのです。さらには、課題解決を通して、サポーター同士が互いにサポートし合える大切な場として、仲間意識やチームとしてのまとまりを醸成し、取り組みへの主体性を促進していきます。

ピア・サポートが果たす役割と可能性

ピア・サポートは、思いやりを行動で示せる子どもを育て、思いやりのある学校風土を創造していく活動です。人と人とのつながりを感じ、思いやりのある子どもが増えれば、それは学校だけにとどまらず思いやりあふれる地域、社会、日本へと広がっていくはずです。それは、ＭＬＡが目指している「今、平和で民主的な学級を形成できる子ども」を育てることそのものであるとも言えるでしょう。

〈引用・参考文献〉

中野武房・森川澄男・高野利雄・栗原慎二・菱田準子・春日井敏之編著（二〇〇八）『ピア・サポート実践ガイドブック――Ｑ＆Ａによるピア・サポートプログラムのすべて』ほんの森出版

石井愼治・井上弥・沖林洋平・栗原慎二・神山貴弥編著（二〇〇九）『児童・生徒のための学校環境適応ガイドブック――学校適応の理論と実践』協同出版

日本ピア・サポート学会監修（二〇一一）『トレーナー標準プログラムテキストブックVersion２』

総社市教育委員会（二〇一五）『だれもが行きたくなる学校づくり入門』（執筆・東長典）

Ｍ・トンプソン、Ｃ・Ｏ・グレース、Ｌ・Ｊ・コーエン（二〇〇三）『子ども社会の心理学――親友・悪友・いじめっ子』（坂崎浩久訳）創元社

7 新潟市立大通小学校の実践

「だれもが行きたくなる学校づくり」

袖山兼一　中林浩子

ここでは、教員研修を核として、マルチレベルアプローチ（ＭＬＡ）による学校改革に取り組んだ新潟市立大通小学校の四年間にわたる実践を紹介します。執筆は、実践部分を袖山、教員研修部分を中林が担当します。

荒れた学校状況の中でマルチレベルアプローチを開始

平成二四年四月、着任式直後、衝撃的な出会いがありました。新担任が女性教師だったことに怒り担任になぐりかかる子、相手が自分をにらんだと言って大喧嘩する子、気持ちを言葉に出せず物や人に当たり散らす子、授業中に徘徊する子など。

「学校で何が起きているのか」「この子たちに何が不足なのか」「これから何をしていけばよいのか」。これまで経験したことのない危機感に体が震えたことを覚えています。

数年前から、教室や校舎に入れない子どもや特別な支援を要する子どもへの対応に追われ、授業の実施すら危ぶまれることもあり、授業の質の低下とともに学力の低下を余儀なくされる状態が続いていたのです。

教職員はその中で「何とかしなくては」という一心で、ＭＬＡの研修に打ち込んでいました。一年次は年間四八時間の校内研修を実施しました。そして、「**学校が落ち着かない状況はどこに起因するのか。子どもや地域・家庭に原因を求めるのではなく、学校が変わる必要性がある。学校が、教職員が自ら変わらなければ子どもは変わらない**」との思いを共有していました。

そして、私が着任した二年次からは、学校が、教職員が自ら変わるために、より効果的に体系化した研修を積み重ねました。ここでは、「ＭＬＡによる人間関係づくり」を学校課題解決のための最良の方法として教育課程に位置づけ、豊かな人間関係にあふれた「だれもが行きたくなる学校づくり」をめざし、四年間にわたって進めてきた取り組みの一端を紹介します。

学校改革を支える体制と成果

校務分掌組織の組み替え

ＭＬＡでは、通常の指導においてすべての子どもの主体性を高める一次的生徒指導、支援を必要としている子どもを友達同士で支える二次的生徒指導、さらにより専門的な立場の者が支える三次的生徒指導で構成されます。これを組織的に展開するため、これまでの校務分掌組織を組み替えて、「ピア・サポート部」「授業改善部」「生活向上部」とし、ＭＬＡの実践を支える三本の柱としました。

つまり、学校教育目標実現のための戦略としてＭＬＡを教育ビジョンに重ね合わせ、めざす子どもの姿とそれに迫る取り組みを明確にしたのです。この三つの柱を軸に教育課程を編成し、全校体制で取り組んだ成果として次のような姿が見られるようになりました。

実践の成果

１　人とのかかわりの変化

学級内に、安心して話せる、共感してもらえる雰囲気が広がりました。さらに、協同学習においてはコミュニケーションが活性化されたことで、授業に参加できなかった子どもたちが参加するようになりました。これは継続したピア・サポート活動で人間関係が安定したことによる成果と感じています。

２　学校適応感の向上

学校適応感（標準値50）を平成二四年度と二六年度で比較すると、五つの側面でそれぞれに数値が向上しました（表2）。特に、教師サポートが大きく向上したことに連動して、友人サポート、向社会的スキルが向上しています。これは学級づくりの第一の段階である、「教師が子ども同士をかかわらせる段階」を乗り越えたものととらえています。

また、保健室来室児童数は年を追うごとに減少し続けました。例えば九月の来室者数は平成二三年から二六年まで、三七八人→二〇九人→一三〇人→一一一人と変化し続けました。顕著だったのは、「なんとなく」あるいは不定愁訴で来室する児童が激減したことです。私たちはこの変化を、ＭＬＡの取り組みにより日常的に子どもが人とかかわることを楽しみ、学ぶ楽しさを感じるようになったことで、教室が本来の「自分たちのいる安心できる場所」となったのだと分析しています。

表２　学校適応感尺度（アセス上昇）

	H24	H26
生活満足感	51	55
教師サポート	48	56
友人サポート	54	57
向社会的スキル	50	53
非侵害的関係	58	58
学習的適応	50	53

徘徊児童数０人、不登校児童数０人、暴力的行為もまったくなくなりました。

さらに、全校自然教室などのボランティアで来校される保護者や地域の方々は、「上学年の働きかけの優しさと穏やかさ」「相手の表情や声の様子に気配りするコミュニケーション」「下学年の主体的な活動」を目の当たりにし、「校長先生、子どもたちは、ここまでできるようになるのですね」と瞳をうるませ感心されていました。

3　チーム力の向上──「チーム大通」の変容

教職員集団として、チーム力の向上と児童理解の質の向上が見られます。授業研究やピア・サポート活動計画策定などでは、子ども一人一人の具体的な姿で検討します。そして、全教職員が語り合うワークショップ形式の研修を可能な限り実施してきました。研修後にアンケート調査を実施し、分析の結果、子どもの変容の背景には教師の以下のような変容があったと考えています。

・子どもの気持ちを共感的に理解するようになった。
・子ども同士のかかわらせ方を考えるようになった。
・担任だけでなくチームで取り組むようになった。
・「あの子にはこんないいところがある」「あの子にはこんな力がつけられそう」と、夢をもって子どもを見る・語るようになった。

各部の具体的な取り組み

授業改善部：協同学習

「わくわく授業づくり」を合い言葉に、次の二点を条件とし「協同学習」を取り入れ、授業改善に取り組みました。

①一人一人の主体的な授業への参画をめざし、小集団内で一人一人に役割をもたせ、自分がやらないと仲間が成功できないことに気づかせ、責任をもたせること。

②学習課題の解決に向けて、互いの助け合いが生まれるように促し、良質なコミュニケーションを生じさせること。「子どもから生まれる課題」に重点を置き、協同学習を一日一時間以上実施すること。

【実践：協同学習　二年国語科「ビーバーの大工事」】

協同学習では、「個人思考→グループ（協同）思考→全体思考→個人思考」という学習過程をとっています。

①個人思考：自分の考えをもたせます。

②グループ思考（四人グループでの協同学習）：この学習では、「司会」「感想」「ポイント計算」「感想・アドバイス」の役割で学習を行います。班内で、個人でつくったクイズを出したり答えたり紹介し合う活動を行います。

A男は、記事の写真から視覚的な特徴をとらえたクイズをつくります。しかし、新聞の本文とずれがあることを友達からアドバイスされ、A男は文章に立ち返り、自分のつくったクイズを見直していきます。自分がつくったクイズの内容と文の整合性を確認す

る場にもなっていました。

③全体思考（他のグループのメンバーと新しいグループで）：他の班の人にクイズを出します。回答者は、初めて目にする記事を見ながら、叙述に着目し、クイズに関係のある言葉や内容から、クイズの答えを見つけ出します。クイズを出題し合う中でお互いが見つけた動物のすごさについて感動したり、クイズのうまさをほめたりする姿が見られました。

このような学習過程の中で、子どもたちは「友達に自分の考えを伝えることができた」「相手が自分の考えを受け入れてくれた」という、かかわる楽しさ、うれしさを実感していきます。

生活向上部：アセスメント調査・SEL学習プログラム・PBIS

生活向上部は「いきいき生活づくり」を合い言葉に、アセスメント調査によるていねいな児童理解と学校生活への適応感を把握し、課題解決に向けた対応策の検討、ピア・サポート活動と連動したＳＥＬ（社会性と情動の学習）学習プログラムなどを推進します。これらの活動はＰＢＩＳ（ポジティブな行動介入と支援）を全体の下支えとし、行動と価値を結びつけて、子どもに思考、判断させ、徐々に望ましい行動を身につけさせます。

1　アセスメント調査（アセスを年三回実施）

生活満足感、教師サポート、友人サポート、非侵害的関係、向社会的スキル、学習的適応感の六つの側面から個々の子どもの内面と学級の状態を見取ります。調査後には毎回、個と集団の両面から結果を分析する校内研修を実施し、支援の方向性を探る大きな手立てとし有効活用していました。「子ども理解力」を伸長させる研修でした。

2　SEL学習プログラムの実施

感情の学習に基づく社会性育成のための一〇時間の指導プログラムを学級活動の年間指導計画に位置づけて実施してきました。特に全校ピア・サポート活動に向けて意図的・計画的に実施しました。主なスキル内容は、「気持ちの理解」「気持ちの伝え方」「頼み方と断り方」「話し合いのルール」「上手な聞き方、伝え方」「トラブル解決」「気持ちを落ち着かせる方法」です。

3　PBISの推進

子どもたちの望ましい習慣づくりにより、ピア・サポートや協同学習の効果をより高めるため、ＰＢＩＳを取り入れました。ＰＢＩＳについては第3章2をご覧いただきたいのですが、端的に言えば、思いやりなどの価値を具現化する行動を明示し、奨励し、行動化を支援し、強化する仕組みです。大通小学校では、その価値を「思いやり」「責任」「感謝」の三つに絞り、この三つを具体的に行動できる子どもを育てているわけです。

子どもたちは、学校生活全般でこの三つの価値を自分の考えや行動などと関連づけ、生活のめあての設定と振り返りを行います。この三観点は子どもたちの実態に基づき、全教職員でワークショップを重ね、子どもに身につけさせたい望ましい行動の価値項目として設定したものです。

【実践1】

運動会で一年生と六年生、二年生と五年生、三年生と四年生がペアを組み、ピア・サポートを取り入れた「ピア競技」を行いました。「思いやり」の観点での子どもの「振り返り」を紹介します。

▼ゴールしたあとに「お姉ちゃん、色を選ばせてくれてありがとう」と言われた。お礼を言われてうれしかった。（五年生）

▼一年生が戻ってきたとき、「がんばったね」と言えたのでよかった。（二年生）

【実践2】

七月のあいさつ運動では、「責任」の観点で次のような子どもの振り返りが見られました。

▼はじめは、相手があいさつを返してくれるか心配でした。思い切って自分から大きな声であいさつをしました。すると、一年生が私よりも大きな声であいさつを返してくれました。私のあいさつで学校が明るくなるんだと思うと、これからも続けようという気持ちがわいてきました。

子どもたちは日常的に三観点から振り返りをしています。この結果、的確に自分を見つめ、自己と対話できる子どもが増えてきています。

ピア・サポート部：ピア・サポート活動

「きらきら活動づくり」を合い言葉にピア・サポート活動を特別活動に位置づけ、支え合う関係づくりに取り組んでいます。

ピア・サポート活動での重点

・子どもたち自身が何をすべきか理解し行動する力を育てる。

・教職員が目的と方法を明確にし、全校体制で取り組む。

年間五つの全校ピア・サポート活動を位置づけ、重点の具現に努めます。重要なことは、全教職員で共通の「めざす子どもの姿」をイメージすることです。最も時間をかけて協議します（②ワークショップによる検討を参照）。

【実践】全校自然教室（九月、低・中・高学年に分かれての登山）

①プログラムの提案（ピア・サポート部）：ピア・サポート部がピア・サポートの意義、内容、全体のスケジュール、実施にあたっての方針を示します。

②ワークショップによる検討（教職員研修）

・どんな力をつけたいか

・どんな活動が必要か

・子どもたちに考えさせることは何か

・スケジュールはどうか

③活動への動機づけと一体感の高揚

④ピア・サポートプランニング

⑤ＳＥＬ学習プログラムの実施

⑥サポートプランの実行（登山当日）

⑦振り返りとシェアリング：翌日の子どもの振り返りでの感想です。

▼一番きついコースでとても大変でしたが、疲れた人に、私から「休もうか？」と自然に声かけができました。下山で転んだときは、六年生の○○さんが、「ケガしてない？　大丈夫？」と優しく声をかけてくれました。とてもうれしかったです。ピア・サポートが自然にできるようになってよかったです。

子ども一人一人がサポートしていた姿を「教師が言葉で価値づけること」に全教職員で取り組みました。教師が声かけをしたり、友達からの声を伝えたりすることは、子どもたちを大きく支えることにつながっていきました。

＊

「教職員が日々の授業づくり（一・二次的生徒指導）に全力で取り組める」「三次的生徒指導で専門的な支援が必要な子には、校長が率先、即決、即断し、可能な限りすべての支援を担う」「教職員が常に明るく子どもに向かえるよう気持ちを高揚させる」ことを念頭に置き、学校経営に取り組みました。

わずか三年間の実践でしたが、時には教師や子どもの力では「解決できない重い課題を抱えている子」もいました。しかし、「自分が大切にされていると感じる」と、どの子も変わってきました。閉ざしていた心も開いてきました。

ひたむきな心と、苦しいときこそ研修で活路を見出してきた「チーム大通」、その研修を四年間にわたり広島大学の栗原慎二先生が支えてくれました。

大通小学校の実践を支えた教員研修

私（中林）が大通小学校のマルチレベルアプローチによる学校改革にかかわったのは、平成二三年度教育相談センターの指導主事のときでした。

ＭＬＡでは、体系的包括的な教員研修三〇時間を、成功に導く根幹に据えています。しかし、当時の学校現場では、多忙等を理由に三〇時間もの研修時間を捻出するのは難しいと言われ、よい取り組みとはわかっているがなかなか踏み出せないという現場の声は少なくありませんでした。

そんな中、大通小学校は、「校内研修で学校を変える」という当時の杉山和敏校長の決断により、このＭＬＡによる学校改革がスタートしました。その取り組みを教育相談センターが全面的にサポートすることになり、私がそのチーフになったのです。紙面の関係から、ここではその支援の構図やプロセスの説明は省略します。

前述の実践報告の中で、袖山校長が教員研修の重要性を繰り返し述べています。大通小学校の取り組みを定着させるために工夫したことは、三種類の研修を準備し、必要に応じて、それぞれの教育実践にリンクできるように学校と相談して年間計画に位置づけたことです。

研修の種類はロング・ミドル・ショートの三つ。研修スタイルは、理論研修とその理論を適用しての課題解決型ワークショップとしました（表３）。

表３　研修の種類とスタイル

【ロング研修】　理論研修　→基本３時間研修
・理念共有、核となる理論や方向性を示し、その具体となる取り組みを講義・演習を通して学ぶ
【ミドル研修】　授業研修　→基本 1.5 時間～ 2 時間以内研修
・授業研究や授業参観とセットで研修
【ショート研修】　つなぎ研修　→基本 45 分～１時間以内研修
・ロング研修で示された方向を自校の実情に照らして実施していくための課題解決型で、演習・ディスカッションで構成 ・現場や自校の実態に置き換えるとどうすればいいのか、学んだ理論を自校の現状にリンクさせる ＜つなぎ研修＞ →　部会の意味合いをもち、実践の具体像や計画・内容等を話し合ったり、課題解決を検討する場とする →　研修が終わったとき、学校全体で進む方向を理解し、明日からの自分のミッションが行動レベルで自覚できていることを目標にする

とりわけ、「つなぎ研修」として実施した原則四五分で行うショート研修は、研修が終わって会場を出るときには、教員一人一人自分がこれから何をすればいいのかがクリアになっていることを目標としました。そして、つなぎ研修を課題解決型ワークショップにすることで、先生方はどんどん主体的になっていきました。その結果、教職員同士のピア意識や同僚性が育まれるとともに、先生方の課題解決力は飛躍的に向上していったのです。このつなぎ研修の積み重ねが、取り組みを促進する鍵となりました。

初年度は、専門家チームによる研修を年間五回（二四時間）、つなぎ研修を年間一五回（二四時間）の計四八時間実施しました。実は、取り組み当初は三〇時間の研修予定でした。四月から「研修→実践」を繰り返していく中で、先生方は、七月には子どものプラスの変容を実感しはじめたのです。その頃から「もっと学びたい」という研修に対する意欲が高まり、最終的には四八時間の研修を行いました。子どものプラスの変容は、研修に対する教師の多忙感を減らしただけでなく、動機づけを高めることにつながりました。

二年目からは、大学専門家チームによる理論研修は年四回、つなぎ研修もセンター指導主事に加え、大通小学校の研究主任をはじめとするミドルリーダーが担うようになりました。その後、初年度から取り組んでいる教員がリーダーとなってつなぎ研修や各分掌の取り組みを牽引しました。

研修と実践の往還により先生方が取り組みの価値を実感し、自信をつけるとともに研修自体が進化し、袖山校長のリーダーシップのもと、「チーム大通」としてMLAを根幹とした大通小学校独自の取り組みが展開され成果をあげたのです。この取り組みは、子どもの変容を生んだだけでなく、教職員自身が自校への愛着や教職員同士のつながりをさらに強め、子どもの成長を支える教育者としての誇りを高めました。

ひたむきな心と苦しいときこそ研修で活路を見出してきた「チーム大通」。新潟市立大通小学校の教育実践は、学校教育目標達成に向け、MLAの理念を自校の実態に応じてみごとに具現化した取り組みと言えるでしょう。

第3章

深刻な個別事例を対象にした三次的生徒指導としてのマルチレベルアプローチ

1　一次的・二次的生徒指導が三次的生徒指導を支える

栗原慎二

第2章では、アセスメント、学級経営、ＳＥＬ（Social and Emotional Learning：社会性と情動の学習）、協同学習、特別支援、ピア・サポートなど、主にすべての子どもを対象とした活動を中心に紹介してきました。第1章と第2章で取り上げたことを理解し、実践すれば、子どもたちのさまざまな問題行動は激減し、そうした問題に振り回されることはなくなり、学校は安定します。

ただ、そうは言っても、実際には家庭背景が難しい子や発達障害の重い子、対応が困難な保護者、さまざまな要因で崩壊状態にある学級などが存在します。そしてそうした状況に的確に対応することがどうしても必要になります。

そこで第3章では、事態がやや深刻な個別の事例や学級崩壊などに対して、ＭＬＡではどのように取り組むのかについて解説していきます。

マルチレベルアプローチのおさらい

さて、ここで簡単にマルチレベルアプローチについておさらいをしておきましょう。

現在、世界の生徒指導の先進国のほとんどは、包括的生徒指導（Comprehensive School Guidance & Counselling）というモデルを採用しています。このモデルでは、「すべての子どもの全人的な成長」を促進しようとします。これはＭＬＡでも同様です。不登校の子も、いじめの被害者も加害者も、勉強のできる子もできない子も、それぞれに応じた成長を支援します。

包括的生徒指導の推進役は国によって違いますが、海外の場合、多くはスクールカウンセラー（ＳＣ）や生徒指導担当教師がその役割を担ってきました。ただし、ＳＣといっても海外の

ＳＣは教育者としての側面が強く、生徒指導・教育相談・進路指導・特別支援にかかわる予防的・開発的領域の仕事を中心に活動しています。例えば、アメリカのＳＣは大学への推薦書を書きます。このことだけを見ても、日本のＳＣとは異なることがわかります。香港や台湾では、「輔導教師」といわれる教師が、生徒指導・教育相談・特別支援を統括する仕事をしています。

　では、日本ではどうでしょうか。日本のＳＣ制度は問題対処領域での活動を想定した制度ですから、ＳＣが一次的生徒指導や二次的生徒指導のリーダーシップをとることは困難です。ですから、ＭＬＡの推進役は教師であり、その中で三次的生徒指導対象者とのかかわりにおいては、ＳＣやスクールソーシャルワーカー（ＳＳＷ）と協働すると考えるのが現実的でしょう。

図31　分業モデルと協働モデル

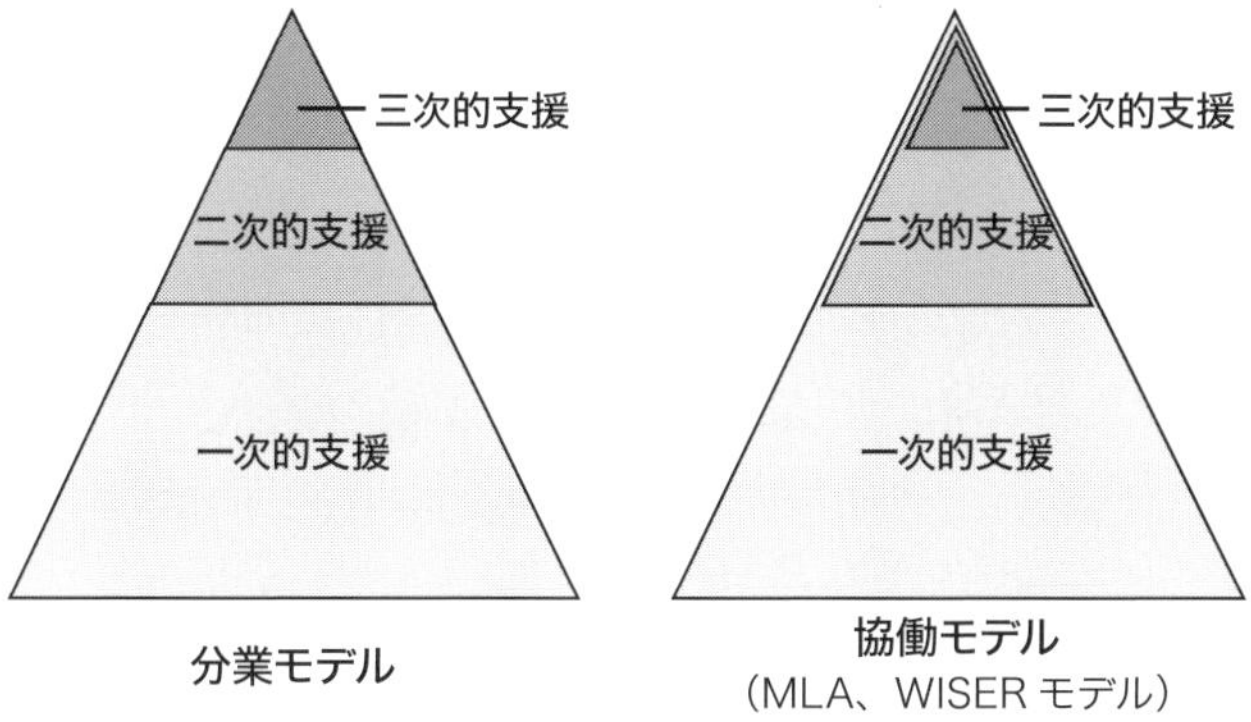

「気になる子どもへの支援」も多層的に

　では、問題対処領域はＳＣに任せておけばいいのでしょうか。

　そんなことはありません。図31をご覧ください。二つの三角形は似ていますが、似て非なるものです。

　左の分業モデルの図は、援助ニーズの大きさに従って、支援対象となる生徒を三層に分けます。集中的支援が必要な三次的支援対象者には、完全分業ということではありませんが、ＳＣやＳＳＷなどの「専門的ヘルパー」が中心となってかかわるものとされています。教員は「専門的ヘルパー」ではなく、さまざまな仕事の一側面として心理教育的援助を行う「複合的ヘルパー」で、その主な仕事は一次的支援とされています。

　この分業モデルも実際には協働を推奨しています。しかし、このモデル図自体がきれいに三分割されていますし、ＳＣやＳＳＷが「専門家」であるということが強調されますので、このモデルが学校に適用されると、どうしても「難しい子どもはＳＣやＳＳＷにお任せ」になる危険性が生じます。実際、「そうした子どもは教師の対応できる範囲を超えている。ＳＣやＳＳＷなどの専門家に任せるべき」という発言を耳にしますし、そうした事例は数多く存在します。

　これに対して協働モデルの図は、三次的支援の対象者に対しても一次的支援と二次的支援が提供されることを示しています。このモデル図は実はＭＬＡで使っていたものですが、台湾に行ったとき、これとまったく同じ図が使われていました。それはＷＩＳＥＲモデルといわれるもので、分業モデルを台湾の実態に合わせて変更したものだとのことでした。

　この協働モデルのポイントは、三つの層が重なっていることです。つまり、援助ニーズの大きい三次的支援の対象者に対しても、一次的支援や二次的支援が基盤になるということです。したがって、三次的支援の対象者に対しては、学校が、ＳＣや

ＳＳＷ、外部機関などの多様な支援者と協働して、一次から三次までの支援を提供する必要があることを示しています。

心理モデルと教育モデル

分業モデルは学校心理学の基本モデルです。私もこの図を長く使ってきましたが、なんとなく違和感を抱いていました。それを整理すると、以下の三点だったように思います。

まず第一に、学校心理学では、「専門的ヘルパー」「複合的ヘルパー」「役割的ヘルパー」「ボランティア的ヘルパー」の四種類のヘルパーがあるとされています。しかし、子どもたちが困ったときにまず最初にヘルプを求めるであろう「友達」が位置づけられていない点です。

第二に、対応の困難な三次的支援対象の子どもへのかかわりは「専門的ヘルパー」の仕事であって、教師は協力者レベルにとどまるという点です。専門家の知見を借りるにしても、教師の役割は大きいと思ってきた私には、なんとなく腑に落ちないところがありました。

第三に、時に生徒を叱り、時に叱咤激励をする私には、「生徒指導は支援だけで語れるのか」「心理学だけで学校や子どもたちの問題を解決できるのか」といった疑問がありました。

生徒指導の三層モデル

そこで考えたのが、第1章でご紹介した生徒指導の三層モデルです。

このモデルでは、生徒の援助ニーズの大きさで支援対象者を三層に分けるのではなく、生徒指導の目的を三種類に分けて一〜三次的生徒指導という言い方をしています。一次的生徒指導は「自分でできる力を育てる」こと、二次的生徒指導は「友達同士で支え合う力を育てる」こと、三次的生徒指導は「教師や専門家が中心となって子どもを支える」ことが目的です。

学校心理学の三次的支援の対象は一部の子どもたちですが、このモデルでの一次的・二次的生徒指導の対象は、すべての子どもになります。三次的生徒指導は切り口は違いますが、対象も方法も、学校心理学の三次的支援と実質的にはほとんど重なっていると考えてよいでしょう。

次に各層におけるかかわり方ですが、一次的生徒指導は「自分でできる力を育てる」という目的に合致していれば、支援以外にも、教育、訓練、励ましなど、いろいろなかかわり方があり得ます。第2章3で紹介したＳＥＬは一次的生徒指導の中核になる活動ですが、支援というよりは教育ですし、次節で紹介する修復的正義などは明らかに指導です。

二次的生徒指導においても、「友達同士で支え合う力を育てる」ためには、支援だけではなく訓練も必要です。なお、二次的生徒指導では、学級経営、ピア・サポート、協同学習などの集団指導の理論と技術の必要性が高くなります。

ただ、三次的生徒指導となると、「教師や専門家が中心となって子どもを支える」ことが目的ですから、その子の力を育てるというよりは、救済に近くなります。三次的生徒指導の中心的な方法はチーム支援になります。

全人的発達の五領域：一〜三次的生徒指導を提供する

先ほど、ＭＬＡの目的は「すべての子どもの全人的な成長を促進する」ことだと書きました。全人的とはどういうことでしょうか。

ＭＬＡでは、五つの領域を想定します。身体的発達、心理的発達、社会的発達、学業的発達、キャリア的発達です。これには順序性もあります。幼児の発達をイメージしてみてください。まず身体ができて（身体的発達）、次に親とのかかわりの中で安定的なパーソナリティと自他肯定的な対人関係の基本スタイルが形成され（心理的発達）、幼稚園頃から社会的スキルや社会性が形成されます（社会的発達）。それらをベースに学校に入ると学業的発達が進み、学年が上がるにつれてキャリアの問題を考える（キャリア的発達）ようになっていきます。

ＭＬＡでは、この五領域の発達がどうなっているのかという視点で子どもたちをとらえます。

非行傾向のあるＡ君の事例

ここでＭＬＡにおける三次的生徒指導の実際について、事例を紹介しながら見ていくことにしましょう。

教室に入らず問題行動を繰り返すＡ君

中学校二年のＡ君は、教室に入らずに徘徊し、喫煙などの問題行動がありました。

Ａ君の母親はＡ君が幼稚園の頃に離婚し、その後はスナックに勤務していました。深夜、仕事が終わるとコンビニで弁当を買って帰り、Ａ君は起きてその弁当を食べるという毎日でした。そのため母親もＡ君も朝はなかなか起きられず、Ａ君は遅刻・朝食抜きが普通でした。

小学校中学年くらいまでは教室にいたのですが、高学年になると徘徊が始まり、中学では教室に入ることのほうが少なくなりました。入ったとしても、授業中は寝ていて、休み時間には起きていろいろな友人と話をしています。

優しいところもあるので、友人には嫌われていませんでした。教師の多くは喫煙・徘徊・授業態度などの指導をしなくてはいけないと考えており、そのため教師との関係性はよくありません。普段は反抗しませんが、指導しようとすると教師をにらみつけ、攻撃的な言葉を発するという状態でした。「意味わからん」が彼の口癖でした。

さて、このＡ君にはどんなかかわりが必要でしょうか。

食事も十分にとれず、虐待とも受け取れる状態にあったことが理解できます。社会性は一定の水準にあるようですが、「意味わからん」という言葉は社会性の発達の不十分さを示唆しています。ベースとなる身体的発達や心理的発達、また、学業的発達とキャリア的発達も不十分です。心理的発達に関しては愛着の形成が不十分であると思われます。

A君へのかかわりの実際

A君が中三の春、新しい校長が転勤してきました。あるとき、A君が問題行動を起こし、校長と話をすることになりました。最初は警戒していたA君ですが、校長が受容的にかかわる中で、「教室行っても、授業さっぱりわからんし。わからんから寝てると教師怒るし」「どうせ高校行けんし」という言葉を吐き捨てるようにつぶやきました。

校長はじっくりと話を聴いた後、「これからは、校長先生がいる日の昼休みは、給食を持って校長室に来なさい。勉強会をやろう」と言いました。

その後、紆余曲折はありましたが、A君と非行グループ数人は毎日、校長室で給食を食べ、ときどきはお菓子の特別サービスを受け、漢字と計算問題の勉強をするようになりました。また、「難しい問題は校長先生ではわからん」ということで、ときどきは教科担任の先生も混じって校長室勉強会が続きました。当然、テストの点数は上がります。すると「ご褒美」として勉強は一日休みでゲームをし、次の日からまた勉強をしました。数か月のうちに問題行動はほとんど影を潜め、表情は柔らかくなり、学力も向上していきました。

しかし、それほど理想的に物事が進むわけではありません。九月、A君が友人を殴るという事件を起こしてしまい、母親が来校しました。校長は、A君の言い分を聞いた後、責めるのではなくて、「わかった。誰でも失敗はある。でも迷惑をかけたのも事実だ。そのことの責任をとる気持ちはあるか？　あるなら先生も手伝うぞ」と言いました。

A君を教室に帰した後、校長は母親に対して、「A君は頑張ってますよ。先日は、『お母さんのカレーはおいしい』と自慢していました。おいしいものをつくって、受験まで応援してあげてください」と言いました。責められると覚悟していた母親は、それまで繰り返し受けてきた指導との違いに驚くとともに、A君を応援することを約束して学校を去りました。この日以来、A君の行動はさらに改善しました。

三次的生徒指導

校長のかかわりには、先に挙げた五領域の支援が詰まっています。

一緒に楽しく給食を食べること、時折のお菓子、母親へのかかわりは、身体的発達の支援であり、愛着関係を意識した心理的発達の支援です。グループでの学習や食事・ゲームは社会的発達の支援ですし、校長室学習会と教科担当者の参加は学業的発達の支援とキャリア的発達の支援です。

また、「誰でも失敗はある。でも迷惑をかけたのも事実だ。そのことに責任をとる気持ちはあるか？　あるなら先生も手伝うぞ」というかかわりは、次節の第3章[2]で扱う修復的正義の考え方に基づくものです。

表面的な行動の指導よりも内面の理解を優先する姿勢にはカウンセリングが、発達に応じた学習課題の設定は特別支援の視点が活かされています。教科担当者の参加はチーム支援の発想です。そこに母親も巻き込んでいます。

これがＭＬＡにおける三次的生徒指導の具体例です。

課題の大きい子どもの場合、このＡ君のように多領域にわたる支援を、多様な手法を使って行うことが必要になります。

三次的生徒指導の基盤としての一次的・二次的生徒指導

この学校は生徒指導上の課題が大きく、何年間も荒れ続けていた学校です。転勤当初、校長が小さなポリ袋を持って学校の敷地を回ると、たばこの吸い殻が一袋集まるような状態でした。そのような中でも突出していた生徒の一人がＡ君でした。

こうした状況に多くの教師は疲弊していました。その一方で、「なんとかしなければ」という使命感から厳しく指導する教員も少なからずいました。そうした厳しい指導が生徒の反発を買い、教師間の指導のアンバランスが隙を生み、結果として指導が徹底しないという悪循環が生じていました。

こうした状況の中、私と校長は、一学期二・五時間×二回、夏休み三時間×二回、二学期二・五時間×二回の、合計六コマ一六時間からなるＭＬＡの研修計画を作成しました。その研修の内容は、総論、カウンセリングの基礎、学級経営、協同学習、修復的正義、ＳＥＬとピア・サポートでした。つまり、その研修メニューは、ＭＬＡの基本となる一次的・二次的生徒指導にかかわる内容です。そしてこれを実行していただいたのです。

こうして改革に乗り出したわけですが、研修の初日には、拒否的な姿勢をあらわにする先生もいらっしゃいました。しかし、三か月目くらいから効果が現れ始め、半年を過ぎた頃には荒れた状況はほぼなくなりました。全教員が同じ理念に基づいた指導を始めた結果、職員室での会話が増え、教師の怒鳴り声も学校から消えていきました。一年後には、敷地内の吸い殻はゼロになりました。

ところでＡ君ですが、取り組みを始めて半年ほど過ぎた秋になると、殴られた生徒を中心に、Ａ君を学級に引き戻そうとする生徒たちの動きが強くなってきました。そして一〇月の運動会を境にＡ君は学級に完全復帰し、翌春には高校に進学していきました。

＊

すべての子どもたちに手厚い一次的・二次的生徒指導を提供していけば、ほとんどの子どもたちは心理的にも安定し、思いやりのある良好な人間関係を築き、学習に取り組むようになります。そうした学級であれば、課題の大きい三次的生徒指導の対象となる子どもが学級にいたとしても、決して振り回されることなく、むしろそういう子どもを仲間として受け入れ、成長しようとしていきます。当該の子どもにも一次的生徒指導と二次的生徒指導が丁寧に提供されることで、自分で解決する力が徐々に身につき、仲間とつながることもできるようになっていくのです。

一次的生徒指導と二次的生徒指導があってこその三次的生徒指導なのです。

2 PBISと修復的正義

神山貴弥　金山健一

ここでは、ＰＢＩＳ（Positive Behavioral Interventions and Supports ポジティブな行動介入と支援）と修復的正義について紹介します。前者を神山が、後者を金山が担当します。

PBISとは

ＰＢＩＳとは、アメリカを中心に進められている「ポジティブな行動介入と支援」を基盤とする包括的生徒指導アプローチのことを指します。特別支援を要する子どもを対象とした個別支援から始まった取り組みですが、問題行動に対する予防的・開発的な観点から、現在ではすべての子どもを対象とした学校全体（School-Wide）での取り組みとしても広がっており、ＳＷＰＢＩＳという呼び方でも広く知られています。

ＰＢＩＳは行動分析学を理論的な背景としており、行動は後天的に獲得したり変化させたりすることができる（学習できる）という考えに基づいています。したがって、ＰＢＩＳでは子どもたちに対して積極的な働きかけ（介入や支援）を行ったり、環境を整備したりすることを通して、適応的行動の増加や問題行動の減少を図ります。

ＰＢＩＳはパッケージ化やマニュアル化されたプログラムではなく、次のような三層構造から成るシステムです。第一層は、すべての児童生徒・教職員・あらゆる場面を対象とする学校／学級全体のシステムです。ＭＬＡで活用する手法としてここで紹介するのは、ＰＢＩＳシステムのこの部分の代表的な取り組みになります。第二層は、問題行動のリスクを抱える児童生徒を対象とするシステムで、チェックリストやグループアプローチなどを活用した介入を行います。そして第三層は、ハイリスクな問題を抱える児童生徒を対象とするシステムで、専門的で個別的な介入や支援を行います。

ＰＢＩＳについては、長江ら（二〇一三）や枝廣・松山（二〇一五）でも紹介されていますし、第二層や第三層の取り組みに関する文献もありますのでご参照ください。

ＰＢＩＳの実際：望ましい行動の獲得や定着を促す取り組み

ＰＢＩＳの概略と今回紹介する取り組みの位置づけをご理解いただいたところで、具体的にその取り組みについてみていきましょう。

アメリカでの実践例

ここでは、米国イリノイ州シカゴ市の第一五学区にあるフランク・Ｃ・ホワイトリー小学校（Frank C. Whiteley Elementary School）での実践を例にして（二〇一三年の現地調査によるもの）、「望ましい行動の獲得や定着を促す取り組み」について紹介します。

①目的とアプローチの共有

学校全体での取り組みであることから、まずはその取り組みの目的とアプローチの仕方をすべての教員（その他の関係者を含む）が共有します。

この取り組みで子どもたちに届けなければならない最も大切なメッセージは「自分は何をしたのか、どんな悪いことをしたのか」ではなく、「どういうことをしなければならないのか」ということです。つまり、ある状況において自他にとって望ましい行動とは何かに気づかせ、それらを獲得・定着させていくことがこの取り組みの目的となります。この視点が成長支援に重点を置くＭＬＡのねらいと合致します。

こうした目的に加え、以下に示すアプローチの仕方を、校内研修等を通じてしっかりと共有します。

②望ましい行動の明確化

子どもたちには、教室・廊下・カフェテリアなど学校の主要な場所においての期待される望ましい行動が、思いやる（Be Respectful）、責任をもつ（Be Responsible）、安全を保つ（Be Safe）の三つの観点に沿って具体的な行動レベルで示されます。

③望ましい行動の教示

何が期待される望ましい行動であるかについては、年度当初や長期休暇明けに開かれる集会で、さらに毎月各学級において教えていきます。また、期待の観点と場所のマトリクスからなる行動一覧表を玄関など誰もが利用する場所に掲示するほか、教室や廊下などでも各場所での望ましい行動を掲示し、子どもが望ましい行動を即座に確認できるように環境を整備します。

④望ましい行動の強化

単に教示するだけではなく、望ましい行動がみられたときにはその行動に対して即座にカード（誰がどこで、どんな観点での望ましい行動を行ったのか等が簡単に記入できるようになっている）を与えて称賛し、その行動を強化する仕組みが設けられています。カードは教職員が常に携行しているほか、あらゆる場所に置かれており、教職員だけでなく子ども同士で授受できるようになっています。また、一定期間に得られたカードの数によって、個人が表彰されたり、学級あるいは学校全体でご褒美（例えば、学級ならば自由時間、学校全体ならば映画鑑賞の時間）がもらえたりするような仕組みも設けます。カードとこうしたご褒美が、子どもの望ましい行動をしようとする動機づけを高め、行動を強化していきます。

　カードはまた、取り組みを評価するデータとしても利用されます。カードに記された情報を集計することで、望ましい行動を誰があまりできていないのか、望ましい行動はどんな場所であまり生起していないのか、あるいはどんな観点の行動があまり生起していないのかといったことがわかるようになります。そして、それに基づいて次期の活動の重点を定めることができるというわけです。

表4　教室場面における望ましい行動の具体例

❖思いやる（Be Respectful）
- 思いやりのある言葉で穏やかに話す
- 全身で相手の話を聴く
- 物を大切に扱う

❖責任をもつ（Be Responsible）
- 最大限の努力をする
- 期限までに宿題を仕上げる
- 自分の身の回りをきれいに保つ

❖安全を保つ（Be Safe）
- いつでも歩く
- イスは机の下に入れる

日本の学校現場で運用するにあたって

　ＰＢＩＳの枠組みで実施されている「望ましい行動の獲得や定着を促す取り組み」のアメリカでの実践例をみてきましたが、日本の学校現場で同じように実施するのはハードルが高いと感じるかもしれません。それは、学校全体の取り組みとすることの難しさ、カードやご褒美を使って行動を強化するという手法に対する違和感や手続きの煩わしさ、などがあるからです。

　しかし、この取り組みの根幹は、子どもたちに「してはいけないこと」を伝え守らせることではなく、それぞれの場面で「自他にとって望ましい行動とは何か」に気づかせ、そうした行動を獲得したり定着させたりするという、子どもの成長を引き出す部分にあるといえます。この核になる部分をしっかり押さえたうえで、この取り組みを自身の学級や学校に持ち込むことは可能ではないでしょうか。

　紙面の関係で具体的なことはお示しできませんが、幸いＰＢＩＳにかかわる取り組みを学校全体で行った実践例が第2章[7]で紹介されていますので、ぜひご覧になってください。

修復的正義って、何?

　次に修復的正義（Restorative Justice）について説明します。

　第4章[4]で紹介する岡山県総社市では、総社警察署管内での検挙補導対象となった中学生が、ＭＬＡ実践を始めてから六年間で二〇五人から七人にまで減少しました。約九七％の減少です。このようにＭＬＡ実践を続けていくと問題行動自体は本当に激減します。しかし、だからといって問題行動が皆無になるわけではありません。

修復的正義では、問題が起こった際、関係者（被害者、加害者、家族など）が一緒になって解決を模索します。加害者は、被害者との対話などを通じて自己の行為を反省し、責任をとる義務があります。また、被害者もそれを通じて自己の受けた被害について納得がいくまで考察します。こうした話し合いの末、加害者が所属するコミュニティは、加害者の責任をとるチャンスと権利を提供します。

では、いじめを一つの例にして、修復的正義の実際をみていきましょう。

いじめに対する生徒指導の「型」

まず、いじめがなくならない原因を考えてみたいと思います。少し古い情報ですが、一九九六年に文部省が行った「児童生徒のいじめ等に関するアンケート調査」を見ると、担任がいじめの訴えに対応したことで「いじめられなくなった」と答えた割合は、小学校・中学校ともに五〇％を下回っていました。この結果からは、担任がとった対応が適切ではなく、いじめが継続してしまったことがうかがわれます。

著者は長年、中学校で生徒指導を担当してきましたが、生徒指導がうまく行えている教師は、生徒指導の「型」ができている教師が多いと感じます。運動競技や茶道・華道には基礎基本の型がありますが、生徒指導においても「型」の習得は重要だと思います。ここでは、具体的な事例をもとにして、修復的正義を取り入れた、いじめに対する生徒指導の「型」を述べます。これは、通常の生徒指導においても応用できると考えます。

【事例】　生徒Ａ・Ｂ・Ｃが三人で一緒に、同じ学級の生徒Ｄに対して、暴力行為や言葉のいじめをしていた。

①関係するすべての生徒を、個別に、複数の教員で、同時に事実確認する

加害者の中にも力関係があり、主犯格が怖いために他の加害者の正確な発言の妨げになることがあります。そのため、被害者はもちろん、加害者であるＡ・Ｂ・Ｃも個別に、そして同時に事実確認を行う必要があります。

例えば今回のケースでは、主犯格Ａは暴力を振るい、Ｂ・Ｃにいじめを指示します。二番手Ｂは言葉でのいじめを行い、三番手Ｃは、いつもいじめの場にはいるけれど、Ｄをトイレなどに呼んでくる等、いわゆるパシリ係でした。

②いつ、どこで、誰が、何をしたのかを確認し、食い違いがある場合は徹底して確認する

嘘や隠し事は許さないという姿勢が必要です。事実確認の日時がずれるとＬＩＮＥなどのＳＮＳで情報共有され、問題事例の全体像が明らかにできなくなるため、関係した生徒全員に対し、同時に確認を行う必要があります。

③全体像が明らかになったら、関係する生徒を集めて全体像を確認し、その後、修復的正義も含めた指導に入る

事実確認中に指導を入れると、生徒が状況を話さなくなり、全体像が把握できなくなります。全体像の確認が終了してから指導に入ったほうがよいようです。次にその実際を紹介します。

修復的正義を取り入れた、いじめに対する生徒指導の実例

①〈何が〉起こりましたか？

教師「今までで状況は確認できたけれど、今回は結局、どんなことが起こったのかな？」

A「俺がDをいじめてしまった」

B「俺も、Dにひどいことを言ってしまった」

C「Dをいつも、呼び出してくる係をしてしまった」

D「俺は叩かれたりしていたのが嫌だった」

②あなたは、そのとき、〈何を〉考え、感じていましたか？

A「Dをいじめて楽しかった」

B「俺は、Dに悪いなぁと思いながら、ひどいことを言ってしまった」

C「Dを呼んでこないと、俺がいじめられると思った」

D「学校が怖かった。だから、学校に行かなくなった」

③あなたは、それから〈何を〉考え、感じていますか？

A「Dは、ゲームもいっぱい持っているし、勉強もできるので、いじめたくなった」

B「俺はAに言われて断れなかったのは、弱い奴だと思われたくなかったから」

C「本当はAもBも、怖かった」

D「何でいつも俺なんだと思った。もう死んでもいいと思った」

④他の誰が影響を受けましたか？

A・B・C「今回の件で、クラスのみんなも、面白くなかったと思う、調子に乗りすぎたので」

D「学校休んで、みんなに心配をかけたと思う。親も心配している」

⑤《責任をとる権利の説明》

教師「A・B・Cは、Dに対しても、クラスのみんなに対しても、責任をとる権利はある」

⑥事態を整理するには〈何が〉必要ですか？

教師「Aには、妹がいるけど、妹がいじめられてたら、どんな気持ちになるのかな？」

A・B・C「Dに対して謝りたい」

D「俺はわからない」

教師「今回の件では、みんなの保護者に学校に来てもらうよ」

⑦あなたは、今回とは違う方向に物事を導くために、〈何が〉できますか？

A・B・C「今回のことで、Dにもクラスにも迷惑をかけたので、まだ、決めていないけど頑張る」

D「まずは学校に来るようにしたい」

以上のような対話を通して進めていくのが、修復的正義の対応です。

一方、報復的正義の「Ａ・Ｂ・Ｃが悪い。処罰しろ」となると、「Ｄのせいで俺たちは怒られた。今度は見つからないようにまたいじめてやる」となってしまう場合もあります。責任をとるチャンスと権利を提供し、コミュニティに戻すのが修復的正義なのです。報復的正義にも一定の意義はありますが、その不十分な点を修復的正義で補うことが必要です。

図32　マルチレベルアプローチにおけるＰＢＩＳと修復的正義の位置づけ

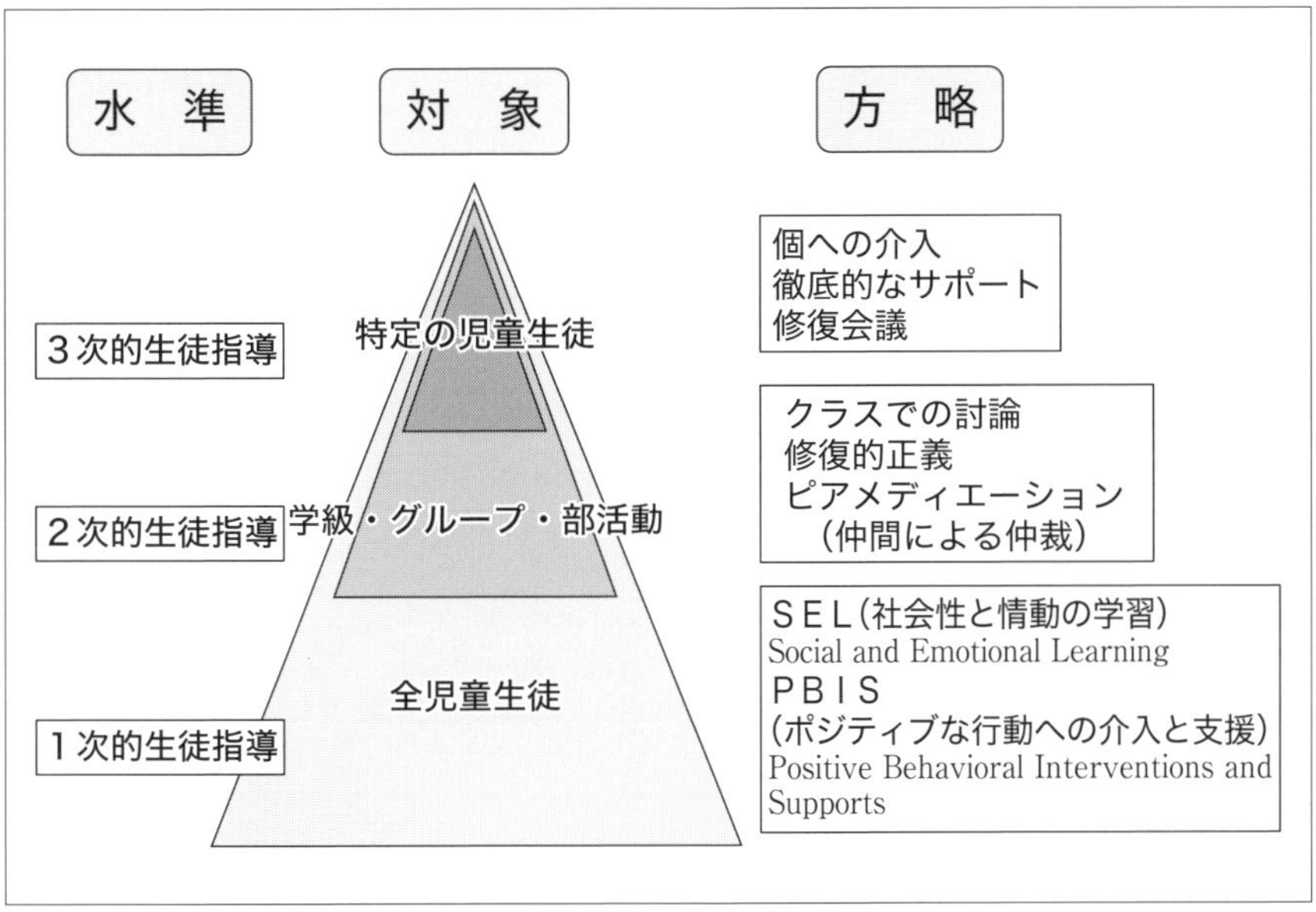

＊

修復的正義とは、何らかの問題行動によって傷つき壊れた人間関係やコミュニティを修復するアプローチです。ＭＬＡにおいて、ＳＥＬやＰＢＩＳは、全児童生徒を対象に、教育課程・学校年間計画に位置づけられ、あたたかな人間性や社会性の育成を目指しています。それが土台となり、修復的正義がより一層機能するのです。ＰＢＩＳが問題行動自体の減少に寄与するとすれば、修復的正義は問題が生じた際の子どもへの対応やコミュニティの回復に寄与するといえます。

児童生徒の状況をアセスメントし、各学校の特長・個性・人的資源を活かして包括的支援を組み立てていけば、学校は必ず変わるのです。

〈参考文献〉

枝廣和憲・松山康成（二〇一五）「学校全体における積極的行動介入および支援の動向と実際―イリノイ州District15公立中学校における取り組みを中心に」『岡山大学教師教育開発センター紀要』５

松山康成（二〇一五）「ポジティブカードで認め合う、ステキな行動―ＰＢＩＳを参考にして」『月刊学校教育相談』二〇一五年九月号

長江綾子・山崎茜・中村孝・枝廣和憲・エリクソン ユキコ・栗原慎二（二〇一三）「米国における包括的アプローチに関する一考察―ＰＢＩＳの視察から」『学校教育実践学研究』19

3 カウンセリング

小玉有子

マルチレベルアプローチ（ＭＬＡ）では、「子ども理解」を大切に考えています。子どもの「客観的理解」のためのアセスメント、そして「共感的理解」に欠かせないのがカウンセリングです。この二つのスキルは、すべての教師に必須のものですし、ＭＬＡもアセスメントとカウンセリングのスキルなしには十分な成果を挙げることはできません。

ここでは、ＭＬＡにおけるカウンセリングについて考えていきます。

マルチレベルアプローチにおけるカウンセリングの位置づけ

「カウンセリング」というと、援助ニーズの高い深刻なケースを想像される方が多いかもしれませんが、ＭＬＡでは、カウンセリングは、発達支援の立場から、すべての子どもの成長と適応という積極的な側面を支援する活動だと考えています。

一般にカウンセリングは、専門的な知識に裏づけられた相談援助行為を指します。アドバイスや相談とは基本的に違います。アドバイスや相談では、「相談を受けた側」が専門性を有しているとは限らず、日常的な経験をもとに行うことが通例で、そのため主観的な教訓が多くなったり、時には「相談を持ちかけた側」を追い詰めたり、苦しめたりする結果になってしまうこともあります。

カウンセリングでは、原則的には、解決策を直ちに提示することはなく、子どもと一緒に、時間をかけて考えます。自分や自分にかかわる問題について、自分の言葉で語らせ（自己開示）、自分が今どんな状態にあるのかを考えさせます（自己理解）。〈自分に向き合う〉という作業を通して、新しい理解や洞察にたどり着き、自分の問題や悩みに主体的に相対していけるように導くことが、カウンセリングの目的です。

「そんな専門的なことはスクールカウンセラーに任せておけばいいじゃないか」と思われるかもしれませんが、カウンセリングにおいても、毎日子どもに接している教師だからこそわかること、教師にしかできない内容が、実はたくさんあるのです。

解決志向のブリーフカウンセリング

カウンセリングにはさまざまな技法がありますが、ＭＬＡでおすすめするのは、「解決志向のブリーフカウンセリング」です。ミルトン・Ｈ・エリクソンの臨床実践から発展した、ブリーフセラピーの考え方がベースになっています。文字通り、「解決」に焦点を当てたカウンセリングです。

問題探しや原因探しに多くのエネルギーを割くよりも、解決に向けてポジティブに考え、発達支援的なアプローチを行う解決志向のカウンセリングは、「発達を支援する」というＭＬＡの基本理念に合致しています。また、この方法は、日常の学校生活の中で展開できるので、子どもや保護者の抵抗も少なく、学校風土や教師の特性を、より活かせるのではないかと考えています。

子どもたちが抱えている問題は、単純ではありません。原因は、しばしば複合的であったり、特定不能であったりします。原因また、原因がわかっても、家庭の問題であったり、その子の特性の問題であったり、解消が困難なケースも多いと思います。ですから、原因が解消できなくても、解決志向で課題に向き合い、日常の生活において「結果」「効果」を感じられる、このカウンセリング手法を推奨するのです。

また、多くの子どもたちが抱えている課題や問題は、大人からみたら些細なことであったり、発達過程において多くの子どもが感じるものであったりすることもあります。カウンセリングを通して、その課題や問題を早い段階から把握し、予防的にかかわることで、子どもの状態を深刻化させないという効果が期待できます。

もちろん、治療的にかかわらなければならない、援助ニーズが高い深刻なケースも、見受けられます。そういうケースの場合は、チーム支援や外部との連携が必要です。このことについては、次節詳しくお伝えします。

レディネス

「悪いことは悪い、ダメなものはダメだと言ってはいけないのか」と聞かれることがよくあります。そう言わざるを得ない場面もあるかもしれません。大事なのは、言うタイミングです。

子どもたちが心を開かないうちに、教師の言葉を受け入れる準備ができていないうちに、ボールを投げても、キャッチされないばかりでなく、シャッターを降ろされてしまいます。栗原が第1章で「指導・サポート（支援）・レディネス」について述べていますが、学習と同じで、カウンセリングにおいても、レディネスのない子どもに厳しい指摘をすることは、マイナスにしかなりません。サポートがレディネスを高め、高まったレディネスが指導を可能にするということです。

「ダメなものはダメ」と言っているだけでは、何も変わらないのです。そのことに子ども自らが気づけるように教師が導くことができたら、「ダメなものはダメ」と言う必要はなくなります。

教師の基本的なコミュニケーションスキル

カウンセリングのプロセスについて話す前に、教師に必要な専門的知識でありスキルである「聴く力」について、少し説明します。

少し想像してみてください。もし、皆さんが知らない人ばかりの会合に参加したとしたら、どんな人に話しかけますか。自分と年齢が近かったり、同じような雰囲気だったり、同じ趣味を持っていそうだったり、同じ職業だったり、共通の話題がありそうな人と話すのではないでしょうか。強面の人や、イライラしていそうな人、偉そうな雰囲気の人は、ちょっと避けたいとは思いませんか。実際に、今まで話が盛り上がった人、意気投合できた人との会話はどうだったでしょう。お互いに相手に興味を持ち、いいタイミングであいづちを打ってくれたり、笑顔で聴いてくれたりして、あなたの話に、興味を示してくれていませんでしたか。

私は、「よい話の聴き方」に必要なのは、同じだと感じさせる「フィット感」と、この人には何を話しても受け入れてもらえる、攻撃されないという「安心感」、そして、「興味関心」を持って聴いているということが伝わるような態度だと思います。

「フィット感」のためには、声の音量、トーン、話す速さを相手に合わせたり、同じような姿勢で座ったり、できるだけ同じ雰囲気をつくります。子どもが緊張して座っているときに、腕組みをしたり足を組んだりすると、子どもたちはどんな気持ちになるでしょうか。逆に、子どもがダラ～っとした態度だったら、こちらもダラ～っとしてみるのもいいものです。

「安心感」のためには、大きな声や威圧的な態度に気をつけましょう。腕組みや足組みもよくありませんが、極端にニコニコしていると、警戒されますから、少し柔らかな表情になるよう気をつけることが大切です。

「興味関心」があるとわかってもらうためには、上手なあいづちが必要です。「ちゃんと聴いているよ」という気持ちが伝わるように、相手の顔を見て、少しオーバーリアクションであいづちを打ってみましょう。もちろん、とても落ち込んでいる子に、元気に明るくあいづちを打つのはおかしいので、声の音量やトーンはやはり相手に合わせることが大切です。

カウンセリングがうまくできるかどうかは、教師の「聴く力量」にかかっていると言っても過言ではありません。

カウンセリングの目的とプロセス

カウンセリングの大まかな目的は前述しましたが、もう少し詳しく、段階を追って説明します。

第一段階：ラポール形成

カウンセリングの対象者には援助ニーズの高い子どもたちもいます。ネガティブな体験の積み重ねから、アクティングアウト（非行・暴力等）したり、アクティングイン（うつ傾向・不登校等）したりしながら、援助を求めている子どもたちです（図33）。その中には、発達障害傾向や愛着障害の可能性がある子どももいるかもしれません。警戒心が強く、「どうせ先生たちは、僕が悪いと思っているんだ」「先生は、きっと私のことが嫌いだと思う」と勝手に思い込んでいたり、教師にそのつもりはなくても、ちょっとした態度や言葉尻から、ネガティブな受け止め方をしたりします。

一回目の面談は、とても大切です。

図33

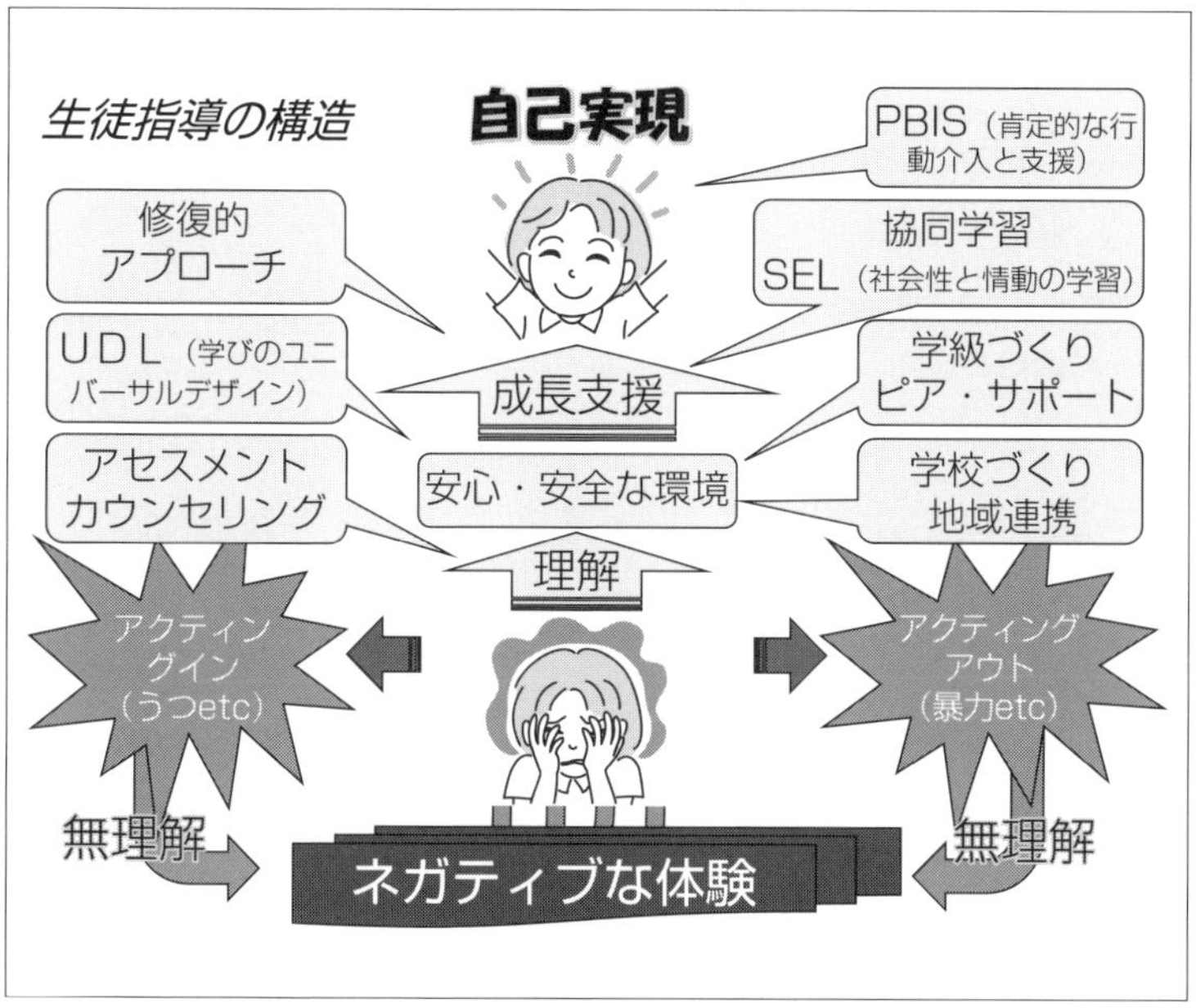

子どもたちは、「この先生は大丈夫かな」「僕の話を否定しないで聴いてくれるかな」「怒られるんじゃないかな」などと心配しながら、私たちを観察しています。教師が子どもたちを観察しているつもりでも、実際はその逆で、子どもたちが教師を観察し、査定し、相談相手として合格かどうかを決めるのです。子どもたちに信用されて、初めて話してもらえます。

このときも、少し専門的な知識を持って話を聴ければ、よいスタートが切れるはずです。

第二段階：感情の理解（受容）とフィードバック

何か問題が起きたとき、多くの教師は、いろいろな情報を総合して「客観的理解」を深めようとしますが、そのことに集中するあまり、子どもの心（感情）の「共感的理解」がおろそかになってしまうことがあります。カウンセリングで大切なのは、まずは「共感的理解」です。子どもの言葉で、気持ちや感じていることを語らせ、言語化することで、教師が子どもの感情を理解することはもちろん、子ども自身に自己理解を促すことが必要です。

ある中学校で、二年生の男子が万引きをして、指導を受けている場面に遭遇したことがあります。教師は、「なぜ万引きしたのか」「万引きは犯罪だと思わなかったのか」「親を悲しませると思わなかったのか」と立て続けに質問をしました。子どもは唇を噛んで、じっと床を見ていました。この質問は、「共感的理解」のためにも、問題解決のためにも、何の役にも立っていないと感じました。質問という形を借りた非難にしかなっていません。このような非難や無理解な言動は、子どもにとっては、さらなるネガティブ体験になります。

子どもを共感的に理解しようと思ったら、万引きという「問題（行動）」に焦点を当てるのではなく、まずは「気持ち（感情）」に焦点を絞った会話をしてみましょう。

「今はどんなことを考えているの」「君が万引きをしたくなるくらい追い詰められたのは、どんなことがあったからだろう」「そのことについて、今までどうやって乗り越えてきたのか」など、子どもの大変さに寄り添える質問を考えることが大切だと思います。

また、子どもが「踏ん張っていること」を言語化して伝えることも、忘れてはならないことです。どんな問題行動を起こしていても、どんなに悲惨な状況にあっても、子どもたちは、すべてを投げ出してはいません。「どうせ私は何をやってもダメだ」「生きている価値がない」などと思っていても、本人も無意識のうちに、踏ん張っていることや頑張っていることがあるはずです。それを探し出して、本人に伝えることも、教師の役割ではないでしょうか。

第三段階：パラフレーズ

パラフレーズとは、訳すと「言い換え」です。例えば、「彼女は出産した」という文は、「彼女は母になった」と同意です。パラフレーズすることで、相手の発言を理解していると伝えることができたり、同じ事象を伝えるのにも、よい響きを含めることができたりします。

例えば、子どもが「○○君が××なのが、なんかすごく気になるんだ」と言ったら、「○○君がもっと◇◇ならいいんだよね」と返します。子どもの発言と教師の発言が、同じ事象について語っていることが重要です。

パラフレーズがうまくいくと、子どもは「自分の言いたいことを理解してくれた」と感じます。さらに、子どもにとっても、意外かつ重要なヒントとなる場合も多くあります。

また、「誰も手伝ってくれない」と訴えられたら、「あなたは、時間がかかっても、最後まで手を抜かずに作品をつくりあげているし、できあがりはすばらしい。先生は、できあがるのを楽しみに待っているよ」とパラフレーズします。「手伝ってくれない」を「楽しみに待っている」と言い換えることで、マイナスをプラスに変えます。こうして相手の否定的な感情をひっくり返すこともできます。

第四段階：課題の明確化とゴールの設定

この段階にくると、自ずと課題が見えてきます。先が見えてくると、教師はどうしても指示したくなりますが、もう少し辛抱です。最後まで、子どもが自分で考え、自分で課題を解決できるようサポートしましょう。そうすることで、自尊感情を育てることができます。

基本的には、到達可能なゴールから始めて、スモールステップで取り組むほうが容易ですが、子どもが考える解決したい優先順位や解決イメージ（どういう状態になったら解決なのか）は、教師の考えと大きく違っていることもあります。その子の意思を尊重しながら話し合いを進めましょう。

リソースの掘り起こし

課題解決のためには、リソース（資源）が必要です。どんな人がサポートしてくれているのか、どんなこと（物）が子どもを元気にしているのか、あるいは動き出すきっかけになったのか等、いろいろ話し合っているうちに、子どもの周りにある使えそうなリソースが、どんどん見えてきます。掘り起こしたリソースの中から、解決のために使えるものを、うまく活用していきましょう。

カウンセリングの事例：いじめから不登校傾向が見られたBさん

小学校五年生のＢさんは、クラスの女子から毎日、悪口や嫌なあだ名を言われていました。過激な攻撃ではなかったため、クラスメートも傍観していて、そのためＢさんは孤立感を深めていきました。

ある日、Ｂさんが担任の前で急に泣き出したので、担任も動揺してしまいました。

Ｂさんから事情を聴いた担任は、「クラスのみんなに、いじめはいけないと理解させる」「悪口を言うことを止めさせる」と言いましたが、Ｂさんは「もう学校には来たくない」と泣くばかりでした。

そこで担任は、ゆっくり時間をかけてＢさんの気持ちを聴き、一緒にゴールを探すことにしました。Ｂさんのゴールは、「いじめている三人の女子と仲良くなる」でした。「仲良くなったら、今と何が違うのか」という質問に、Ｂさんは「今と同じことを言われているけど、私が気にならなくなっていると思う」と答えました。担任は、「仲良くなるための秘策」を一緒に考えると約束しました。また、秘策を一緒に考えてくれる友達も探そうと提案しました。Ｂさんは、三人の女子とはすぐには仲良くなれませんでしたが、その後、親しい友人も数人でき、学校を休むことはありませんでした。

〈参考文献〉
栗原慎二（二〇〇二）『ブリーフセラピーを生かした学校カウンセリングの実際』ほんの森出版
森俊夫（二〇一五）『ブリーフセラピーの極意』ほんの森出版

4 チーム支援

小玉有子

ここでは、援助ニーズの高い子どもたちへの三次的生徒指導を推進するための、チーム支援について考えていきます。

マルチレベルアプローチにおけるチーム支援

第1章で、栗原が生徒指導の三層モデルについて述べています。一次的生徒指導は「自分でできる力を育てる」、二次的生徒指導では「友達同士で支え合う力を育てる」、そして三次的生徒指導になると、対象となる子どもの問題は複雑化し、援助ニーズの高いケースとなるので、「教師や専門家が中心となって子どもを支える」ことが必要となります。

昨今の子どもたちの問題行動は、本人の心の問題ばかりでなく、背景にある、その子が置かれている環境の問題や、発達の問題（発達障害傾向や困難さ）が大きく影響して、複雑に絡み合っています。そのため教師個人の経験と勘だけでは、見立てを誤ることもあります。また、目の前で起きている子どもの問題行動にばかり着目して対応していても、なかなか解決することができなかったりします。学校には、さまざまな経験、さまざまな専門性、さまざまな個性を持つ先生方がいるのですから、ぜひそれを活かして、チームで子どもたちを支援していただきたいと思います。

また、学校だけでは解決が難しいケースに関しては、学校外の資源にも目を向け、積極的に連携していくべきだと考えます。平成二七年に中央教育審議会は「チームとしての学校の在り方と今後の改善方針について」という答申を出しました。その中でも、地域と連携して、チームとして課題解決に取り組むこと

図34　生徒指導の三層モデル

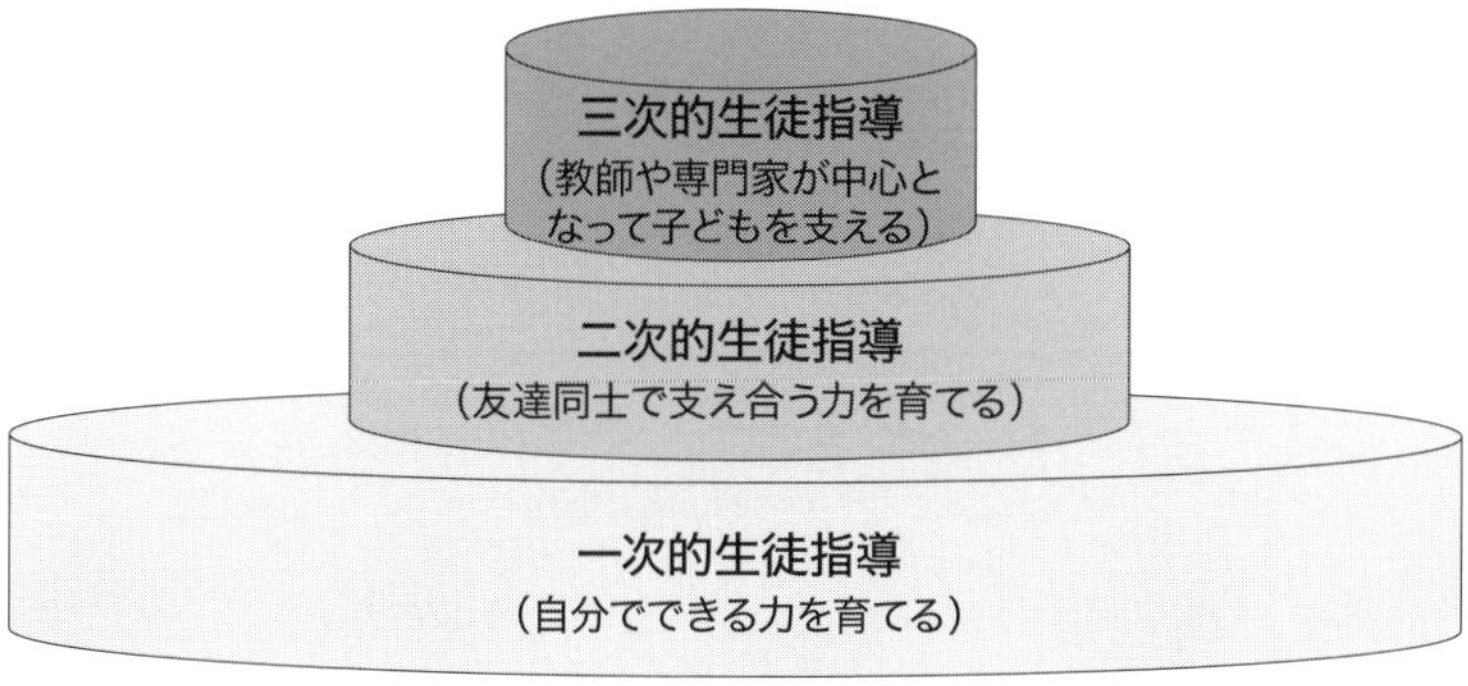

が必要であると述べられています。

医療モデルで考えれば、難しい治療が必要な患者の治療方針は、いろいろな分野の医師がデータを持ち寄って、それぞれの専門性から意見を出し合って検討されます。患者の命を預かっているのですから、チームで治療にあたるということは、至極当然のことです。教師も子どもたちの未来を預かっているのですから、教育の現場においても同じではないでしょうか。

しっかり機能できるチームをつくろう

それでは、校内に機能できるチームをつくるためには、どこから考えていけばよいのでしょう。まず、よいチーム支援のための条件を考えてみましょう。

学校の方針の明確化

チームが機能するために最も大切なことは、学校の方針がしっかりしていることです。当然のことですが、教育目標で目指すもの、一次・二次・三次それぞれの生徒指導で目指すものが明確にあり、それを具現化するための方針が、全教職員に理解されていなければなりません。

特に三次的生徒指導では、問題を個人で抱え込まず、チームで支援・対応するという基本方針が十分理解されていないと、足並みが揃いません。

組織の見直し

「生徒指導推進委員会」「いじめ予防対策委員会」「不登校対策委員会」等、たくさんの委員会や部会が並んでいる学校があります。しかし、年に二回しか会議を開かないとか、運営要綱はあるが特に活動はしていないとか、まったく機能していない組織も見受けられます。

三次的生徒指導を推進していくために必要なのは、機能別のバラバラな組織ではなく、シンプルな二つの機能を持ったチームだと考えます。一つは、何か気になることがあったときにすぐに行動がとれる、小回りが利く機動部隊（コアチーム）、もう一つは、学校全体を視野に入れながら、大事な決定を行ったり、内外の連携を指示したり、学校全体を動かせるような、コーディネートを請け負う組織（コーディネーション委員会）です。

私が以前勤務していた大規模小学校を例に説明します。当時その学校には、三次的生徒指導の対象になる子どもたちが大勢いて、先生方は疲弊していました。なかなか減らない問題行動に対応するために、まず動きやすい組織をつくるところから始めました。そして、生徒指導・教育相談・特別支援に関するいろいろな委員会がありましたが、これらを「個別支援推進委員会」一つにしました。

この委員会が、コーディネーション委員会となりました。校長、教頭、生徒指導主任、教育相談主任、特別支援教育コーディネーター、学年主任、保健主事、養護教諭らがメンバーでした。この委員会では、コアチームからの報告を受けて大まかな方針が決められました。きょうだいが通っている地域の中学校との、合同の事例検討会の実施や外部の専門機関との連携等は、ここで決定され、各部署の役割分担も決まりました。

図35　チームのイメージ図

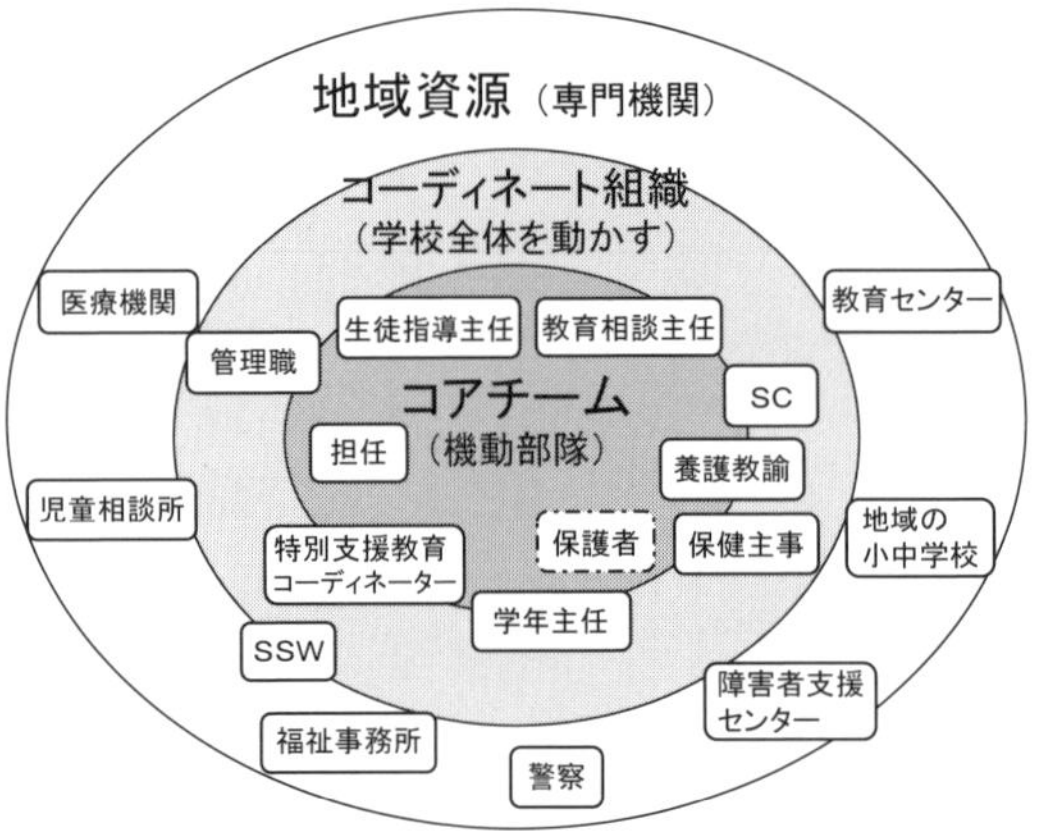

このときのコアチームは、特に名称はありませんでしたが、生徒指導主任をチーフに、教育相談主任、養護教諭、担任という、最小限のメンバーでした（必要に応じて学年主任や特別支援教育コーディネーター、部活担当者が入っていました）。昼休みや放課後によく集まっては、情報を共有したり、役割分担したりしていました。

システムづくり

システムは、学校の規模や校種によっても変わってきます。小規模な中学校や小学校では、チームで話し合うだけでも、かなりうまくいく場合が多いのですが、高校や大規模な中学校や小学校では、かなりシステマティックにしないとチームがうまく機能できない場合や、全教職員の理解が得られず、対応がバラバラになってしまうことがあります。

例えば、担任でなくても、誰かが「最近、この子ちょっと変じゃない」と感じたとき、問題をピックアップするシステムが必要です。また、先生方がバラバラに持っている情報を、誰かのところに集約するシステムや、他学年のことでも情報共有するシステム、支援方針を共有するシステム等、各学校の実態に即して、必要なシステムを整備しておくとよいと思います。

チーム会議でやるべきこと

まずは**情報の共有**です。守秘義務の問題はありますが、コアチームでは、しっかり情報共有することが大切です。それ以外では、必要に応じて部分共有します。また、連携している地域資源を除いては、情報は学校から出さないということを、しっかり確認しておきましょう。

最も大切なのは、**理解の共有**です。情報やアセスメントの結果を、それぞれが勝手に理解し、勝手に動いたのでは、大変なことになります。その子の特性や、問題行動の意味をどのように理解するのか、しっかりと共通理解しましょう。

次に、**方針の共有**です。理解が共有されると、ここは比較的うまくいくはずですが、なかには支援方針に疑問を持つ方も出てくるかもしれません。しかし、一度方針が決まったら、多少の不満があっても、その子にかかわる先生方は同じ方針で支援しなくてはなりません。

最後に**役割分担**です。「誰が、誰に対して、いつ、どのような方法で、何をするのか」という行動のレベルできちんと計画されていないと、実際に何も始まらないということもあります。また、それぞれがよかれと思って勝手に行動することが、かえってマイナスになることもあります。特に大規模な中学校や高校では、しっかり役割分担することが必要です。

学校内外の専門的資源を活用しよう

チームの一員となる養護教諭や特別支援教育コーディネーター、スクールカウンセラー（ＳＣ）やスクールソーシャルワーカー（ＳＳＷ）など、身近な専門性を持った資源について、その特性や役割を少し紹介します。

養護教諭

一般教諭とは異なる養護教諭の特性について整理してみます。保健室という特別な場所にいて、健康（病気・けが）に関する話題を窓口にすれば、誰でも気軽に話ができる存在です。また、職務上、ボディタッチをしたり、身体の観察をしたりすることも可能です。多くの子どもたちにとって、養護教諭とは勉強を教える先生とは違う、特別な存在になっています。

養護教諭は、全児童生徒の情報を持っています。「欠席・遅刻・早退」の実数や理由、「保健室来室状況」等、いざというときに役立つ情報ばかりです。きょうだいの情報や話を突き合わせてみると、興味深い結果が見えてくることもあります。

また、子どもたちと養護教諭の関係が深まると、子どもたちはさまざまなエピソードを主観的に語り、どんなことを感じているのかを知ることもできます。同じクラスやクラブ・部活動等の人間関係や、他の子の情報が語られることもあります。

学習に関する情報も得ることができます。ときには「〇〇先生の教え方がわからない」「△△先生は宿題が多すぎて、間に合わない」等、先生方の情報を知ることもあります。

その他、保健室での観察や問診によって、問題行動の予兆に気づくこともあります。例えば内出血でも、場所や形状によっては、いじめや虐待が疑われることもありますし、過敏性腸症候群やパニック障害の症状に気づくこともあります。

特別支援教育コーディネーター

「問題行動にどうして特別支援教育が関係するのか」と思われるかもしれませんが、問題行動を起こしている子どもたちのベースに、発達の問題を抱えているケースも多いので、ぜひ、特別支援教育コーディネーターをチームに加えましょう。

特別支援教育コーディネーターは、発達に関するアセスメントや実態把握、支援方策の検討が主な仕事です。診断名がなくても、必要があれば全校的な支援体制を考えたり、個別の教育支援計画を作成したりしながら、適切な支援をしてくれます。

また、学校卒業後までの長期的視点から、専門機関との連携も探っていきます。学習や日常生活の困難さを理解してもらえ、適切な支援が受けられるだけで、問題行動が改善する子どもたちは大勢います。

スクールカウンセラー（SC）

SCは、心理の専門家として、学校関係者とは違う視点、違うアプローチで、子どもたちに対応します。SCには、子どもの課題に対応してカウンセリングするだけではなく、その専門性を活かしたさまざまな役割が期待されています。子どもたちのアセスメントや心理教育プログラムの実施等はもちろん、その他にも、「校内会議への参加」や「教職員研修」や子どもたちや保護者への「講話」、教職員・保護者からの相談等も行います。また、子どものアセスメントや情報の解釈、あるいは行動の評価なども、教師とは違う視点でとらえるので、それらを共有することで、より深い理解ができるものと考えます。

SCには厳しい守秘義務があるので情報の共有ができないとか、専門家なので意見があっても言いにくいと思っている先生も多いかと思いますが、そんなことはありません。SCは、心理の専門家としての視点や外部性・中立性は大切にしますが、先生方と対等な立場であり、文部科学省からもチームの一員として、先生方と協働することを求められています。

スクールソーシャルワーカー（SSW）

SSWの役割は、福祉の専門家として、問題を抱えた子どもの置かれた環境への働きかけや、関係機関等とのネットワークの構築、連携・調整、学内のチーム体制構築の支援などとなっています。

しかし、国の補助事業で配置されているSSWの数は、平成二六年度で一一八六人となりましたが、SCに比べるとかなり少なく、また活用する教育委員会や学校でも、その仕事内容への理解は、まだ十分とは言えません。

保護者

忘れてならないのは、保護者です。保護者は、子どもの最も近くにいて、その子の嗜好や行動パターンなど、最もよく理解しています。子どもが生まれてから現在までの詳しい情報も持っています。学校ではできない支援を考えたり、実行したりすることができます。子どもを支援するうえで、保護者は大きな資源です。

「あの親はダメだ」とか「保護者を巻き込むと面倒だ」と頭から決めつけないで、保護者の声に耳を傾けたいものです。

外部の専門機関

学校が外部資源として連携できる専門機関としては、教育センター（教育相談・特別支援教育）、医療機関、児童相談所、保健所、警察、障害者支援センター（生活・就労）、福祉事務所（生活・経済）、フリースクール、民間の子ども支援に関する施設等があります。地域によって名称は多少違うでしょうが、子どもたちやその家族を支援するうえで、大切な地域資源です。

地域にどんな資源があり、それぞれがどのような仕事をしているのか、どんな役割を果たしているのか、一度調べてみましょう。また、そこには、どんな人がスタッフとしているのか、自校地域の担当者はどんな人なのか、一度会って話をしてみるのも大事なことです。それぞれの機関の役割や担当者の雰囲気を把握できていれば、保護者にも紹介しやすくなります。何か起きて、困り果ててから連絡するのではなく、いざというときのためにネットワークを構築しておきましょう。

保護者・専門機関と連携したチーム支援の事例

小学五年生のＣさんは学力不振・喫煙・暴力、中学二年生のＤ君は怠学・喫煙・夜間徘徊と、問題を抱えた兄と妹でした。

それぞれの学校で、指導を繰り返しても、なかなか改善が見られませんでしたが、Ｃさんが六年生になった春、小学校でチーム支援が始まりました。コアチームは、担任でもある生徒指導主任と教育相談主任、Ｃさんが大好きな養護教諭の三人でした。

コアチームは、中学校の生徒指導主任に働きかけ、兄と妹に関する情報を集め、コーディネーション委員会に報告しました。

〈コーディネーション委員会で検討したこと〉

・小・中で連携しながら兄と妹をサポートする基本方針の決定。
・学力の問題を考慮し、特別支援教育コーディネーターをコアチームに加えた学習支援方針の検討。
・家庭の経済的困難さの軽減のためのＳＳＷとの連携。
・中学校のＳＣの活用。
・問題行動の未然防止のための、地域の交番との連携。

〈コアチームが実践したこと〉

・中学校との密な情報交換と月一回の支援会議の開催。
・兄と妹の学校適応・発達に関するアセスメント。
・母親、ＳＣを含めた支援会議の開催。
・特別支援教育コーディネーターの提案による学習支援方針の決定。
・養護教諭とＣさんの定期的面談（困難さの聞き取り・励まし）。
・ＳＣと母親の定期的面談（母親の努力への励まし）。

チームによる多角的な支援で、兄と妹の問題行動は、半年後にはほぼなくなりましたが、支援は二人が中学を卒業するまで継続されました。

5 特別支援教育 その2

髙橋あつ子

特別支援教育というと、個別指導が必要、スクールカウンセラーにつなぐなどと、すぐに三次的支援の発想だけで語られる場面に出合います。しかし、ちょっと待ってください。特別な教育的ニーズに気づくのは教師の役目です。さらに多くの場合、必要なのは教育的支援です。まずは、通常の学級内における一次的支援から始めることが大切です。

支援ニーズの大きさのグラデーションと多様性に応じる一次的支援

図36を見てください。

支援が必要な頻度や支援の大きさは、薄いニーズから濃いニーズまでのスペクトラムとして見ることができます。自力で発展問題もこなしていく子から、協同学習が可能で仲間とともに学びを深めることができる子、教師の直接支援が必要な子もいます。

診断が出ている子が、支援の対象とは限りません。診断が出ていても、すでに特性に応じた支援がされていて、適応がいい事例もあります。逆に診断がない子でも（ないからこその場合もありますが）、適切な支援につながれずに、二次的支援や三次的支援を重ねていく事例もあります。

第2章5で書いたように、私は、特別支援教育の知見はMLAのモデルのアンカーボルトになると考えています。それは、アセスメントをもとに、多様な特性を見極め、それに応じた介入方略を検討してかかわる枠組みを持つからです。これをニーズ別に読み込むと、次のようにいうこともできるでしょう。

・LD支援を活かせば、LDのある子どもに限らず学習面の支援が充実する。
・ＡＤＨＤ支援を活かせば、ＡＤＨＤのある子どもに限らず行動面の支援が充実する。
・ＡＳＤ（自閉症スペクトラム障害）支援を活かせば、ＡＳＤのある子どもに限らず対人関係面の支援が充実する。

図36　支援ニーズ別の３段階

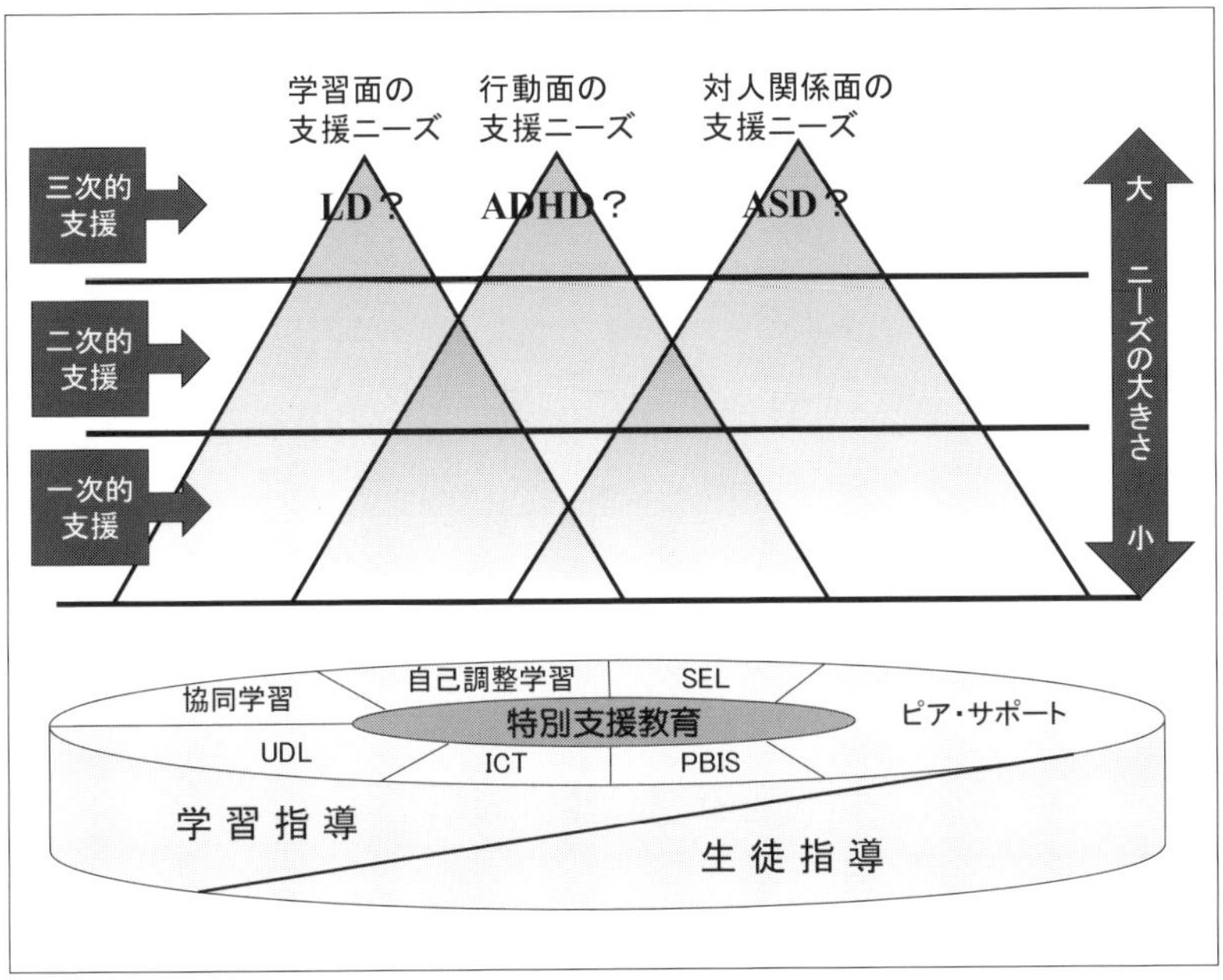

　ただし、ここで確認しておきたいことがあります。それは、協同学習やＳＥＬ（Social and Emotional Learning：社会性と情動の学習）、ピア・サポート等の一次的支援は、集団の場面で行うアプローチではありますが、画一的な一斉指導を前提にしていないということです。

　協同学習の実践を「クラス一律に協同で」と考える方がいますが、不登校やいじめ被害の経験者は、他者と机をくっつけること自体を警戒します。人への関心が薄いＡＳＤのある子どもは最初から協同を好まなかったり、コミュニケーションが不得手だったりします。

　ＳＥＬも、言語活動を重視して実践すると、表情や場を読んで行動できるものの、言語化が不得手な子が苦労します。反対に対人関係に課題のある子ほど、授業の中での発言は立派でも、視覚情報処理が苦手なため、日常の自分自身の感情のコントロールが不得手なままというケースもありえます。

　したがって一次的支援の段階から、多様性に応じているかどうかが鍵になります。つまり学習面に課題のある子をも包み込む協同学習、対人関係に課題のある子をも学べるＳＥＬにする指導が必要なのです。

　こぼしてから対応するのではなく、最初からこぼれそうな特性を見据えて対応するためにも、特別支援教育の知見を生かしていく、それによって、一次から三次までの三段階支援が連続性のあるものになっていくのです。

学習面の支援ニーズと三段階支援（図37）

では、子どもの姿と、具体的な支援で説明していきましょう。まず、学習面に課題がある場合からです。読み書き障害のある子がいる教室を考えてみましょう。

教師が板書し、子どもが「ノートをとる」教室風景は、日本では当たり前すぎるかと思います。でも、ノートをとることの意味はどこにあるのでしょう。私は、機械的に書くより、意味を考え、自分の言葉で隣の人に話すほうが力がつくと思える場面を多く見てきました。板書を写すのは、認知処理から見ると浅い処理です。何かを生み出す（生成に関与する）ほうが記憶に残るのです。

図37　学習面支援の３段階

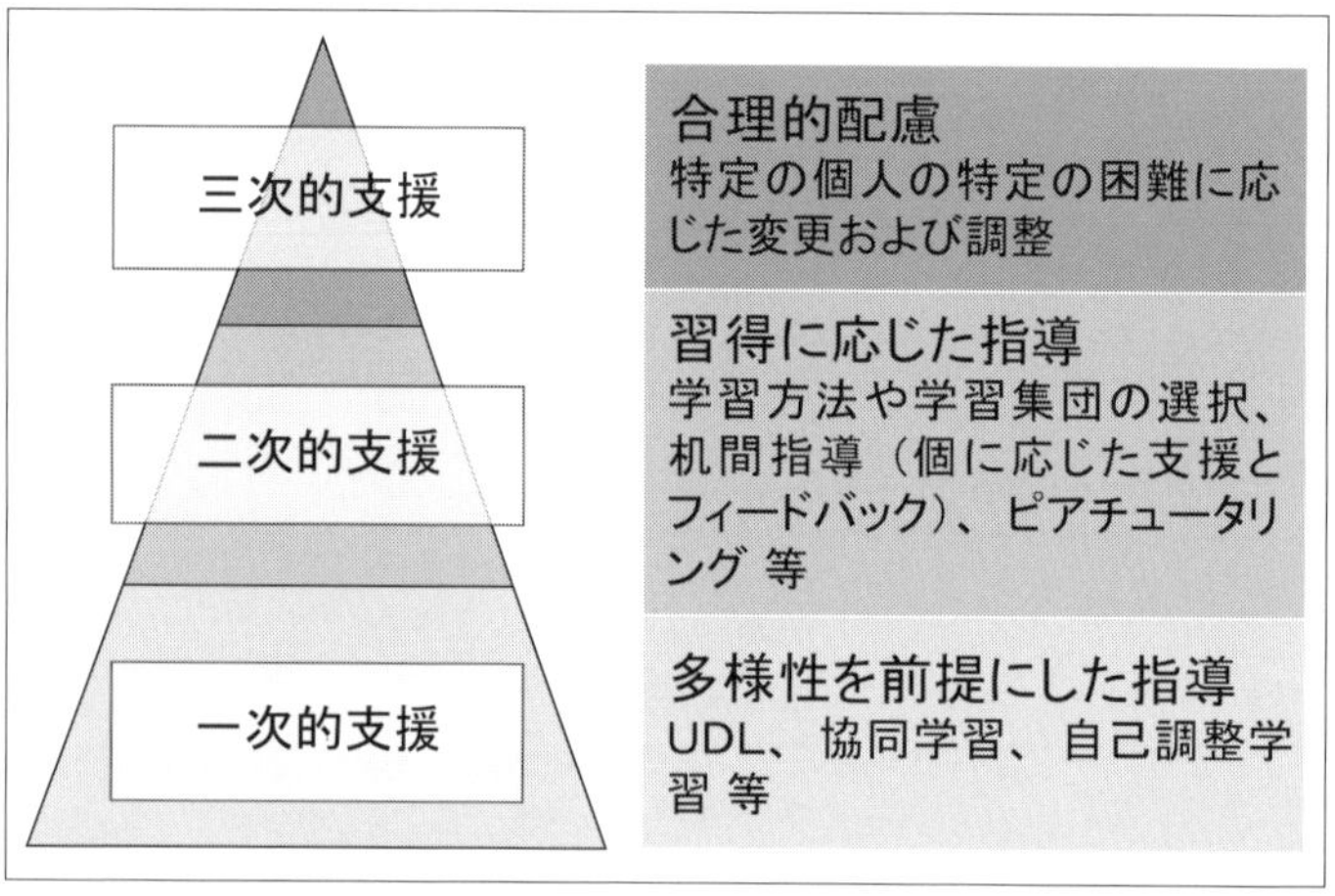

発達に偏りのある子どもの中には、記憶がいい反面、不器用な子どもがいます。彼らの多くは、学校時代を振り返って「書かなくても覚えられるのに、なぜ教師はあれほど求めるのか」と回想します。

考えたことを記録に残したいのであれば、タブレット入力やイメージマップでもいいでしょう。協同で学んだ履歴を綴った板書も手がかりにするなら、録音や写真でもできます。

読みの困難がある場合はどうでしょうか。学習には、教科書や資料を読んで学ぶ、問題文を読んで答える場面が多いものです。そのたびに、読めていない子どもは不利益を被っています。

入試における「合理的配慮」の代表例に時間延長があります（大学入試センター http://www.dnc.ac.jp/center/faq.html#hairyo）。口頭試問への変更等も検討する必要があります。また、試験時だけでなく、日常の授業における教材も重要です。リーディングトラッカー（写真はキハラ株式会社のもの）を使ったり、ルビを振ったり、ペン型電子辞書、読み上げソフトやタッチ&リード（atacLabのアプリ）のような読み支援ツールも、実用的なものが入手可能になってきています。これらは、三次的支援であり、「合理的配慮」でもあります。しかし、これらを通常の学級で実施する場合、一斉指導型のままで行うのと、三段階支援を行っている中で実施するのとでは、大きく異なるのです。

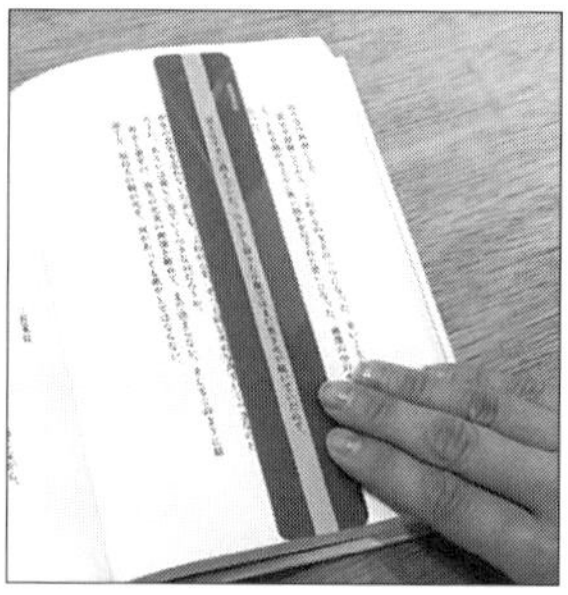
リーディングトラッカー

子どもによっては、家庭や通級

指導教室で使っている支援ツールを通常の学級に持ち込むのをためらいます。それは「読めないことを皆に公表する」ような体験、「特別な支援がないとダメな存在」だと自認するに等しい体験になってしまうからです。

　図38に「学びのユニバーサルデザイン（universal design for learning）」（UDL）と「合理的配慮」の関係を示しました。集団の場で行う一次的支援の段階から、多様性に応じていきます（髙橋、二〇〇八、他）。さらに「多様なオプション」（CAST、二〇一四）を追加していくので、これらを二層目の階層に置くこともできます。三次的支援で提供されるサービスは「ないと困る支援」ですが、その同じ方法がインクルージョンされると他の子にとって「あると便利な支援」（佐藤、二〇〇八）にもなり、二次的支援が充実します。リーディングトラッカーも、文字の込み入った文章を読むときに、誰でも使えるようにします。簡易型衝立も、集中したい子が自由に使えるようにするのです。

図38　合理的配慮とＵＤＬの関係

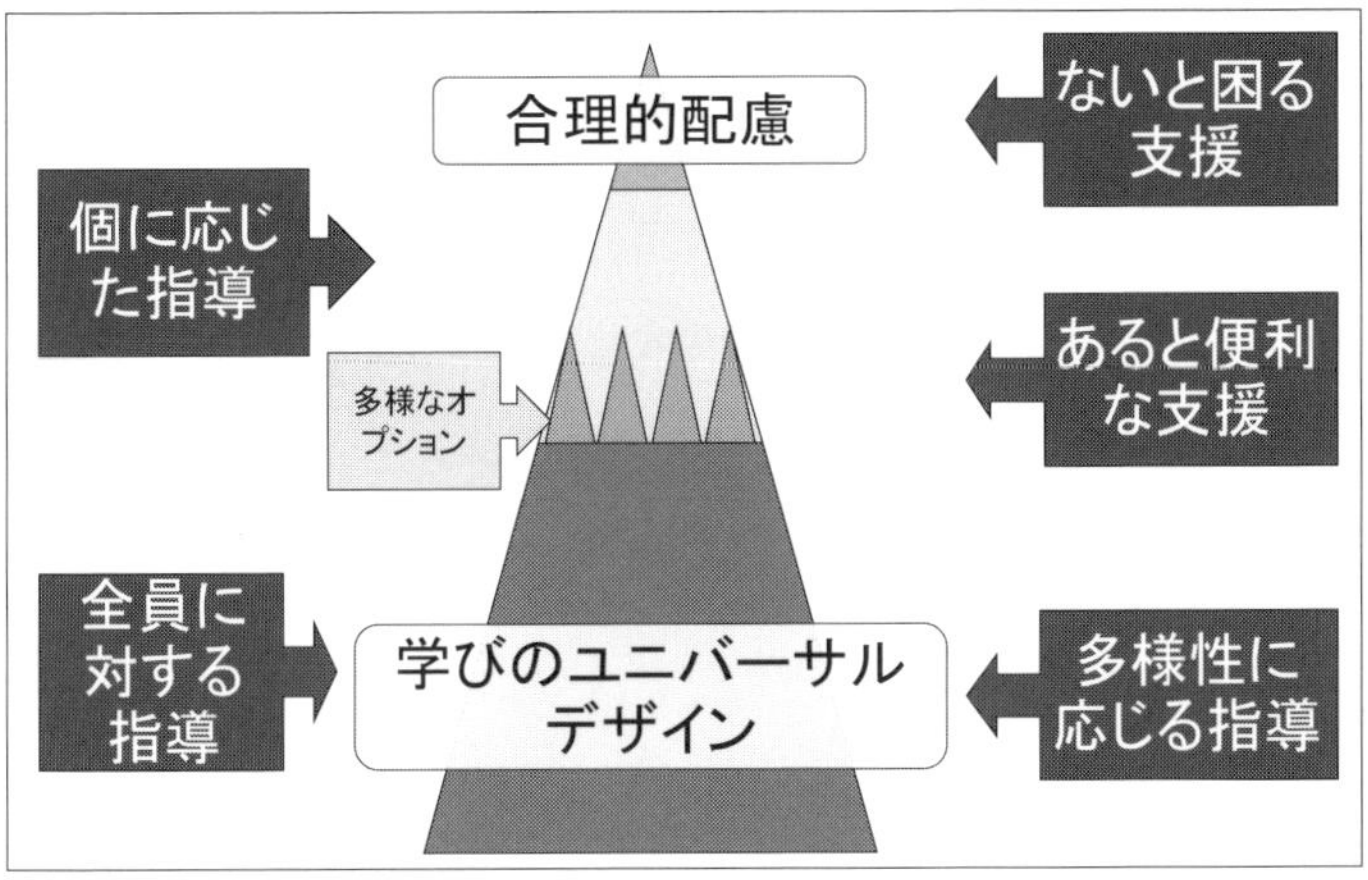

　ある中学校の理科の授業です。全員が自分用のホワイトボードを持ち、考えを書いては消し、グループ内で見合っては書き換えています（一次的支援）。ワークシートに書き込む段階になり、書き困難の子がタブレットPCに書き込み始めました（三次的支援）。それを隣の子が見て、さらに意見交換して自分の表現を修整していました（二次的支援）。違う教材、違う方法を用いていることが自然で、浮いて見えない光景に、多様性を認め合える学級文化を感じ取れました。

　皆と一緒にすることが強調されるほど、多様性に応じないばかりか、「一緒にやれない（残念な、低い能力）」というメッセージを発してしまいかねないのです。

　四〇人が多様な学び手であるという前提に立ったUDLの実践によって、早期に多様な二次的支援が可能になり、三次的支援である「合理的配慮」も実施しやすくなるのです。

　UDLの研究機関であるCASTは、「UDLは合理的配慮をもカバーする」モデルであると指摘しています。一次的支援段階から多様性対応をしていると、どこまでがUDLオプションでどこからが合理的配慮か境界が見えにくくなるものです。

行動面の支援ニーズと三段階支援（図39）

　次に、多動・衝動性や不注意のある子について考えてみましょう。例えば、教室を飛び出す子がいたとします。室内にいることを促したり、飛び出したら追いかける、職員室から応援に来てもらうなどは、困った行動に対するやむを得ずの対処です。そもそも、その子はどういうときに飛び出してしまうのでしょう。怒りもそうですが、多くの場合、きっかけがあります。

ある中学でのエピソードです。Ｅさんがワークシートを出したところ、先生がそれを見て「ダメだね、やり直し」と返してきました。Ｅさんは、それを聞いて「わー」と叫び飛び出してしまいました。先生がきっかけをつくっているのは一目瞭然です。ケース検討がされている学校であれば、否定的な言葉を使わないという方針が共有されているかもしれません。しかし、それでは引き金を引かないだけの注意事項であって、Ｅさんを伸ばす視点は欠けています。「ここまではいいね。ここをこう修正するといいけど、チャレンジするかい」等、その子の力を伸ばす言い方まで共有されているでしょうか。さらに、周囲からの言葉によって、気持ちが暴走してしまう自分に気づく（モニタリング）力、苛立ちや不安の気持ちを表現し対処する（コントロール）力を育てる計画が必要です。

ＭＬＡでは、ＳＥＬで怒りへの対処を学びます（一次的支援）。授業で扱う際も、自分の日常とつなげて考えるよう工夫します。Ｅさんが飛び出した際も、ＳＥＬで学んだ枠組みや共通言語を用いて振り返りをし、次に同じような場面ではどのようにコントロールするかを話し合います（三次的支援）。一次的支援で怒りやすい子も含めたＳＥＬを行っていると、誰もが怒りを持っていて、それを適切に表現できることを目指すよう周囲も育っていきます。表情が曇ってきたＥさんに早めに気づき、コントロールを促すでしょう（二次的支援）。Ｅさんに追い打ちをかける生徒がいる

図39　行動面支援の３段階

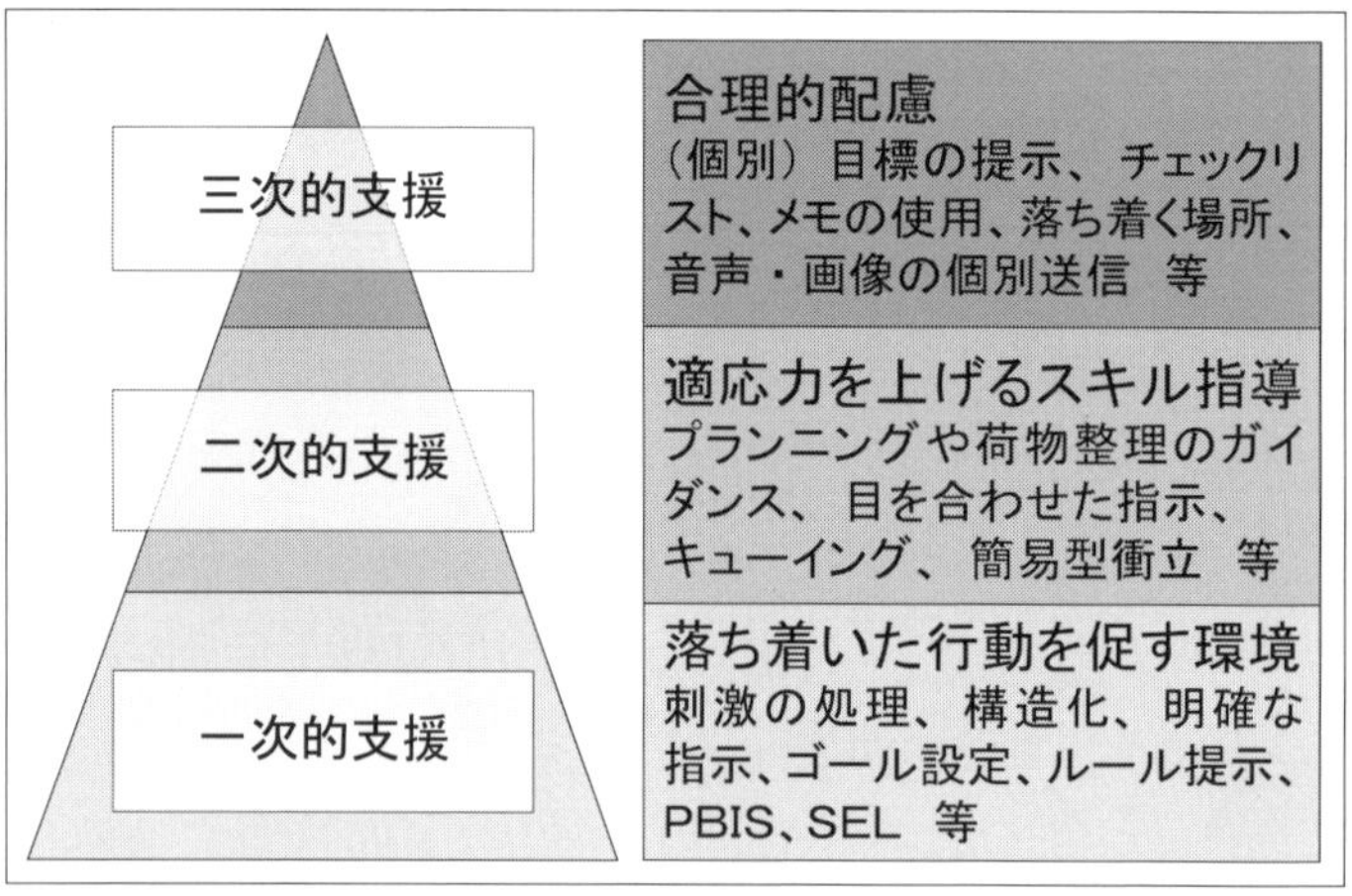

図40　対人関係面支援の３段階

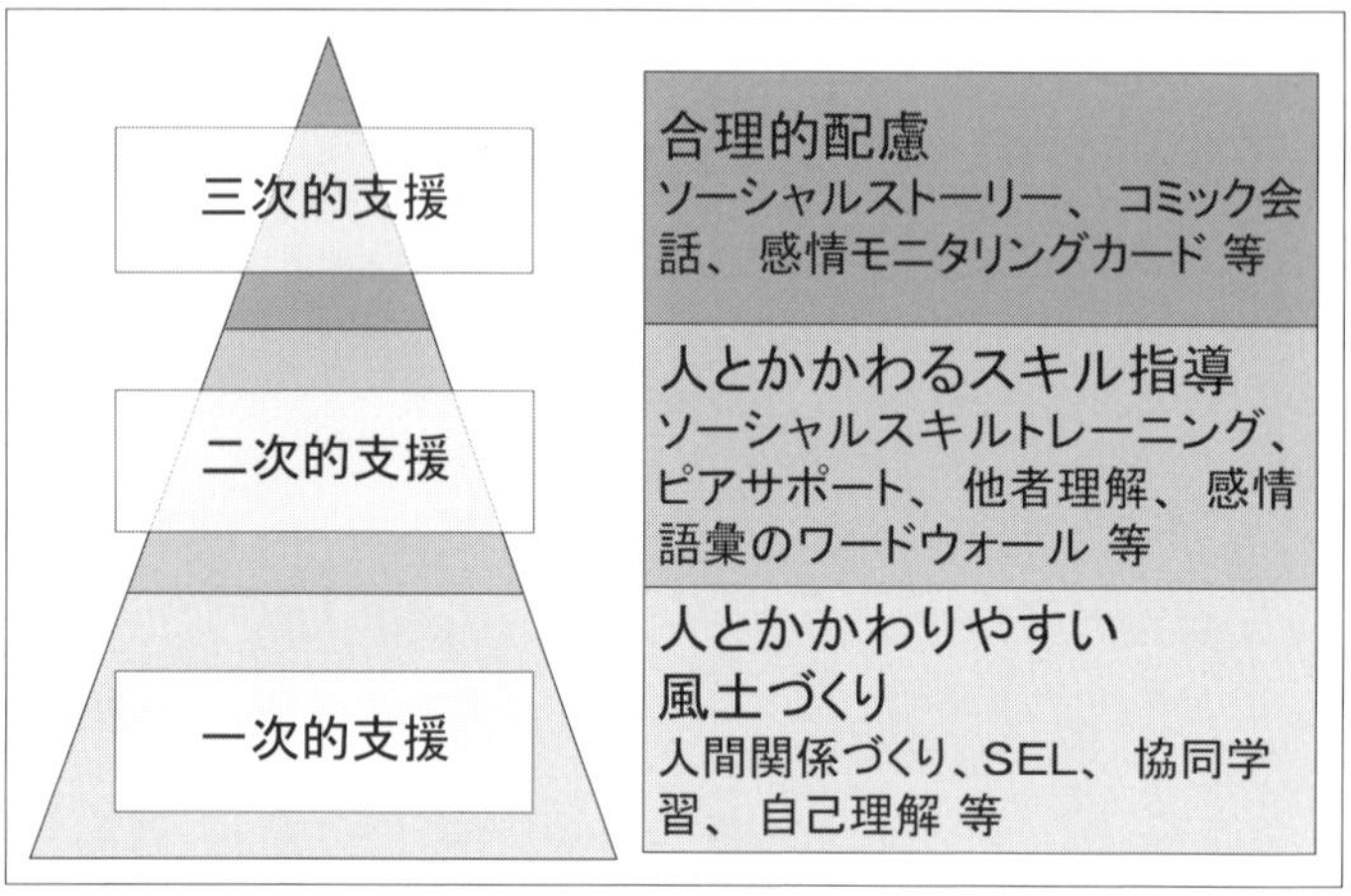

教室と比べ、当然、Ｅさんの適応は変わります。

不注意のある子ではどうでしょう。忘れ物、試験中の時間の割り振り、提出期限までの段取り等、プランニングの弱さが想定される子がいるはずです。指示出し、ゴール設定等、有効とされる方法は、事後に個別にやる（三次的支援）よりも、集団の場でやる一次的支援や、気になる子に目を合わせてから指示を出す二次的支援のほうが予防的で効果的です。

対人関係面の支援ニーズと三段階支援（図40）

最後に、対人関係に課題のある子について考えてみましょう。三次的支援の子には実態把握が重要ですが、この領域に課題のある子には、セルマンの発達理論が参考になります（図41）。未分化・自己中心的、主観的、自己内省的・互恵的、第三者的立場・相互的かどうかの視点によって、人との関係のとり方も変わってくるというものです。

例えば、中学生のＦさんは、自分の正しさを理論巧みに主張しますが、自己中心的な発想で、周囲を困らせていることには気づきません（レベル０～１）。知的に高くても、自分が正しいという一点張りで、対人交渉方略も周囲が譲歩するまで主張するという、他者を変える方向に偏った一方的なものです。ここから、まずは教師との間でレベル２の体験を増やしていきます。それも個別ではなく、一次的支援からの介入です。

ＳＥＬでは、「どうすべき」かは答えられますが、「どういう

図41　役割取得能力と対人交渉方略　渡辺（2001）を参考に作成

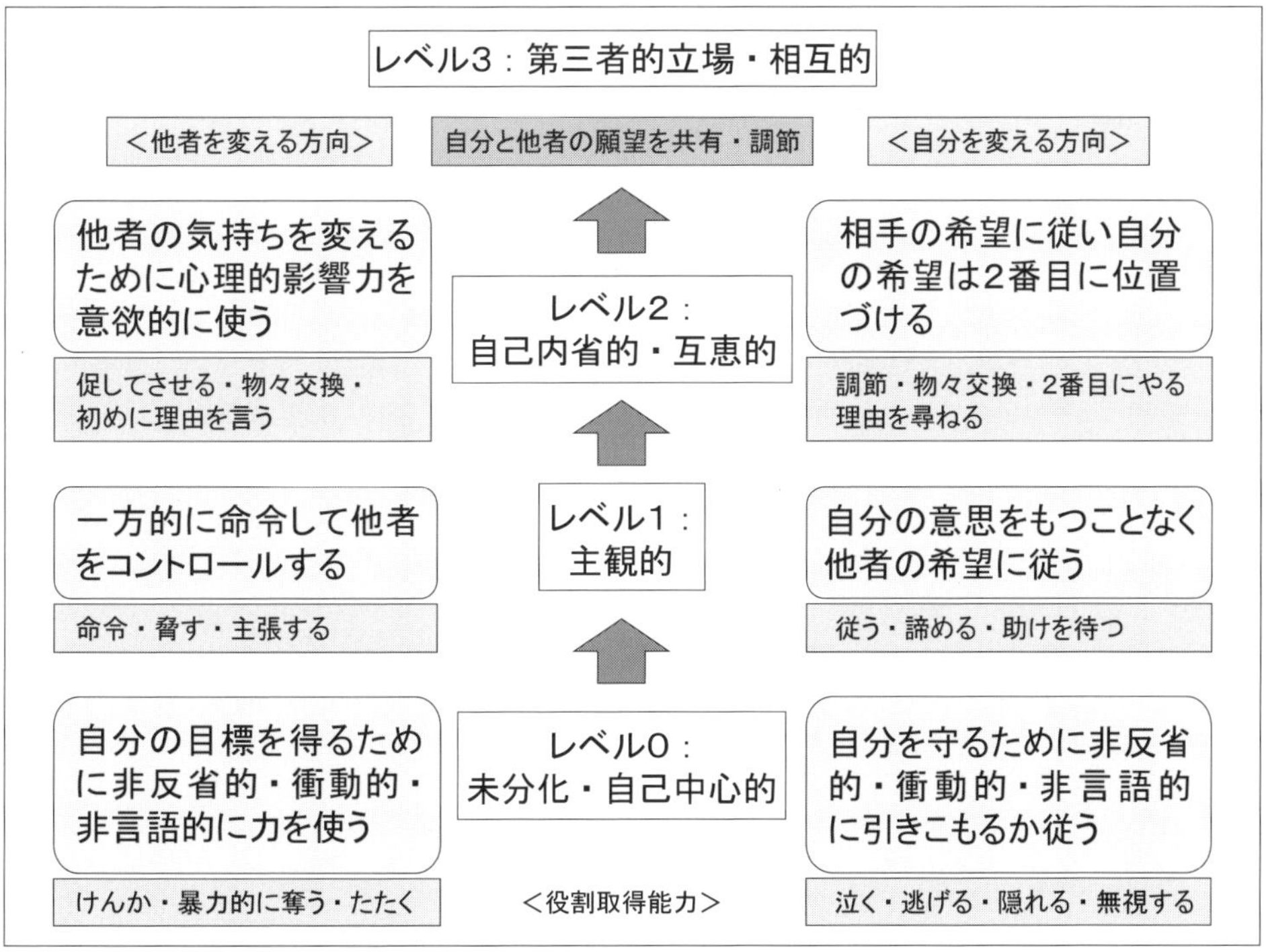
レベル3：第三者的立場・相互的
<他者を変える方向>
自分と他者の願望を共有・調節
<自分を変える方向>
他者の気持ちを変えるために心理的影響力を意欲的に使う
促してさせる・物々交換・初めに理由を言う
レベル2：自己内省的・互恵的
相手の希望に従い自分の希望は2番目に位置づける
調節・物々交換・2番目にやる理由を尋ねる
一方的に命令して他者をコントロールする
命令・脅す・主張する
レベル1：主観的
自分の意思をもつことなく他者の希望に従う
従う・諦める・助けを待つ
自分の目標を得るために非反省的・衝動的・非言語的に力を使う
けんか・暴力的に奪う・たたく
レベル0：未分化・自己中心的
自分を守るために非反省的・衝動的・非言語的に引きこもるか従う
泣く・逃げる・隠れる・無視する
<役割取得能力>

図42　感情や人とのかかわりを育てるには　山田（2015）を参考に作成

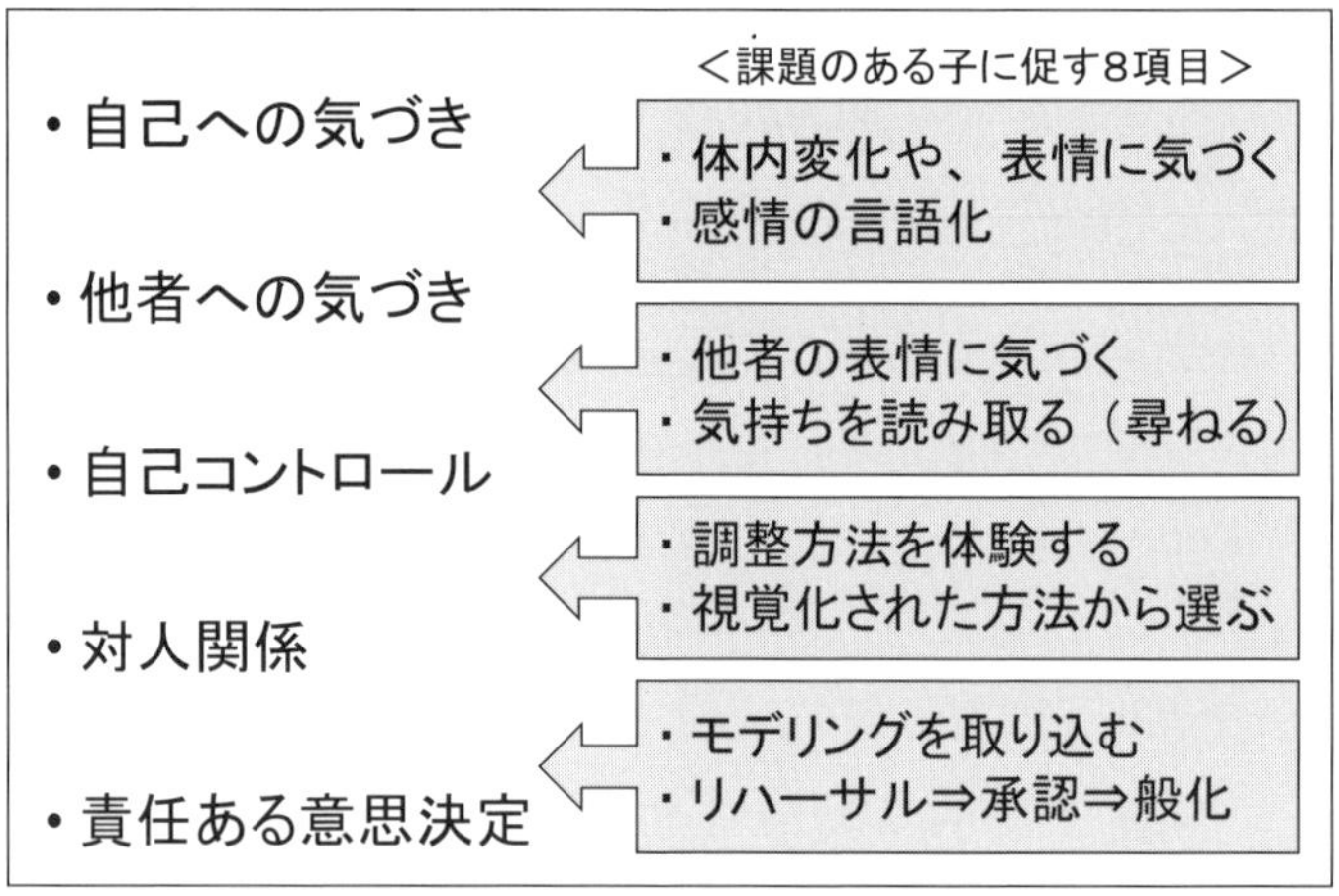

気持ち」かは、あいまいにしか答えられません。そこで、モデルとして共感性の高い子を先に指し、求められている次元を示唆します。「こうすべき」は行動で、「こんな気持ち」を答えてほしいと話型を示すのもいいでしょう。

あるいは、正しいことは言えても、感情的になると行動できないので、ロールプレイで学ぶようにします。「こういうことが自分に起きたら」という設定で話し合いを行うと、正論を主張するだけだったFさんが、「冷静でいられず苛立ってくる」「私もむかつく」等の周囲の答えに影響を受けて、「自分にもそういうことがあったかも」と認める場面が増えていきました。

その変化を喜びつつ、理屈が通るFさんに、さらに力をつけたいと個別の作戦を働きかけます（三次的支援）。

図42の右側の「促す8項目」を示し、どこまでできているかをモニタリングしてもらいました。すると、体が熱くなる、ドキドキしてくるという生理的変化はとらえていましたが、自分の表情は想像できておらず、エスカレートし始めたときに表現する語彙が乏しいことにも気づきました。

そこで、「むっとする」「違和感がある」等の言葉を選び、カッとなりそうな場面も挙げてもらい、使っていくことにしました。すると、苛立ちの兆候がつかめるようになり、うれしそうに報告にくること自体がコントロールにもなり、激昂する場面は減っていきました。

このように集団でSELをやり、個別に作戦を練り合い、振り返りを重ねることで、問題行動を減らすのではなく、自らの感情に気づきコントロールする力を高めていく指導が可能になります。

〈参考文献〉
CAST（二〇一四）、バーンズ亀山静子・金子晴恵（訳）（二〇一五）「学びのユニバーサルデザイン・ガイドラインver.2.0」
佐藤愼二（二〇〇八）『通常学級の特別支援―今日からできる！40の提案』日本文化科学社
髙橋あつ子（二〇〇八）「授業のユニバーサルデザイン化―学習支援のポイント」『月刊学校教育相談』三月号
髙橋あつ子・石橋瑞穂（二〇一五）『発達に偏りのある子のトラブルを減らす自己理解イラスト教材』ほんの森出版
渡辺弥生編（二〇〇一）『VLFによる思いやり育成プログラム』図書文化社
山田洋平（二〇一五）「SEL（社会性と情動の学習）」『月刊学校教育相談』九月号

６　学校不適応行動　その１

非社会的不適応行動

小玉有子

学校不適応行動の基本的な理解

マルチレベルアプローチ（ＭＬＡ）では、子どもたちの学校適応感を大事にしていますが、不適応行動にも学校適応感は大きく影響しています。「学校に行くと仲のいい友達がいて、休み時間は楽しく遊べて、授業も楽しいし、勉強もだいたいわかる」と思っている子が、突然不登校になるということは、考えにくいことです。

休みがちになっている子のアセス（６領域学校適応感尺度）の結果を見せてもらうと、個人特性票の六角形のグラフ全体が小さく萎縮していたり、対人的適応や学習的適応の一部に落ち込みがあったりして、学校適応感の低さが見られます。毎日の生活の中でうまくいっていないと感じていることが多いということです。

特に、発達障害傾向があったり、他の子たちとは違う困難さを持った子どもたちは、日常的にネガティブな体験をしています。

例えば、書くことが困難な子は「もっと丁寧に書きなさい」と言われ続けたり、読めない子は音読で指名されないかビクビクしながら授業を受けたりしていることがあります。私自身は協応性に困難さがあったので、縄跳びが跳べなかったし、逆上がりも大変でした。体育がある日は憂鬱でした。注意欠陥多動性障害（ＡＤＨＤ）の傾向が強い子は、一生懸命先生の話を聞いていたつもりが、気がついたらノートの端にマンガを描いていて先生に叱られたり、忘れ物が多いと友達にばかにされたりします。自閉（ＡＳＤ）傾向があって友達の気持ちがわかりにくい子は、いつの間にか友達に避けられて、孤立して寂しい思いをすることもあるといいます。

そんな小さいネガティブな体験の積み重ねが学校適応感を低くし、ある日、コップの水が突然溢れるように、アクティングインしたりアクティングアウトしたりするのです。それが学校不適応行動となります。アクティングインした子は身体化し、非社会的不適応行動を起こします。アクティングアウトした子は行動化し、反社会的不適応行動を起こします（図43）。

ここでは、不登校を中心に、非社会的不適応行動について考えていきます。

図43　学校不適応行動

アクティングイン（うつetc）
アクティングアウト（暴力etc）
無理解
無理解
ネガティブな体験
身体化
非社会的不適応行動
行動化
反社会的不適応行動
非社会的不適応行動
＊社会（学校集団）から離れて、自分だけの内に閉じこもろうとする行為や行動。
＊自分の社会的立場を無視した、個人的・消極的行動。
＊間接的に周囲に悪影響を与えることもある。
例：不登校、ひきこもり、不定愁訴、自傷、摂食障害等
反社会的不適応行動
＊周囲の人々や環境、あるいは社会の規範や慣行等に対して背反する行為や行動。
＊意図的に社会の秩序を乱したり、道徳・倫理的規範を無視したりする行動。
＊やめ方がわからないことも多い。
例：非行、いじめ、暴力、窃盗（万引き）、家出等

不登校

文部科学省は、不登校とは「何らかの心理的、情緒的、身体的、あるいは社会的要因・背景により、児童生徒が登校しないあるいはしたくともできない状況にあること（ただし、病気や経済的な理由による者を除く）」と定義しています。そして、年間に連続または断続して三〇日以上欠席した者のうち不登校を理由とする児童生徒数（国・公・私立の小・中学校）は、平成二五年度、六年ぶりに増加し、小学生は二万四一七五人（全生徒数の〇・三五％）、中学生は九万五四四二人（同じく二・六九％）となっています（文科省「児童生徒の問題行動等生徒指導上の諸問題に関する調査」）。しかし、これには、登校できても保健室や別室で過ごしたり、適応指導教室に通うことで出席扱いになっていたりする児童生徒は含まれておらず、所属する学級で同級生と一緒に学習することができない児童生徒の数は、現実にはもっと多いと思います。

既存の学校制度になじめない子どもたちのために、教育支援センターや不登校特例校、ＩＴＣを活用した学習支援など、柔軟な取り組みも考えられ始めていますし、また子育て支援ネットワークやフリースクール等の外部資源も充実してきました。しかし、不登校は学齢期だけの問題ではありません。その後に続く長い人生において、他人や集団とどう向き合い、適応していくかが大きな課題となります。

不登校を予防する、あるいは、不登校になった子が戻ってこ

られるように、最近の不登校の特徴を理解し、その対応を考えてみましょう。

最近の不登校の特徴

発達障害傾向や対人不安を抱えた不登校の子が増えています。また、日中は不登校で、夜は街を徘徊したり、非行グループと行動をともにしたりといった、反社会的不適応行動との区別がつきにくいケースもあります。家庭の問題である経済的困難さや夫婦間のＤＶ、虐待、親子間の暴力等も、大きな影響を及ぼしています。

小学校低学年では、学校生活への不慣れや変化に対する不安から、不登校傾向になる子も増えているといいます。例えば、「先生から叱られた」「算数の単元が変わった」「鍵盤ハーモニカの練習が始まった」というような些細なことがきっかけになることも珍しくありません。

不登校対策・支援

不登校の子どもたちは、一人一人特性が違いますし、家庭環境も違うのですから、個々のニーズに合った支援計画が必要ですが、ここでは、一般的なポイントを紹介します。

〈不登校を予防するために〉

・クラス全体と個人のアセスメントを行い、クラスの課題や気になる子を把握する。
・気になる子については、発達障害傾向や困難さ、偏りをしっかりチェックする。
・協同学習やピア・サポート等の活動を通して、コミュニケーションスキルやアサーティブな表現方法を獲得させる。（全員）
・ＳＥＬ（Social and Emotional Learning：社会性と情動の学習）等の活動を通して、自分や友達の感情に気づき、気持ちを表現できるように育てる。（全員）
・いろいろな特性を認め合い、助け合える学級風土をつくる。
・学習の遅れやつまずきを放置しない。
・自分の長所や特性を理解させる。
・困ったときのヘルプの出し方を教える。
・欠席の管理をする。二日欠席で電話、三日で家庭訪問し、それ以上欠席が続かないようにする。
・気になることは、早めに保護者と共有する。

〈不登校傾向が見え始めたら〉

・「様子を見ましょう」は禁物。
・すぐにチームで支援計画を立て、支援を開始する。
・保護者が頑張れるよう、保護者の不安や大変さを受け止め、こまめにサポートする。
・学級・学校の資源を最大限活用する。
＊第３章４「チーム支援」を参考にしてください。

〈不登校になってしまっても〉

・あきらめない！
・学級や学校、友達とつながり続けられる工夫をする。先生のよもやま話や情報提供が有効。学級の様子が見えるような情報がうれしい。

・保護者をサポートし続ける覚悟が必要。

〈再登校のために〉

・第一段階：会話を増やす。親や教師は、「どんな話題でも聞いてくれる」というよい〝聞き役〟になる。

・第二段階：強気な面を引き出す。批判・文句・悪口など、親や教師がどこまで受け止めてくれるのか、試される時期。

・第三段階：現実に直面する。親や教師に、弱気な面を見せられるようになれば、ゴールは間近。どうしたら登校できるのか、一緒に考える。

＊第3章3「カウンセリング」を参考にしてください。

ひきこもり

不登校は、卒業後、そのままひきこもりに移行してしまうことがあります。

厚生労働省は、ひきこもりを「様々な要因の結果として社会的参加（義務教育を含む就学、非常勤職を含む就労、家庭外での交遊など）を回避し、原則的には六ヵ月以上にわたって概ね家庭にとどまり続けている状態（他者と交わらない形での外出をしていてもよい）を指す現象概念である」と定義し、「原則として統合失調症の陽性あるいは陰性症状に基づくひきこもり状態とは一線を画した非精神病性の現象とするが、実際には確定診断がなされる前の統合失調症が含まれている可能性は低くないことに留意すべきである」としています（「ひきこもりの評価・支援に関するガイドライン」）。

その人数は、実態調査が困難なため、推計七〇万人とも、一〇〇万人以上ともいわれています。また、日中は外出しないが深夜だけ外出するとか、知っている人がいない街ならば歩ける、自分の趣味に関する事柄が目的の場合のみ外出するといった人もいて、これらを含めると、三〇〇万人を超えるという報告もあります。

二〇一五年のＮＰＯ法人ＫＨＪ全国ひきこもり家族会連合会の調査報告によると、ひきこもり平均期間は約一〇・二年で、長い人では二五年以上というケースもあります。ひきこもりは家族の負担も大きいことから、学齢期の不登校からひきこもりに移行しないように、早い時期での対応が重要となります。

図44　ひきこもり共通症状

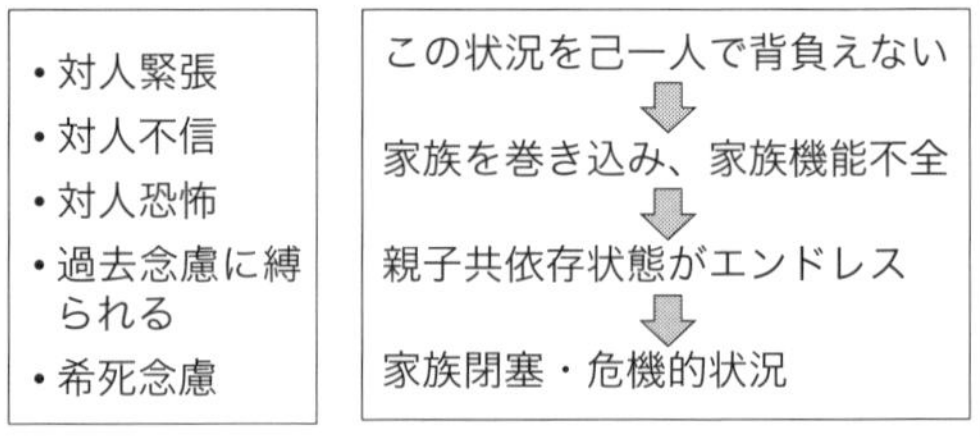

ＫＨＪ全国ひきこもり家族会連合会のHPを参考に筆者作成

その他の非社会的不適応行動

自傷行為

自傷行為とは、リストカットだけではなく、種々の方法で体を痛めつけたり、髪を抜いたりすることも含まれます。全国高等学校ＰＴＡ連合会の行った「高校生の心身の健康を育む家庭教育の充実事業の調査」（平成一六年度）によると、女子では約一〇人に一人、男子では約二〇人に一人の割合で自傷行為が行われています。

子どもたちは、自傷行為により精神的苦痛を身体的苦痛に置き換え、その鎮痛作用を利用して精神的苦痛も解消しようとしているのですが、本人にはその自覚がありません。しかし、自傷行為の結果分泌される脳内麻薬の効果に依存しているため、自傷行為はなかなかやめることができないのです。

　実際にリストカットをしている高校生に、その理由を聞いてみると、「つらい感情から逃れるため」「周囲の目を引こうとして」「儀式として」「自己を認識するための手段」「助けを求めるための手段」「攻撃衝動を自分に向けるため」「現実逃避の手段」等、さまざまな答えが返ってきますが、なかには「何となく」「ファッションとして」という子もいます。

　学校や教師ができることは、「自傷行為を責めない」「無理矢理やめさせようとしない」というのが原則です。自傷は自殺念慮と区別しなくてはなりませんが、エスカレートすると自殺念慮に移行したり、大きなダメージを負うことがあったりするので、注意深く観察支援を続けなければなりません。

　支援方法としては、自傷の代替え行動を一緒に考えたり、助けを求める方法を教えたりすることが有効です。「赤い血を見るとさっぱりする」子には、カッターの代わりに赤い水性マジックを使用させる、新聞紙を引きちぎる、感情を言葉にする、自分の気持ちをパソコンで書き出すなど、いろいろ試してみましょう。自傷を繰り返す子は、パーソナリティ障害の場合もあるので、その障害を理解し対応することも大切です。

摂食障害

　摂食障害は、ほとんどが思春期に発症します。女子に多く、〝女らしい〟体型への嫌悪感が引き金になることも少なくありません。摂食障害を抱えている子は、ありのままの自分を肯定された経験に乏しく、幼少期から「いい子」でいなければならない事情があったり、本当の欲求を隠してずっと我慢してきたりしている子が多いようです。

図45　摂食障害の構造

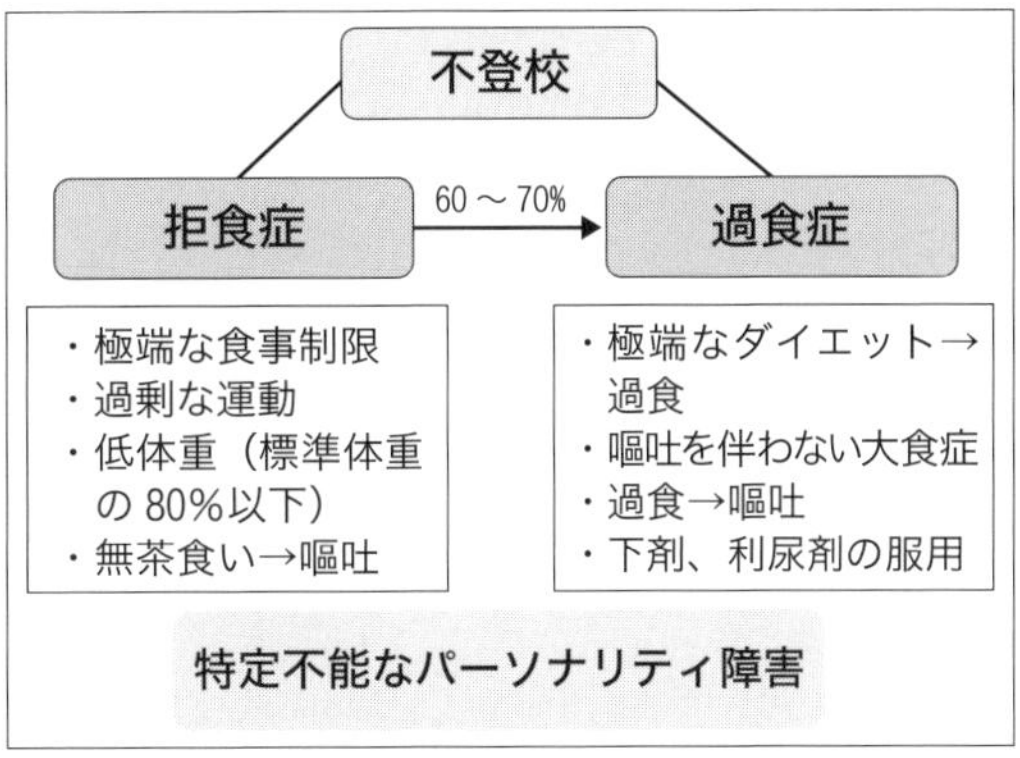

　拒食症の六〇～七〇％は過食症に移行し（図45）、過食嘔吐を繰り返す場合もあります。嘔吐できない子は下剤を服用し、下剤依存症になる場合もあります。また、摂食障害から不登校になったり、不登校から摂食障害になったり、同時に起こったりもします。

心因性嘔吐

　この他、消化器系に関連したものとして、心理社会的なストレスが原因となって、不安や緊張を伴う場面で発生することが多いのが心因性嘔吐です。主な症状は、吐き気、悪心（気持ち悪い、ムカムカする）ですが、めまい、頭痛が生じる場合もあります。

　「自分が受け入れがたい現実・原因を吐き出す」という心理を、身体化現象に置き換えたものと考えられています。

過敏性腸症候群

下痢と便秘を繰り返したり、大量にオナラが出たりします。腹痛が起こることもあります。小学校高学年から高校生に多く見られ、「授業中、オナラが出たらどうしよう」と心配で、落ち着いて座っていられなかったり、保健室来室を繰り返したりする子もいます。ストレスが増大すると症状がひどくなりますが、体重の減少はほとんどありません。ストレス状況が改善すると、症状も改善します。

チック

チックには一過性チックと慢性チック、運動性チックと音声チックがあります。子どもの環境をアセスメントし、大きな心の負担になっているものを取り除く必要がある場合もありますが、基本的にはチックの症状にはあまり目を向けず、人格の発達援助をめざし、ストレス等への適応性を高めることが大切です。チックは、緊張や不安、興奮、疲労などにも影響されるので、ちょっとした変動で一喜一憂しないようにしましょう。

教師は、二次的な弊害（いじめ、からかい）が起きないよう配慮が必要です。

＊

図46　発達障害と不適応行動の関連

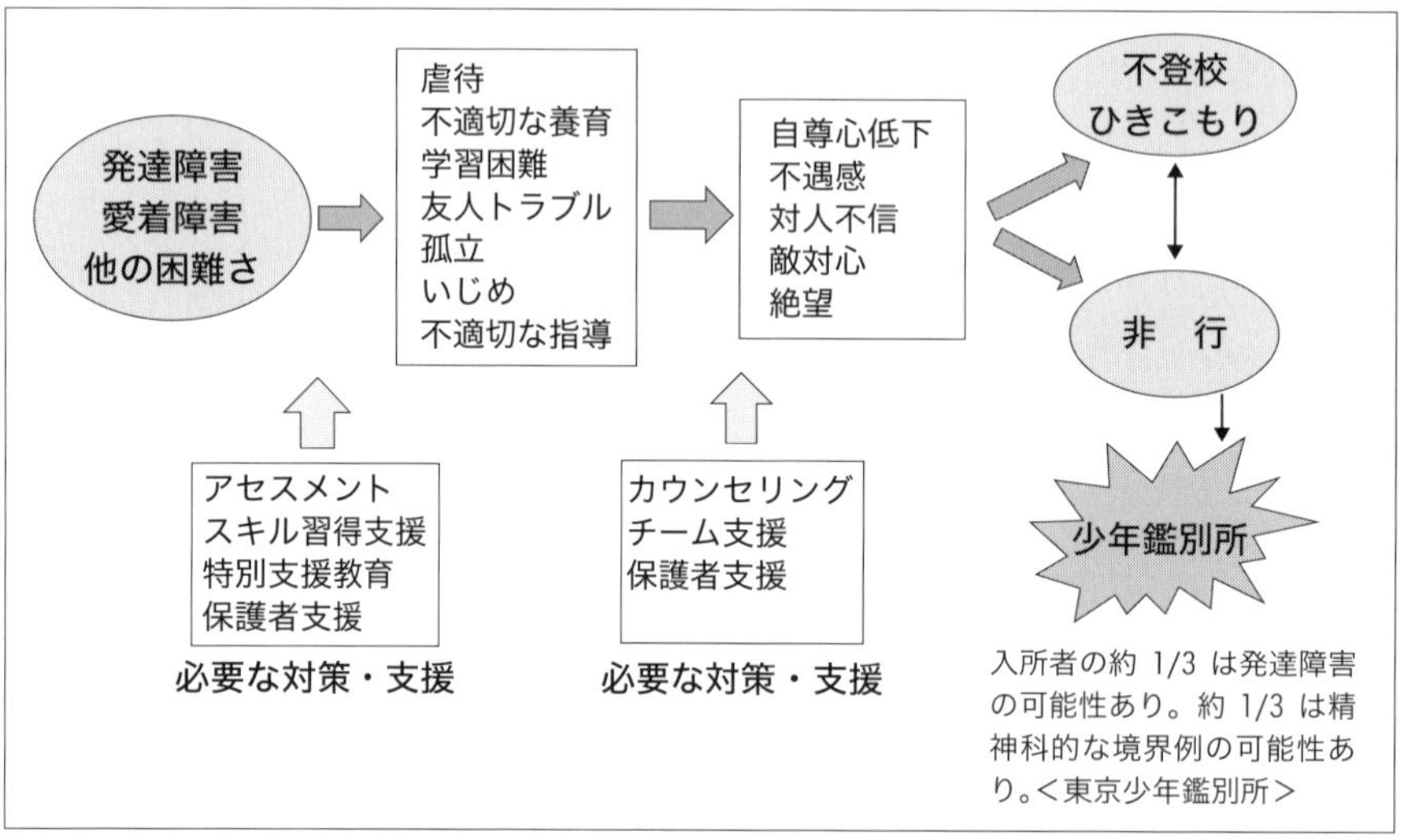

学校不適応行動の中には、発達障害や愛着障害の問題を背景に抱えながらも一生懸命頑張ってきた子どもたちが、自分ではどうしたらいいのかわからない状況まで追い込まれて、助けを求めている場合があります。ですから、行動に目を向ける前に、子どもの気持ちに共感し、適切な見立てをする必要があります。

三次的生徒指導の対象となる子どもたちへのかかわりにおいては、教師は一人で抱え込まずに、同僚や専門家と連携して、子どもたち一人一人の特性に合った、よりよい支援を模索していきたいものです。

〈参考文献〉

恩賜財団母子愛育会愛育研究所編（二〇一六）『日本子ども資料年鑑２０１６』ＫＴＣ中央出版

松本俊彦（二〇一五）『自分を傷つけずにはいられない』講談社

塩川宏郷（二〇一三）「少年司法における思春期医療―東京少年鑑別所医務課診療所受診例の検討」『自治医科大学紀要』

7 学校不適応行動 その2
反社会的不適応行動

金山健一

マルチレベルアプローチによる生徒指導の目的と非行傾向のある子どもへの対応

生徒指導で実績を上げている国々の多くは、包括的生徒指導（Comprehensive School Guidance & Counselling）というモデルを採用し、「すべての子どもの全人的な成長」の促進を目指しています。マルチレベルアプローチ（ＭＬＡ）は、日本の学校教育の特色を活かした包括的生徒指導で、生徒指導の目的を三種類に分け、一～三次的生徒指導を行います（図47）。

非行傾向のある子どもに対する一次的生徒指導は「自分でできる力を育てる」、二次的生徒指導は「友達同士で支え合う力を育てる」が目的です。方略として、ＳＥＬ（Social and Emotional Learning：社会性と情動の学習）、ピア・サポート、協同学習、ＰＢＩＳ（Positive Behavioral Interventions and Supports：ポジティブな行動介入と支援）の四つを柱としています。

三次的生徒指導は「教師や専門家が中心となって子どもを支える」ことが目的です。方略として、カウンセリング、個別支援、チーム支援、関係機関との連携等があります。

マルチレベルアプローチを支える四つの理論と非行傾向のある子どもへの対応

ＭＬＡは、いくつかの理論的基盤を踏まえて構成されています。ここでは、ＭＬＡを支える「ソーシャルボンド理論」「欲求理論」「愛着理論（内的ワーキングモデル理論）」「行動理論」という四つの理論から非行問題について解説します。

図47　マルチレベルアプローチの構造図

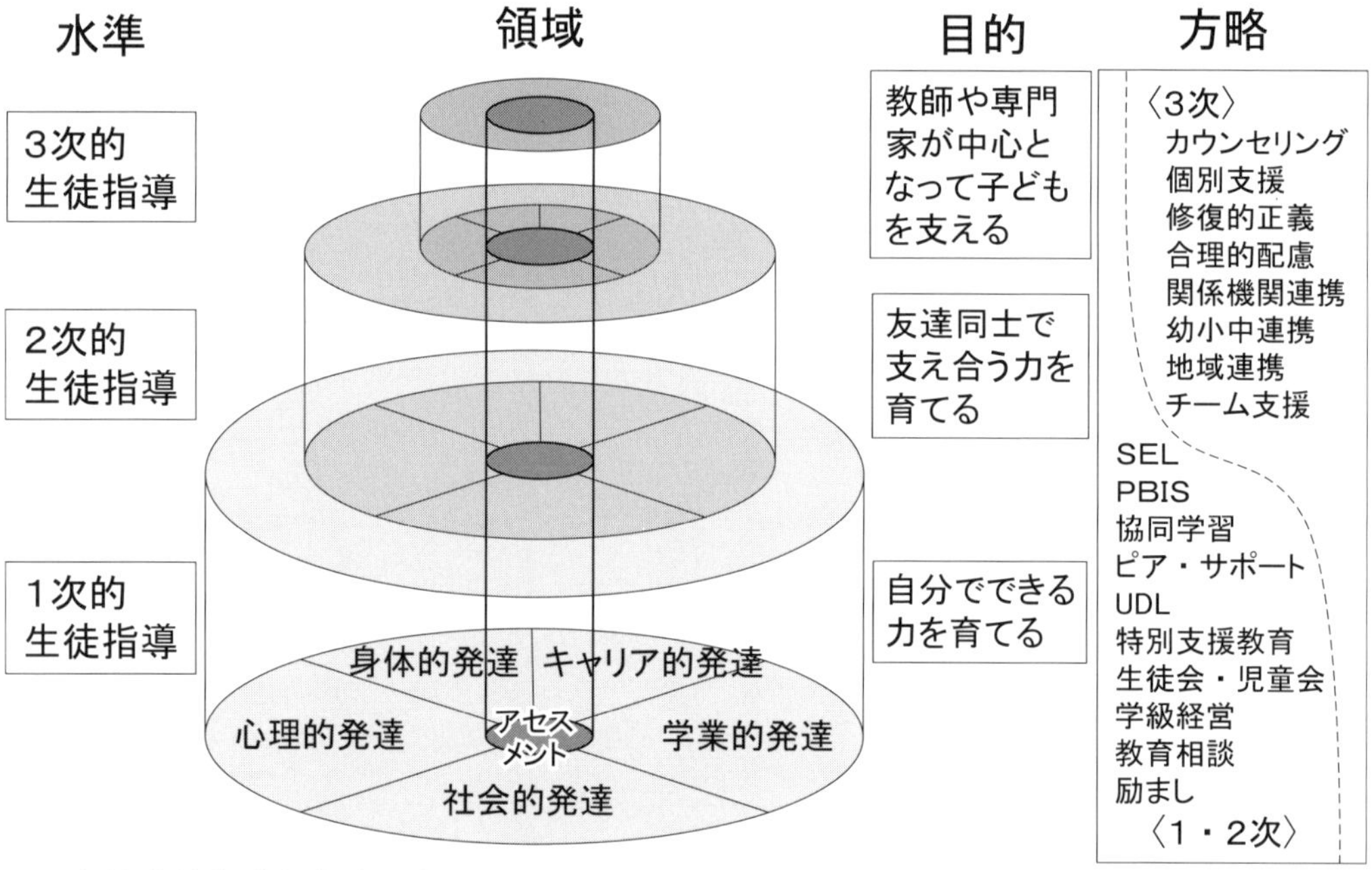

＊3次的生徒指導対象者にも、1次的、2次的生徒指導を行います。

①ソーシャルボンド理論：社会的な絆をつくる

ソーシャルボンド（社会的絆）理論とは、「社会とのつながりが強ければ強いほど、犯罪や非行の抑止要因となる」というアメリカの社会学者ハーシーによる理論です。子どもと子ども、子どもと教師の良好なつながりが強ければ強いほど、犯罪・非行だけでなく、不登校・いじめの抑制にもなります。

人間関係ばかりではなく、部活が大好きならば部活が、勉強に価値を見出せば勉強が、「ボンド」の役割を果たす場合もあります。これらのような「健全な社会的なつながり」はソーシャルボンドとなりますが、非行グループ内のような反社会的なつながりはソーシャルボンドとは言えません。

非行傾向のある子どもには、ピア・サポート、SEL等を通して、良好なソーシャルボンドづくりが必要です。

②欲求理論：生徒の交流欲求・承認欲求を満たす

問題行動を起こす子どもに対しては、特に交流欲求・承認欲求を満たすことが必要となります。

〈交流欲求〉　授業中にいつも騒いでいる子どもは、教師に注意されることによって交流欲求を満たしてしまっています。たまに静かにしていても、交流を求めて繰り返し騒ぐようになります。そのため、騒いでいるタイミングではなく、少しでも授業に取り組んでいる「状態のよいとき」に、机間巡視をしてノートにマルをつけたり、簡単な問題を解かせる等の交流欲求を満たす工夫が必要です。

〈承認欲求〉　髪型・服装で違反して目立とうとしたり、教師に暴言を吐いたり机を蹴ったりする行動は、自分の存在を誇示するための「ディスプレー」です。ディスプレーとは、生態学的視点であり、喧嘩をせずに力関係を示し、リーダーとして確固たる地位を築くために行う威嚇行動です。非行傾向のある子どもは、教師に対してディスプレーを行うことで、グループ内での自分の価値・地位を高めようとします。

非行傾向のある子どもは「目立ちたい」という心理からディスプレーを行っているため、部活動・体育祭・学校祭等の行事や、できれば授業において、自己表出場面を意図的につくってあげることが、良好な居場所づくり、ソーシャルボンドづくりへとつながります。

③愛着理論（内的ワーキングモデル理論）：内的ワーキングメモリーの書き換えを目指す

内的ワーキングモデルとは、発達初期の乳幼児期における親との関係の中で形成される認知的枠組み、スキーマのことです。親との相互交流の経験によって、依存対象の特徴や対人関係のパターンの方向性が決まるということです。「三つ子の魂、百までも」です。

乳幼児期に親から十分な愛情を受けた子どもは、順調に育つ可能性が高くなり、虐待を受けた子どもは、自分が親になったときに虐待をする可能性が高くなると言われています。

しかし、親から虐待を受けたにもかかわらず、適切な親になる子どもたちもいます。それは、一つは、虐待をした親を子どもが半面教師ととらえている場合です。もう一つは、内的ワーキングメモリーの書き換えがあった子どもです。後者の子どもは、いい伴侶やいい教師、いい支援者との出会いによって、人を信じる力や自尊心が芽生えてきたのです。

つまり、内的ワーキングメモリーの書き換えを目指して、教師は非行傾向のある子どもを、いっぱい愛することが大切なのです。子どもに裏切られても、とことんかかわること。その過程を通して、非行傾向のある子どもは、大人の新たなモデルを獲得していくのです。

④行動理論：自己肯定感を高めるアプローチ

行動理論は、人間の行動を説明する上で非常に便利な理論です。望ましい行動には強化刺激（称賛・ほうび）を随伴させ、望ましくない行動には嫌悪刺激（叱責・罰）を随伴させることで、行動をコントロールできます。

非行傾向のある子どもの多くは、家庭でほめてもらえず、自己肯定感が低いがためにストレスや攻撃性が高く、問題行動を繰り返してしまうことがあります。

自己肯定感を高めるために必要なのは、教師や親の声かけです。子どものほんの小さな変化にも、「今日の授業態度、よかったよ」「掃除当番、頑張ったね」などと、言語化して伝えていくことが大切です。そのとき、〈結果〉〈努力〉〈能力〉の三つをほめていくと効果的です。

マルチレベルアプローチの五領域発達支援と非行傾向のある子どもへの対応

ＭＬＡでは「すべての子どもの全人的な成長」を目指し、身体的発達、心理的発達、社会的発達、学業的発達、キャリア的発達の五領域を支援します。ここでは、非行傾向のある子どもの事例に沿って、二次的・三次的生徒指導で五領域の支援を解説します。

> **非行傾向のあるG君の事例**
>
> 中学生のG君は、授業をサボり、喫煙したり、深夜徘徊を繰り返していた。学級担任は、熱心に対応をしていたが、G君の問題行動は次第にエスカレートしていった。学校では非行グループをつくり、喫煙でたびたび補導された。そのときには反省しているように見えるが、またすぐに問題行動を繰り返す。家庭環境はかなり問題が多く、親はG君を放任している。G君は高校進学をする気がなく、学習意欲はない。

①身体的発達：保護者を含めたチーム支援で生活改善

G君は、午前中は学校をサボり、給食だけは食べにきて、午後は早退、という毎日でした。深夜まで遊んでいるため、食事や睡眠などの生活リズムが崩れていました。G君の生活改善のためには、母親を含めたチーム支援が必要不可欠でした。

しかし、G君の母親は「子どもは嫌い」と言います。そして「私だけがこんなに苦労している」と不満をぶつけてきます。子どもに愛情を持てない親は、不満を内在化させていることが多いようです。

そこで、家庭訪問をして、子育ての苦労や母親自身の話をじっくり聴きました。母親は子どもの養育について厳しく注意されると思っていたようでした。教師が「お母さんもいろいろつらいことがあったんですね」と言うと、ポロポロと泣き出しました。G君の母親自身が、承認される体験が不足していたのです。親自身が未成熟なために、まず親の承認の欲求を満たしていくことが必要でした。

少しずつ、母親とその教師との信頼関係ができてきて、G君に対する母親を含めたチーム支援ができるようになりました。

身体的支援には、食事・睡眠・清潔を保つなど、家庭との連携が必要不可欠となります。そのためには、保護者との信頼関係構築が重要です。

②心理的発達：子どもと教師の信頼関係の土台をつくる

心理的発達は、子どもと教師の信頼関係があってこそ成立します。

G君は「タバコは吸っていない。何の証拠があるのか」と言い張ります。そこで、問題行動の事実確認ばかりに固執せず、「最近のG君のことを心配していたんだ。学校も休みがちだし、勉強も投げ出してきているだろう。先生は、G君に何か心配事や悩みがあって、ついタバコに手を出してしまったんじゃないかと思っているんだ」と、教師の思いも伝えます。そのうえで、「最近、家で何かあったかい？」と聞くと、Ｇ君は「家が面白くないから、タバコを吸った」と小声で言いました。Ｇ君が、心を開いた瞬間です。

問題行動の指導には、〈行動〉と〈感情〉の両方にアプローチすることが必要です。

Ｇ君の家庭は複雑でした。父親は暴力的で、母親はそれが嫌で家を出てしまったことがあると言います。「お父さんが暴力的なのは、お父さんが悪い。お母さんが家出をしたのは、お母さんが悪い。親のことで面白くないことがあったのはわかったよ。でも、Ｇ君が授業をサボるのはＧ君が悪い」と、責任を区別します。

〈気持ち〉はわかるが〈行動〉は認めません。責任を学ばせるのです。

③社会的発達：生き方を促すアプローチをする

納得と説得は違います。教師がどんなに熱心に説得しても、Ｇ君が納得しなければ意味がありません。教師は、生徒を納得させる技を持たなければなりません。

「生き方を促すアプローチ」とは、これまでの行動パターンの誤りに気づかせ、新しい生き方を促すことです。現実から逃げない生き方や、夢や希望を持って生きることの大切さを教えることです。

「失敗してもいい。でも、同じ失敗はしない」「我慢は人間を成長させる」というポジティブなメッセージを伝えていくことも大切です。これは社会的発達を促すことになります。

ＭＬＡでは、ＰＢＩＳ（ポジティブな行動介入と支援）を採用しています。ＰＢＩＳは、行動分析学の教育実践研究に基づいたプログラムで、子どもの望ましい行動を増やし、望ましくない行動を減らすアプローチです。そこでは、「自分がどう生きるのか」「どういう人間になるのか」を強調しています。反社会的な傾向のある子どもに対しても、この原則が当てはまります。

④学業的発達：授業改善で「わかる」を体験させる

「高校に行くことができない」「もう高校は無理だ」と子ども自身が感じたときから、授業への動機づけがなくなり、荒れが加速してしまいます。教師は、どんな子どもにも進路指導で夢を与えることが必要です。

ＭＬＡでは協同学習を展開します。勉強が苦手なＧ君に対しても有効です。協同学習は一斉授業と比較して、学力の上位・中位・下位の三グループの児童生徒ともに学習意欲が高くなる傾向があります。

Ｇ君は発達障害ではありませんが、授業に特別支援教育の視点を入れることにより、学習が苦手なＧ君には大きな支援となりました。聴覚の情報より視覚からの情報を用いて可視化する、複数の情報に対応すること（同時処理）が苦手なために指示は短く順番を付ける、ノートを書く時間を確保する、このような配慮を授業改善の視点に取り入れることも必要です。

⑤キャリア的発達：ピアの力で進路の夢を育む

G君は中学校三年生になり、進路を決定する時期が近づいてきましたが、「俺に行ける高校なんてないよ…」と言って、話が進みませんでした。そこで担任は、バイクへの関心が強いG君に、機械科のある定時制高校のパンフレットを渡しました。結果的にG君は、その定時制高校機械科のオープンキャンパスに行くことになりました。

一緒に見学に行く友達から、「G、ネクタイ、ズボン、直せよ〜」と言われ、そのときだけはネクタイの緩みも、腰まで下がっていたズボンも、彼なりに改善していました。教師が注意してもちっとも直さなかったのに、友達からの注意はしぶしぶでも聞くのです。これこそが、ピア・サポートの力とも言えます。「みんなと高校に行きたいな〜」という思いこそが、学校をサボらない動機づけとなりました。心が揺さぶられたとき、自らの進路に向かって歩み始めます。

これはキャリア的支援で、自己実現をサポートしていきます。

問題行動を発達課題としてとらえる

心を育てるとは、人格的に成長することです。困難な現実に直面しても、現実と対峙できる自分になれるということです。子どもは、直面する問題、課題をしっかり受け止め、向き合うことにより、たくましい心を育てていくことができます。

思春期の子どもたちは、自己とは何かを求めるために、行動化（acting out）を起こすと言っても過言ではありません。適応の準備をするための問題行動なのです。内面的処理の仕方、葛藤の仕方、悩み方がわかっていないだけなのです。問題の処理の仕方がわかっていればストレスは軽減できますが、それができないために問題行動を起こすのです。失敗や挫折体験こそ、人生の発達課題ととらえ、そこから逃げない再選択が必要です。

ＭＬＡは、「すべての子どもの全人的な成長」を目指し、四つの理論をベースに、五つの領域を支援する包括的なアプローチです。G君は見学に行った定時制工業高校に進学し、今は自動車の整備工場で働いています。

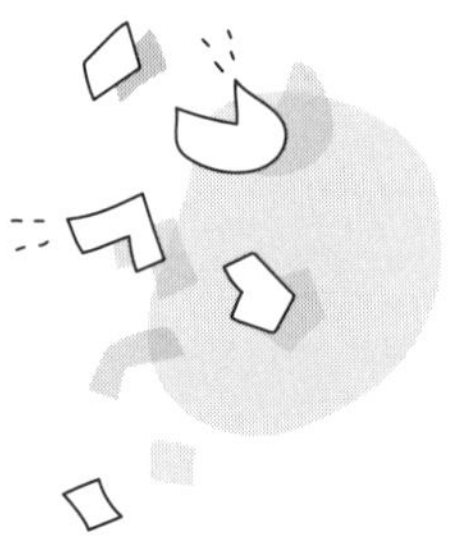

第4章

マルチレベルアプローチ実践を可能にする、学校マネジメントと研修

1 学校マネジメント

米沢　崇

マネジメントという視点を大切に

　ここでは、マルチレベルアプローチ（ＭＬＡ）による生徒指導を組織的に行うために必要な学校マネジメントについて説明していきます。

　ここまで、ＳＥＬ（Social and Emotional Learning：社会性と情動の学習）、協同学習、ピア・サポート、ＰＢＩＳ（Positive Behavioral Interventions and Supports：ポジティブな行動介入と支援）、特別支援の実際、チーム支援など、ＭＬＡにおけるさまざまな取り組みについて説明してきました。

　ところで、これらの取り組みは、個人でいくら頑張っても（たとえ管理職やリーダーであっても）、一人で継続させることはできません。となると、学校として組織的に取り組むことが必要になります。そのためには、学校が教育目標を明確にして、その達成に向けて、ヒト・モノ・カネ等といった教育資源を効率的にやりくりしていくという視点が重要になります。つまり、マネジメントの視点です。

　さて、マネジメントという視点でみると、ＭＬＡによる生徒指導の取り組みは、学校の組織的活動ととらえられます。この組織的活動には、さまざまな要因が影響しています。この要因を考慮して、学校の組織的活動を遂行することが大切です。

　まず学校の組織的活動に影響する要因としては、教育経営学や教育心理学の領域では、管理職のリーダーシップ、ミドルリーダーのミドル・アップダウン・マネジメント、教員集団の組織風土などが挙げられています。私たちが教育委員会や学校と連携・協働してＭＬＡによる生徒指導の取り組みを計画・展開する際も、これらの要因を踏まえています。以下、これらの要因を中心に説明していきます。

学校の組織的活動に影響する要因

(1) 管理職のリーダーシップ

リーダーシップは、フォロアー（教員）に影響を与えるリーダー（管理職）の考えや行動のことです。学校の組織的な対応に管理職のリーダーシップが（よくも悪くも）大きく影響することはみなさんも実感されていると思います。教員組織のリーダーである管理職がリーダーシップを発揮し、自校の教育目標に対応した教育課題を明確化し、その達成のために必要な方向性を示し、学校の組織的活動をマネジメントしていくことが重要です。

リーダーシップに関する理論はさまざまあり、代表的なものに三隅（一九八六）のＰＭ理論やハーシらのＳＬ理論（Hersey et al. 1977）があります。ＳＬ理論は、リーダーシップ行動として配慮的（対人関係志向）行動と指示的（課業志向）行動の二つの機能を示し、フォロアーの成熟度によってこれらの機能を使い分けていこうとする理論です。

例えば、ＭＬＡによる生徒指導の取り組みを導入しようとします。教員の成熟度が低い場合は、ＳＥＬやピア・サポートのやり方を具体的に示したり、事細かに教えたりする指示型のリーダーシップ行動をとり、成熟度が高まるにつれて、ＭＬＡに関する考えを説明し、疑問や不安に応える説得型のリーダーシップ行動を、考えを共有し、納得してＭＬＡの取り組みへの参加を決定するように方向付ける参加型のリーダーシップ行動を、最終的にはＭＬＡの取り組みの遂行を任せる委任型のリーダーシップ行動をとっていきます。

つまり、教員のＭＬＡに関する成熟度（関心・意欲・態度、理解度など）に適合したリーダーシップ行動の発揮が重要なのです。

(2) ミドルリーダーのミドル・アップダウン・マネジメント

学校が組織的活動を推進する上で実質的な役割を果たすのがミドルリーダーです。生徒指導においては、生徒指導主事や教育相談担当者等がミドルリーダーで、校長が示すミッションやビジョンを教員に浸透させるトップダウンと、教員の意見を調整・反映するボトムアップを図ることで、校長と教員を有機的につなぐ、いわゆるミドル・アップダウン・マネジメントが期待されます（阪梨、二〇〇九）。もちろん、ミドルリーダーにも、上述のＰＭ理論やＳＬ理論を踏まえたリーダーシップ行動をとることが望まれます。

ただ、ミドルリーダー単独では、今日の複雑化・多様化する学校の組織的活動を推進することはできません。複数のミドルリーダーがチームを編成し、全教員が個々の役割を明確にし、組織的活動に参画できる組織体制の確立が不可欠だと思います。

例えば、岡山県総社市の「だれもが行きたくなる学校づくり」（「だれ行き」第4章④参照）においては、図48のようなミドルリーダーチームや各取り組みを推進する推進チームを編成し、ミドル・アップダウン・マネジメントや教員間の連携・協力が

図48　ＭＬＡにおける校内組織体制の例

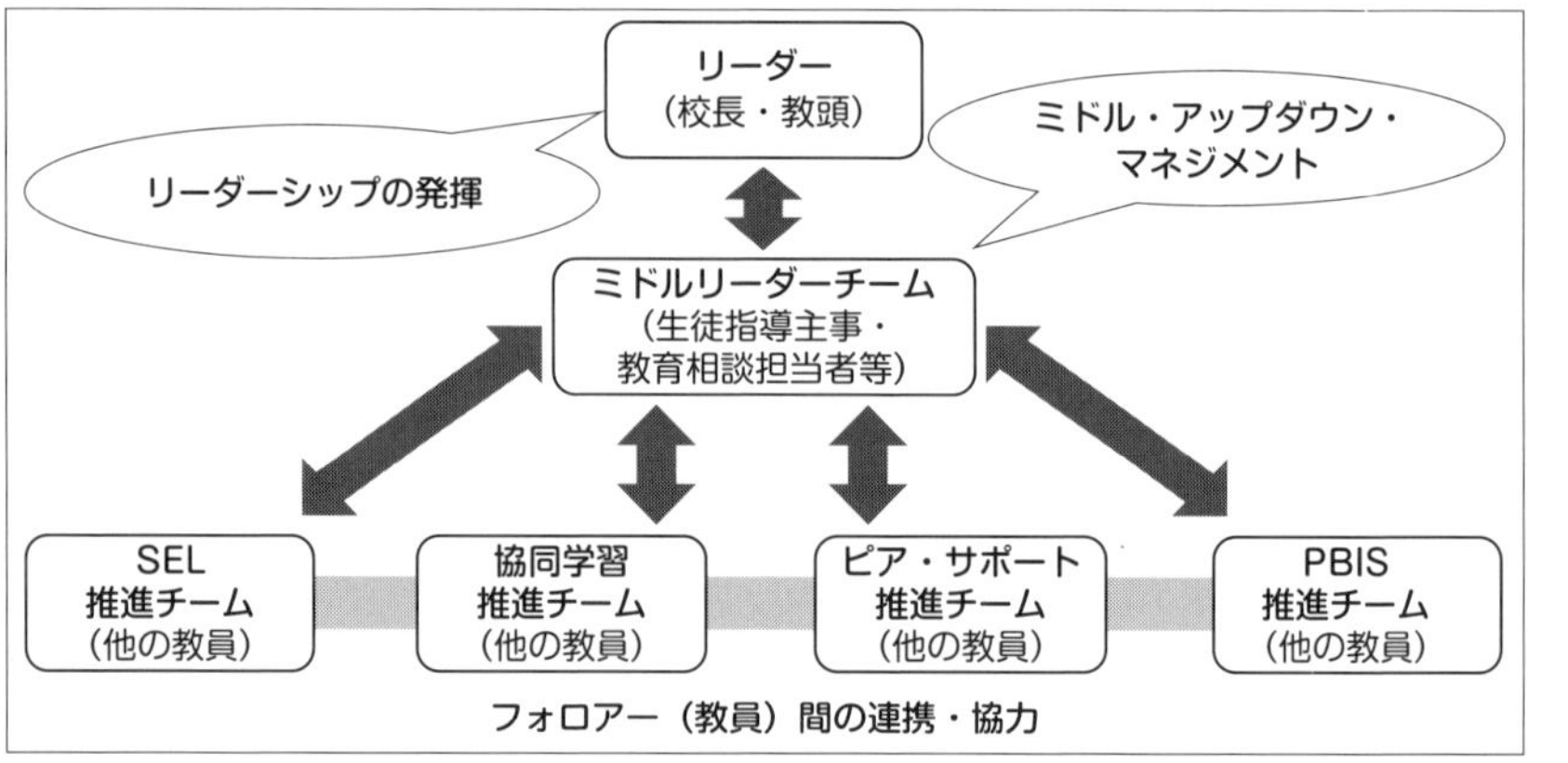

促進できるような工夫をしている学校もあります。

さらに、総社市のプロジェクト全体の核となり、「だれ行き」を推進していく人材として、「シニアリーダー」と呼ばれるミドルリーダーの育成も行われています。

(3) 教員集団の組織風土

教員集団の組織風土とは、学校における教員組織の人間関係や、教育活動への取り組みによって醸成される雰囲気のことで、先行研究においてさまざまな組織風土が報告されています。

例えば、筆者がこれまでにかかわった教員集団の組織風土と学校の組織的活動である特別支援教育の実働状態との関連に関する共同研究では、次のようなことが明らかになっています。教員間に新しいものを取り入れ挑戦していこうとする成長的・挑戦的雰囲気が醸成されていると、子ども・保護者との信頼関係の構築や子どもに対する支援が促進されます。また、教員間に、なんでも相談でき、子どもの問題を皆で考えていこうとする開放的・一体的雰囲気が醸成されていると、特別支援教育に関する意識改革や共通理解が進み、校内の連携が促進されます。

このように、組織風土を醸成することも、ＭＬＡによる生徒指導の取り組みを進める上で重要であり、リーダーやミドルリーダーには醸成するための仕組みづくりが求められています。

では、そのような教員集団の組織風土を醸成するにはどうしたらよいでしょうか。方策の一つが、校外や校内における教員研修です。

私たちがＭＬＡに関する教員研修を行うのは、ＭＬＡによる生徒指導の取り組みを進めるために必要な専門的な知識・技能を身につけてもらうだけではなく、教員集団の組織風土を高める意図もあります。先述した総社市の「だれ行き」においても、教員研修を通じて教員集団の組織風土が肯定的な方向性に変化したことが報告されています。また、第2章[7]に新潟市立大通小学校におけるＭＬＡの取り組みを支えた教員研修の事例が紹介されていますが、そこでも教員研修を通じた組織風土の好転がうかがえます。

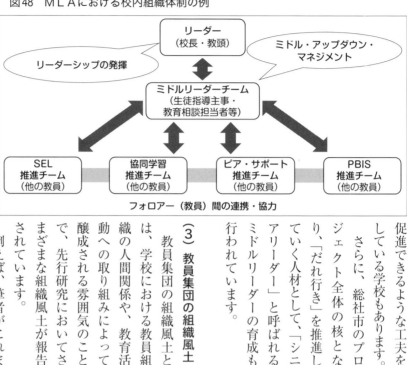

● マネジメント・サイクルを循環させる

ここまでは、学校の組織的活動に影響する要因について述べてきましたが、自校で行われる組織的活動を一過性のものではなく、継続的なものとして位置づけていくためには、マネジメント・サイクルを循環させることが重要です。代表的なものに、Plan（計画）→Do（実施）→Check（評価）→Action（改善）の四つの段階からなるＰＤＣＡサイクルがあります。ＰＤＣＡサイクルは、計画から実施を経て評価、改善の段階に至る過程を単発的にとらず、各段階を有機的に循環させ、継続的に学校の組織的活動をマネジメントしようとするものです。

図49　ＭＬＡにおけるＰＤＣＡサイクルの循環の例

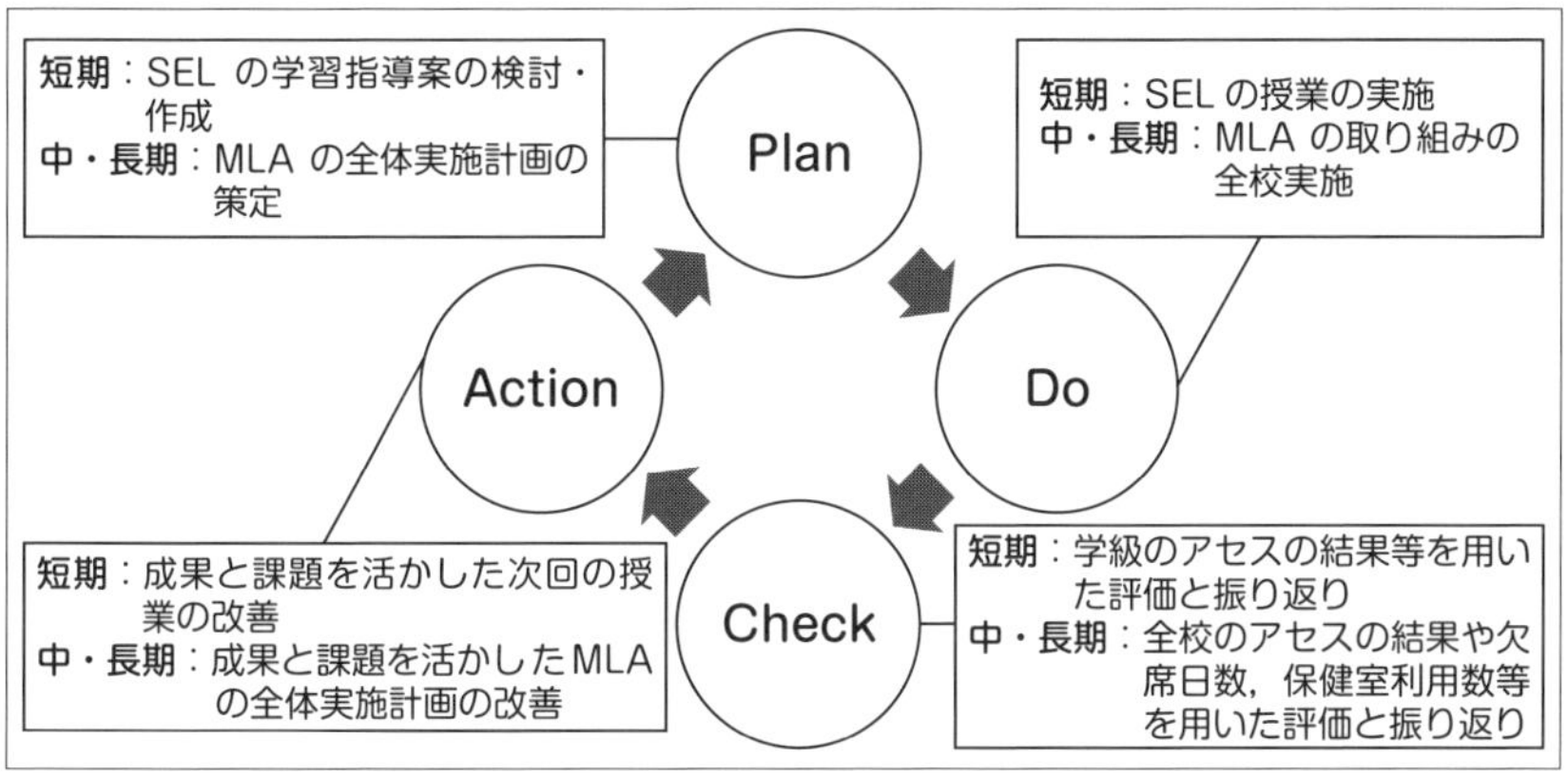

ＭＬＡによる生徒指導の取り組みの具体例をこのＰＤＣＡサイクルで考えると、次のようになります（図49）。

例えば、一回のＳＥＬ（第2章③）の授業という短期的視点でみると、ＳＥＬの学習指導案の検討・作成（Ｐ）、ＳＥＬの授業の実施（Ｄ）、学級のアセスの結果等を用いた評価と振り返り（Ｃ）、成果と課題を活かした次回の授業の改善（Ａ）、という一連のＰＤＣＡサイクルの循環が考えられます。また、学期・年間という中・長期的視点でみると、自校におけるＭＬＡの取り組みの目標やＭＬＡの全体実施計画の策定（Ｐ）、ＭＬＡの取り組みの全校実施（Ｄ）、全校のアセスの結果や欠席日数、保健室利用数等を用いた評価と振り返り（Ｃ）、成果と課題を活かしたＭＬＡの全体実施計画の改善（Ａ）、というＰＤＣＡサイクルの循環が想定されます。

このようにマネジメント・サイクルを循環させつつ、ＭＬＡによる生徒指導に取り組んでいくことが大切です。

マネジメントの視点をもって学校改善を考えてみよう

ところで、ＭＬＡによる生徒指導の取り組みは、学校の組織的活動であるとともに、学校をよりよく改善していくこと、つまり、学校改善の取り組みでもあるのです。ただ、みなさんが学校改善の取り組みについて考えるとき、「どこから手をつけよう、何から始めよう」と悩まれると思います。以下では、学校改善に向けた第一歩を考えていくポイントについて紹介します。

その際、これまでに説明してきたことを踏まえつつ、マネジメントの視点をもって考えることをおすすめします（もし、横に同僚の方がいれば、ご一緒に考えてみてはいかがでしょう）。また、最近はカリキュラム・マネジメントが再注目され、カリキュラム・マネジメントやワークショップ型研修に関連する書籍が数多く販売されているので参考にしてください（村川〔二〇一〇〕、赤沢〔二〇一二〕、福岡県教育センター〔二〇一三〕など）。

(1)「ゴール」から考える！

まず、学校改善の「ゴール」（目標）を明確にし、教員・保護者・地域住民で価値を共有する必要があります。そこで、学校改善を計画し、実施していくにあたって、学校で目指すべき「ゴール」について考えてみましょう。

例として、ここでは「本校（中学校）では、子どもたちのトラブルが多く発生していたことから、これを減少させ、良好な人間関係を築き、互いを支え合うことのできる子どもたちを育てる」という「ゴール」を設定します。

(2)「ストラテジー」を考える！

続いて、そのゴールを目指すための「ストラテジー」（手立てあるいは取り組み）が必要となります。設定したゴールを達成するために必要な取り組みを考えてみましょう。その際、設定したゴールとの対応を意識することで、より一層具体的な取り組みが導き出せるはずです。また、これまでの教職経験に加えて、教育学や心理学等の理論に基づいて考えることも大切です。

例えば、「良好な人間関係を築くには社会的スキルや感情的なスキルの育成が必要なので、学級活動にSELを取り入れよう」「互いを支え合うことの喜びを実感させるために、学校行事や総合的な学習の時間にピア・サポートを導入しよう」といった「ストラテジー」を導き出すことができます。

(3)「リソース」の活用を考える！

さらに、取り組みを円滑に進めるためには、学校がもっている「リソース」（教育資源）を活用する必要があります。自校がもっている「リソース」を洗い出してみましょう。また、それらをどの程度活用できているか確認してみましょう。

また、「ピア・サポートによる効果をさらに高めるために、地域の幼稚園や小学校、老人ホームに行ってピア・サポートを実践してみよう」といった学校外の「リソース」の活用も考えられます。

(4)「バリア」とその解決策を考える！

ただし、取り組みを進める上で「バリア」（障害）に気づくこともあります。そこで、取り組みにとって「バリア」となる事柄を整理し、その解決策を考えてみましょう。

例えば、「ピア・サポートに対する教員の理解不足や不安があるので、ミドルリーダーの先生によるピア・サポートの実践を見せたり、子どもたちと一緒に体験したりするミニ研修会を開催しよう」といった「バリア」とその解決策が考えられます。

(5)「プラン」を立てる！

最後に、ゴールを打ち立て、ストラテジーを明確にし、リソースの活用やバリアへの対策を立てたら、必要な活動を円滑に実施するために、次年度に向けた「プラン」（行動計画）を立てる必要があります。今年度中に（今から）できる次年度に向けた「プラン」を立ててみましょう。

「二学期から生徒会でピア・サポートをやってみる」「次年度の教育課程の編成や指導計画の作成時に、ピア・サポートを学校行事に位置づける」といった「プラン」が考えられます。

　以上のようなポイントについて考えることを通して、学校改善の取り組みに向けた第一歩を踏み出してほしいと思います。

「納豆」のような教員組織を目指す

　ＭＬＡによる生徒指導を組織的に行うために必要なマネジメントについて説明してきました。

　第1章で指摘しているとおり、ＭＬＡでは、「集合」と化しつつある子どもたちを「集団」につくりかえ、「すべての子どもの全人的な成長」を促進していくことを目指しています。これは何も子どもだけに限ったことではなく、教員にもそのまま当てはまるのではないでしょうか。教員組織が「集合」状態では、個人の力量に頼って闇雲に取り組むことになり、徒労感が増すばかりです。ですから、今回述べてきたようなマネジメントの視点をもって、教員組織を「集合」から「集団」に変えていくことが求められます。

　集団となった教員組織は「納豆」のような組織でしょう（林、二〇〇九）。原材料を同じく大豆としたものに「炒り豆」と「豆腐」があります。しかし「炒り豆」のような組織では、一粒一粒はおいしいけれどもバラバラであるため、教員個々の力量は発揮できるが組織的に取り組むことはできません。「豆腐」のような組織でも、旨味は凝縮しますが大豆自体が潰れているため、組織のまとまりを重視するあまり、教員個々の力量を活かすことができません。「納豆」のような組織であれば、一粒一粒がはっきりとしつつ、糸でつながっているため、教員が個々の持ち味を活かし、組織的に取り組むことができるのです。

　あなたが、ＭＬＡによる生徒指導の取り組みを組織的に行おうとするとき、まずは、管理職だけでなく教員一人一人が組織の一員としてマネジメントを担っているという感覚、すなわちマネジメント・マインドをもって「納豆」のような教員組織の構築を目指していきましょう。

〈引用文献・参考文献〉

赤沢早人（二〇一二）『カリキュラム・マネジメントによる学校教育活動の改善「いい学校」の創り方　改訂版』（リーフレット）
福岡県教育センター編（二〇一三）『校内研修のすすめ方』ぎょうせい
林孝（二〇〇九）「マネジメント」石井眞治・井上弥・沖林洋平・栗原慎二・神山貴弥編著『児童・生徒のための学校環境適応ガイドブック―学校適応の理論と実践』協同出版、一〇六－一一一頁
Hersey, P., Blanchard, K.H. and Johnson, D.E.（1977）*Management of Organizational Behavior*, Third Edition. Englewood Cliffs, N.J Prentice-Hall.（一九七八年、山本成二・水野基・成田攻訳『入門から応用へ　行動科学の展開―人的資源の活用』日本生産性本部。二〇〇〇年に新版あり〔山本成二・山本あづさ訳、日本生産性出版〕）
三隅二不二（一九八六）『リーダーシップの科学　指導力の科学的診断法』講談社
村川雅弘編（二〇一〇）『「ワークショップ型校内研修」で学校が変わる　学校を変える』教育開発研究所
阪梨學（二〇〇九）「ミドルリーダーを生かした中学校・高等学校経営の活性化」小島弘道編『学校経営（教師教育テキストシリーズ）』学文社、一六四－一七三頁

2 三次的生徒指導の実際

教育相談的視点をもったミドルリーダーの重要性

大畑祐司

教育相談的視点をもったミドルリーダーとして

岐阜市では平成二六年度から「ピア・サポート・スクール推進事業」（以下、ＰＳＳ）という名で、マルチレベルアプローチ（ＭＬＡ）に取り組むに当たり、モデル校区が設定されました。私は、取り組みの始まる年に、そのモデル校の一つである精華中学校に主幹教諭として配置され、いわゆるミドルリーダーとして、学校マネジメントの視点から取り組みの推進に当たることになりました。

この学校は先生方が熱心に教育活動に取り組まれていましたが、不登校や非行傾向のある生徒も多く、援助ニーズの高い三次的生徒指導対象生徒がどの学級にもいるというのが実情で、先生方もその対応に苦慮されていました。

こうした生徒に対応するには、校内チームのみならず、専門家や関係諸機関を取り込んだより大きなチームでの支援も重要になります。ただ、当該生徒の心の状態にも波があるため、それに適した対応やタイミングを判断しないと支援の機会を逸してしまうことがありますし、当該生徒を見守る視点が多いことでばらばらな方針が出され、現場が混乱してしまいかねない危険性があります。

以上のようなことから、子どもたちのよりよい育成に資する教育活動や円滑な連携のためには、学校がこれらの課題点を乗り越える必要があります。そのためには、ミドルリーダーの教師が、教育相談の知識を得て、それを活用することが有効であると考えます。

以下、主幹教諭として、これまで学んできた教育相談の知識・経験を活かして、子どもと、子どもを取り巻く人々の話に耳を傾け、日々ネットワークを紡ぎ、継続的に情報をつかみながら、タイミングと適切な支援方法を模索した活動を報告します。

一次的・二次的生徒指導を教育相談的視点で

日常的教育活動を教育相談的視点から行っていれば、子どもの問題行動にも、広く適切な支援で対応することができます。このことは、教育相談的視点を重視した一次的・二次的生徒指導が三次的生徒指導に大きく貢献することを意味します。その大切さをミドルリーダーの教師が他の教師に伝えることはとても重要です。

私はミドルリーダーとして全職員に、「あらゆる生徒指導は教育相談的視点が必要である」と、職員会議等で繰り返し丁寧に説明しました。そして以下のように、日常的に教育相談の視点を取り込んだ一次的・二次的生徒指導となる開発的生徒指導を実践しました。

SELの支援

多くの先生方には、PSSの一環で行われるSEL（Social and Emotional Learning：社会性と情動の学習）に対して戸惑いがありました。そこで私は、なぜSELが必要か、どんなことが重要かを具体的に示し、SELの背景となる心理学的理論をできるだけわかりやすく説明し、各担任がSELの授業を効果的に実施できるように手助けをすることにしました。

SELの指導案を学年でカスタマイズするときも、子どもの意識の流れを損なわないようにしつつ、SELの心理学的ねらいもはずさないように、両立性・バランスを考慮して助言を続けました。

ピア・サポート活動の企画とコーディネート

小学校六年生が中学校を訪れる「一日入学」の際、中学校二年生が、少人数の対面式で中学校生活の説明をしたり、六年生が抱える不安や質問に応えたりするピア・サポート活動を企画しました。この活動のねらいや指導のポイントなどを、小中両方の参加学年の先生方に説明し、コーディネートしました。

「いじめ防止プログラム」の展開

私は、「いじめ防止プログラム」をミドルリーダーの立場で一〇年間推進してきました。その経験からも、教師が共感的受容的姿勢で子どもの問題意識に向き合うことの重要性を強く実感しています。

このプログラムでは、まずあえて恣意的な指導や助言を避け、子どもたちができるだけ自由にいじめの問題と向き合い、話し合える場を設定します。すると、「いじめにつながる気になる言動を止められないでいる」「いじめが起きないようにしたいとは思うが、どうやって取り組めばいいかわからない」「みんなで活動するならぜひ取り組みたい」など、子どもたちの素朴な疑問や問題意識が話し合われるようになります。さらに、いじめに関するアンケートの作成を決め、その内容を自分たちの言葉で考え、その結果を踏まえて何らかのいじめ防止の取り組みを自分たちで考え、実際に行動するということが起こり、子どもたちを導いていくことができます。

このプログラムは、一次的・二次的生徒指導における教育相談的配慮がいかに重要であるかを示しています。私は、学校全体の活動として先生方にそれを説明し、協力をお願いし、協働を実現してきました。

多くの教師が子どもの主体的実感を受け止め、常に共感的に話を聴くカウンセリング的な姿勢で対応し、子ども同士の意見が対立した際には穏やかに調整するファシリテートの力をもったとき、子どもたちの中に自主的・意欲的で継続可能な活動が自然に生まれてきます。

三次的生徒指導における実践

三次的生徒指導においては、外部の関係諸機関や専門家との連携が重要となります。そんなとき、状況を俯瞰して見ることができる立場であるミドルリーダーの教師が教育相談的な見地をもってかかわることで、異なる視点からのサポートを効果的に実現します。当該ケースとともに学校の諸事情にも詳しい教師が中核となって、専門家や関係諸機関への連絡やそれぞれが把握している情報の整理をし、支援の方向性の舵取りをする必要性があるのです。

またさらに、そうした教育相談的視点を重視した三次的生徒指導が、対象生徒の居場所を生み出すための学年経営や学級経営という、一次的・二次的生徒指導における教育相談的配慮につながります。

そこで、ミドルリーダーとして、三次的生徒指導の必要な際の取り組みや担任への寄り添いを以下のように実践しました。

アセスの活用を支援する

ＰＳＳでは子どもの実態把握に基づいた支援を行う観点から、アセス（6領域学校適応感尺度）を市内の全児童生徒に実施しています。

実施前には、アセスの実施と分析について、具体的に全職員に説明し、その活用を支援しました。ですが、その結果分析や活用に戸惑う先生方も少なくなく、そうした場合には、ミドルリーダーとして、対象生徒のそれぞれの話を担任から丁寧に聞き取り、観点を変えてとらえることをアドバイスするなど、生徒理解とアセス活用を具体的に支援しました。

特に三次的生徒指導の必要な生徒のアセスの結果は、ケース会議とは別に、担任はもちろん、管理職や生徒指導主事らとともに検討をしたり、ときにはスクールカウンセラー（ＳＣ）にも見立てを尋ね、それを担任にフィードバックしたりしました。

こうした見立てのポイントを学級担任や教科担任が知ることで、学級での協同学習の場面においても、三次的生徒指導の必要な生徒と周囲の生徒とのかかわり方を見守り、個別的な支援と学級など集団の力への支援の両面から支援のあり方を探ることができるようになりました。

事案交流における提案・助言を試みる

岐阜市では、主幹教諭とブロック（地域）担当生徒指導主事が生徒指導の問題事案を交流する合同会議が、定期的に開かれます。その場においても、例えば、同じ班の女子の悪口を繰り返す中学生男子の行動について、「どのように問題行動を抑制するかを考えるだけでなく、その執拗さの背景にある心理を考慮し、そのような子どもの話をじっくり聴くことも一つの生徒指導の方向ではないか」と問いかけるなど、教育相談的視点から事例を理解することの重要性を指摘しました。

心理検査を通訳する

学級担任や学年主任が、問題行動のある生徒の描画テスト・エゴグラムなどの結果を法務少年支援センターの心理検査士から伝達された際も、「エゴグラムは性格テストではなく、可変的な自我状態を表したものだから、学級経営の中で変えていける部分があるかも」「描画テストで、家族とのつながりを見ているけれど、学校生活での友人関係の取り方と重なるね」というような投げかけをすることで、テスト結果を実際の生徒指導に活かせるよう方向性を示しました。

ＳＣやＳＳＷと学級担任とをつなぐ

ＳＣは個人対個人として子どもに接しますが、学級担任には学級全体を見守る役割があり、そうした差違が時に両者の齟齬を生み出すことがあります。私はミドルリーダーとして、そんな視点や役割の差を客観的にとらえつつ、実際に子どもと日常的に接する現場の先生方が動きやすいように翻訳することに努めました。

例えば、「様子を見る」という言葉は、ＳＣにとっては「ずっと気にかけて注意深く観察する」という意味ですが、教師にとっては「しばらく時間や距離をおいてそっとしておく」という意味で理解されることがあります。用語一つとってもこのように理解が違うことがあり、実際の現場ではさまざまな行き違いが起きる可能性が低くはありません。

ある不登校気味の生徒のケースでは、ＳＣが「この子には自分のペースがあるので、登校を迫らないほうがいい」という見解を述べたのですが、担任は「ＳＣは簡単に『休ませればいい』と言うが、それで完全な不登校になってしまったら…」と、指導方針に抵抗を示しました。そこで私は、「確かに完全な不登校になってしまうのは心配だ。でも、あの子の今の人間関係の取り方だと、やがて今より登校できなくなることも考えられる。ＳＣの見解も重要であるから、出席を無理に迫らず、担任だからわかるあの子のよさを認めてあげたり、学校で穏やかに過ごせるように、仲間づくりなどの工夫をしたりしてはどうか」と助言したこともありました。

また、担任が保護者に対して苦手意識をもっていたケースでは、ＳＣによる保護者のカウンセリング報告書を参考に、「保護者があれもこれもと多くの願いを担任に託している状況がうかがえるが、ＳＣに話すだけでも落ち着きを取り戻していることから、とにかく話を聴いていくことが大事なんだね」と伝えました。その後、担任は保護者へのかかわり方の方向性を見出し、保護者の話をまず聴くことを重視したことで関係が改善した事例もありました。

不登校児童に関してスクールソーシャルワーカー（ＳＳＷ）と協働体制をもった例では、保護者がＳＳＷとの接触に抵抗を示したため、ＳＳＷからの助言を私から保護者に伝えたり、ＳＣや市費相談員との会議を調整し、学校全体としてのかかわりの方針を作成したりするなどの工夫をしました。

医療機関と保護者とをつなぐ

特に学校と外部の専門機関との連携が重要となるのが、自傷行為など子どもの命にかかわるケースでの三次的生徒指導です。しかし、本人と教師との信頼関係や保護者の動向にも十分な配慮を必要とするため、すべてを安易に外部の機関に任せてしまうことも問題です。

また、学校から保護者に対し、心療内科や精神科等の専門医療機関への受診を打診したとしても、保護者がそれを受け入れるのは困難である場合もよくあります。そんなときは、保護者に代わってミドルリーダーが精神福祉保健センター等の専門的な見立てを聞き取り、中継するように、その助言を咀嚼して保護者に伝え、専門医療機関への受診を促すのは効果的です。

取り組みの成果

生徒の意識の変容

二年間の取り組みの中で、教育相談的視点で生徒理解をすることに興味をもち、それに基づいて生徒指導を行おうという先生方や、自分の生徒とのかかわりを振り返る先生方が増えました。それは生徒の問題行動や不登校を激減させ、学校風土を一変させました。取り組みを始める前年度の不登校生徒数は二一人でしたが、取り組み初年度末までの一年間で九人に減りました。

また全国学力・学習状況調査では、取り組み初年度の結果で、「自分には良いところがあると思う」に対する肯定的回答は、四月の時点で六二・六％だったものが年度末には六九・六％に、「学校に行くのは楽しいと思う」では七九％から八三・二％に、「先生はあなたのよいところを認めてくれる」では七六・九％から八九％に上昇しました。

さらに、同様の質問を抜粋して他学年にも実施したところ、「自分には良いところがあると思う」は、一年生は翌年二年生時には九・一ポイントの上昇、二年生は翌年三年生時では一一・八ポイントの上昇が最終的に見られました。「学校に行くのは楽しいと思う」では、一年生は翌年二年生時では一七・五ポイントの上昇、二年生は翌年三年生時末では一ポイントの上昇が見られました。ちなみに「先生はあなたのよいところを認めてくれる」という設問は全国学力・学習状況調査では翌年より削除されています。

いじめ防止や生徒指導など、学校現場での日常的教育活動においても、教師がカウンセリング的手法を用いて生徒の話を聴き、教育相談に着目した開発的生徒指導を日々行うことで、生徒の自主性を育て、生徒の良い面を伸ばせることがわかります。

教師の反応

ＳＥＬとアセスについては、画一的ではなく、子どもの実態に合った指導の流れを担任とともに組み立てることができました。

先生方からは、私が同じ教師であることもあってか、「質問しやすい」「アセスを身近に感じて活用への意欲が高まった」などの感想を得ました。助言をする教師に心理学的知見があることで、その分析が深まり、アセスによる生徒理解の可能性が広げられたのだと思われます。

専門家や関係諸機関からの理解

ＳＣやＳＳＷの専門的な見解を私が解説することで、他の先生方の理解がより深まり、特に担任は生徒指導や学級運営に反映させることができたようです。

例えば、担任がＳＣとの連携で得た理解が、生徒個人への支援の改善に活かされるだけでなく、学級の他の生徒とのかかわりや、支援の仕方に新たな工夫や広がりをもたらしました。また、ＳＳＷとの連携が活性化したことで、昼夜逆転の生活をしていた子どもが早起きをして相談員を待つようになったという成果もありました。

三次的生徒指導の必要な子どもへの対応における関係諸機関や専門家との協働については、ＳＣやＳＳＷとの連携が活性化し、その活用が学校現場に常態化しつつあります。ＳＣやＳＳＷからも、「動きやすい」「いつも感じる疎外感がない」「コミュニケーションをとりやすい」などの感想をいただいています。

関係諸機関についても、その役割や、諸機関が学校に何を求めているかがより明らかになり、学校現場が状況に応じてその力を積極的に借りようとする機会が増えました。

チーム支援体制の中核として

このように、マルチレベルでの生徒指導が必要とされる学校現場において、学校マネジメントの視点から支援の方法やチーム体制のあり方を俯瞰し統括するミドルリーダーの役割は、特に迷走しがちな局面においては非常に重要であり、有効性を発揮することでしょう。

とりわけ、ＳＣやＳＳＷとのかかわりでは、ＳＣやＳＳＷと問題を抱えた子どもたちとの個の関係性を理解しつつ、外部の諸機関や教師たちとの共感性を維持し、学校組織の動きと連動させたり、担任の学級経営に役立てたりできます。警察、医療、福祉などの外部の諸機関との協力体制においても、状況説明や現状認識などの情報を効率的に整理でき、コミュニケーションを円滑にすることがわかります。

本実践から、ミドルリーダーの教師が、教育相談の知識や経験をもつことで、子どもを取り巻く問題に対し、適切に支援することができるとわかります。特に、三次的生徒指導におけるチーム支援体制をとるとき、教育相談のできるミドルリーダーが中核となることによって、外部の諸機関や専門家との連携、および保護者対応や本人への面談、担任への支援において、有機的で効果的な動きが期待できます。

3 マルチレベルアプローチの研修

栗原慎二

二〇一六年度、プロ野球セ・リーグでは広島カープが二五年ぶりに優勝を果たしました！　二〇一七年も連覇です！　カープを見ていて思うのは、その練習量のすごさです。とにかく練習するんですよね。そして、その練習が感動の優勝をもたらしたわけです。

教員にとっての練習は研修です。というわけで、ここでのテーマはマルチレベルアプローチ（ＭＬＡ）の研修です。

研修の領域とゴール

研修でまず重要なのは、ゴールです。生徒指導や教育相談を実践できるようになるためには、どの領域で、どんな力量が必要なのかを考え、それを具体的なゴールとして描き、そこに到達できるように研修メニューを組むわけです。

数年前、ＭＬＡメンバーの石井眞治先生（比治山大学学長、元広島大学副学長）や広島市教委の指導主事と議論に議論を重ねて、生徒指導にかかわる研修領域と領域ごとのゴールづくりをしました。

まず領域ですが、ＭＬＡでは、六つの領域を設定しました。具体的には、「教師の自己理解の領域」「児童生徒理解の領域」「学級集団づくりの領域」「校内生徒指導構築の領域」「地域等との連携の領域」「研究・開発の領域」です。自分を起点にして外へと広がっていくイメージです。

そしてこの六領域に対応する形で、①自己理解力、②セルフマネジメント力、③個別アセスメント力、④個別支援力、⑤集団アセスメント力、⑥学級経営力、⑦カリキュラムマネジメント力、⑧組織運営力、⑨チーム支援推進力、⑩コーディネーション力、⑪現状分析力、⑫企画・立案力、⑬学校組織運営力の、一三の能力を、開発すべきゴールとしました（図50）。

　このモデル図は文部科学省の「生徒指導に関する教員研修の在り方について（報告書）」（生徒指導に関する教員研修の在り方研究会、二〇一一年）にも掲載されています。

図50　教職員に必要な生徒指導に関する能力と研修

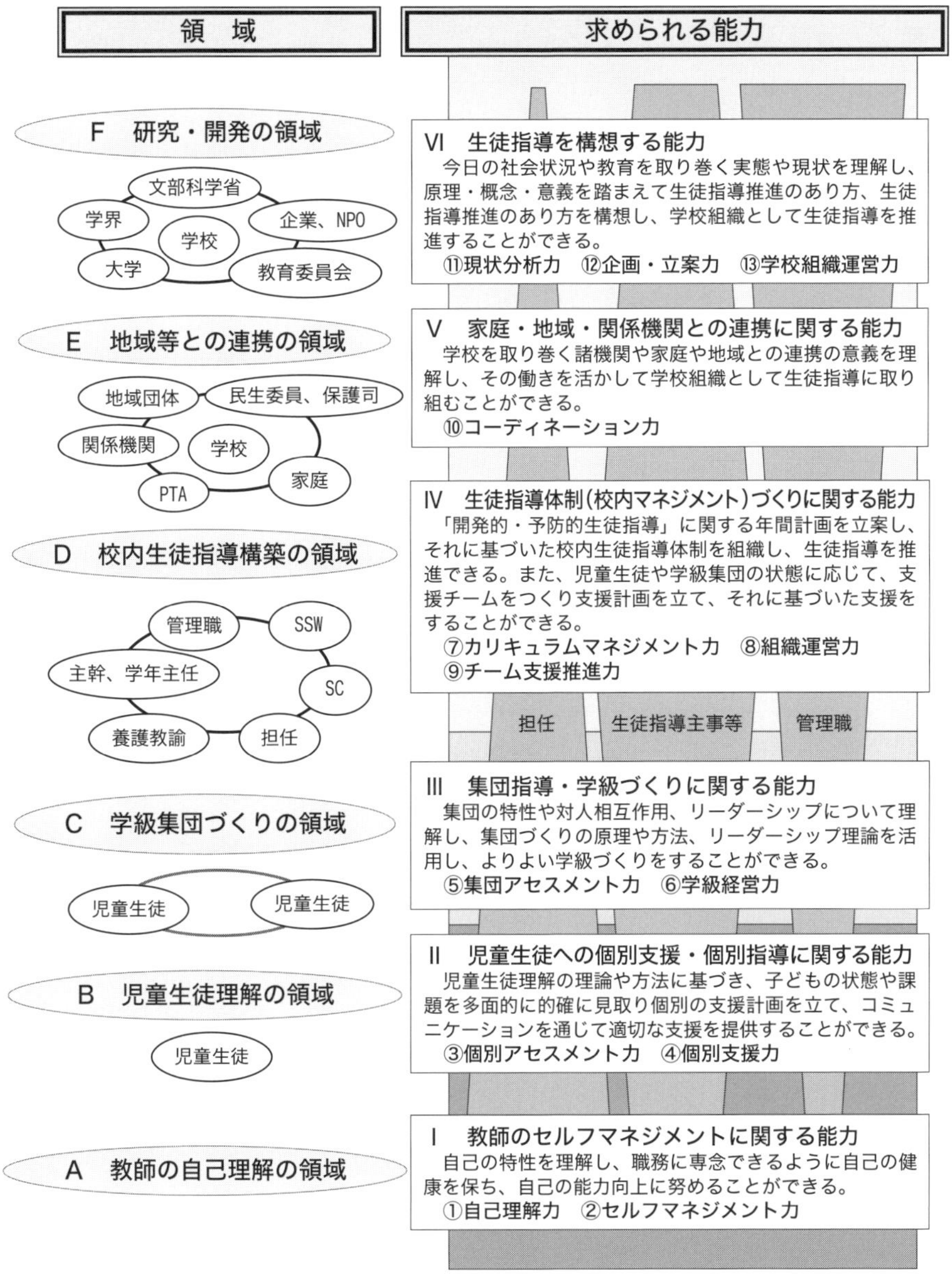

領　域
求められる能力
F　研究・開発の領域
文部科学省
学界
企業、NPO
学校
大学
教育委員会
Ⅵ　生徒指導を構想する能力
今日の社会状況や教育を取り巻く実態や現状を理解し、原理・概念・意義を踏まえて生徒指導推進のあり方、生徒指導推進のあり方を構想し、学校組織として生徒指導を推進することができる。
⑪現状分析力　⑫企画・立案力　⑬学校組織運営力
E　地域等との連携の領域
地域団体
民生委員、保護司
関係機関
学校
家庭
PTA
Ⅴ　家庭・地域・関係機関との連携に関する能力
学校を取り巻く諸機関や家庭や地域との連携の意義を理解し、その働きを活かして学校組織として生徒指導に取り組むことができる。
⑩コーディネーション力
D　校内生徒指導構築の領域
管理職
SSW
主幹、学年主任
SC
養護教諭
担任
Ⅳ　生徒指導体制(校内マネジメント)づくりに関する能力
「開発的・予防的生徒指導」に関する年間計画を立案し、それに基づいた校内生徒指導体制を組織し、生徒指導を推進できる。また、児童生徒や学級集団の状態に応じて、支援チームをつくり支援計画を立て、それに基づいた支援をすることができる。
⑦カリキュラムマネジメント力　⑧組織運営力
⑨チーム支援推進力
担任
生徒指導主事等
管理職
C　学級集団づくりの領域
児童生徒
児童生徒
Ⅲ　集団指導・学級づくりに関する能力
集団の特性や対人相互作用、リーダーシップについて理解し、集団づくりの原理や方法、リーダーシップ理論を活用し、よりよい学級づくりをすることができる。
⑤集団アセスメント力　⑥学級経営力
B　児童生徒理解の領域
児童生徒
Ⅱ　児童生徒への個別支援・個別指導に関する能力
児童生徒理解の理論や方法に基づき、子どもの状態や課題を多面的に的確に見取り個別の支援計画を立て、コミュニケーションを通じて適切な支援を提供することができる。
③個別アセスメント力　④個別支援力
A　教師の自己理解の領域
Ⅰ　教師のセルフマネジメントに関する能力
自己の特性を理解し、職務に専念できるように自己の健康を保ち、自己の能力向上に努めることができる。
①自己理解力　②セルフマネジメント力

研修の内容

領域とゴールが決まったら、そのゴールに到達するための研修メニューを考える必要があります。ＭＬＡのメンバーは年に一〜二回の合宿を行って、研修内容や進め方について協議を重ねてきました。次ページの表５はその現在地点です。

　生徒指導にかかわる研修メニューを提示している先行研究としては、例えば小泉令三先生が、コーディネーター教員の研修モデルを試案として提示しています（小泉、二〇〇五）。そこで提示されている内容は、おおむねすべての教員に求められる心理教育的援助サービスの基本的内容とコーディネーターとして求められる内容を網羅したもので、ＭＬＡ研修の内容とそれほど

表５

カテゴリー	生徒指導の次元	概論	時間	アセスメント	時間	対象ベース								活動ベース						マネジメント	時間	総時間
						心理臨床	時間	非行	時間	特別支援	時間	学級・集団	時間	協同学習	時間	SEL	時間	ピア	時間			
担当者		栗原		栗原他		小玉		金山		高橋		神山		沖林		山田		栗原		米沢		
入門課程（36H）	1次	マルチレベル総論	3	アセス基本（1.5h） 愛着・発達の理解（交流分析をもとに）（1.5h） 反社会的行動の理解　（1.5h） 非社会的行動の理解　（1.5h） 特別支援のアセスメント（3h） 集団アセスメントのためのベーシックスキル（1.5h）	10.5	カウンセリングの基礎と面接演習	3	問題行動への対応と修復的正義	1.5	授業の学級環境づくり　UDL	3	PBIS	1.5			SEL基本 ミニ演習	2 1			学校マネジメント（PDCAサイクル）	1.5	
	2次											教師のリーダーシップ・クラスマネジメント 学級・集団育成プログラムづくり	1.5 1.5	協同学習原理 ミニ演習	2 1			ピアサポート概論 ミニ演習	1.5 1.5			
	3次																					
			3		10.5		3		1.5		3		4.5		3		3		3		1.5	36
実践課程（36H）	1次	生徒指導展開のための基礎理論（欲求理論、ソーシャルボンド理論、行動理論、愛着理論）	1.5	アセス事例検討	1.5	ブリーフセラピーの基本	3			特性把握と目標設定　VAK（基本）	3					SEL応用編	3			プログラムづくりにかかわる校内組織体制づくり	3	
	2次			交流分析によるコミュニケーション分析（＋ストレス対処・セルフマネジメント）	3							グループワーク（クラス会議・行事・HR活用）	1.5	協同学習の技法	3			ピアサポートのプランニングとマネジメント	3			
	3次					チーム支援会議の実際 養護教諭・SCの役割と活用	3 1.5	非行事例の対応の実際（ケース検討）	3	支援の方策とIEPの設計の基本	3											
			1.5		4.5		7.5		3		6		1.5		3		3		3		3	36
専門課程（36H）	1次	エビデンスに基づく教育活動評価の方法（1.5h） 教育活動の成果報告（1.5h）	3			ブリーフセラピーの実際　（3h） コンサルテーション　（1.5h）	4.5									SEL：模擬授業とSV	3			プログラムマネジメントの実際とSV	3	
	2次					困難事例の特性把握と目標設定、支援方策とIEPの設計					3			協同学習：模擬授業とSV	3			ピア：実践発表とSV	3			
	3次					非社会的対応困難事例への対応	3	反社会的対応困難事例への対応	3	特別支援ニーズを背景とした対応困難事例への対応	4.5	学級経営困難事例への対応	3									
			3		0		7.5		3		7.5		3		3		3		3		3	36

大きな差はありません。そういう点ではＭＬＡ研修はオーソドックスな研修内容といってもよいと思います。

マルチレベルアプローチ研修の特徴

では、ＭＬＡ研修の特徴はどこにあるのでしょうか。

それは、ある意味ではオーソドックスな内容をＭＬＡという体系にまとめ上げているという点です。料理でいえば、素材そのものはありきたり（とはいえ旬の、いい素材ですが）を使いながら、調理法を変えることで、すべての素材が絡み合って調和を生み出すように仕上げてあるということです。以下、私たちが研修を組むにあたって意識していることを列記します。

1　人を育てることの強調

ＭＬＡのメンバーで、この研修でどんな教師を育てるのかを話し合いました。その結果、入門・実践・専門という三つの水準を設け、「入門課程」では「自分の学級でよい実践ができる教員」を、「実践課程」では「校内でリーダー的な役割を担って実践をリードできる教員」を、「専門課程」では自分が実践し、また、実践をリードするだけではなく、「生徒指導プログラムを評価に基づいて改善するとともに、周囲の先生方にアドバイスなどをしながら次の実践者を育てることのできる教員」を育てることを目指すということを決めました。研修内容の吟味も重要ですが、研修を通じてどんな教員を育てるのかを意識しているということです。というわけで、ＭＬＡ研修は三六時間×三水準（入門・実践・専門）、合計一〇八時間で構成されています。

なお、この研修時間についてはＭＬＡのメンバーが集まって、まずは何の制約もつけずに、それぞれの領域でどの程度の研修時間が必要かを自由に出し合いました。最初の段階では約一四〇時間程度でした。次に、それぞれが考えた研修案を照らし合わせながら重なりを省いたりして一二〇時間にしました。さらに細かすぎる内容はカットしたりして一〇八時間に絞り込んでいきました。恣意的に三六時間×三水準にしたというよりは、きれいにそこに収束したという感じでした。

2　総論とアセスメントの強調

次に内容的な特徴ですが、概論とアセスメントを強調しています。概論のカテゴリーでは、「ＭＬＡ総論」「基礎になる心理学理論」「エビデンスベースという考え方」等について学びます。アセスメントは、見立てとか子ども理解ということです。この二つの領域を強調することで、理論に立脚し、正確な見立てに基づいて対応ができるようになることを目指しています。また、表5をつくる際には、図50を横に置いて、「これらをしっかり習得すれば、本当に六領域の一三の力がつくか」と考えながら作成をしています。

3　研修量の確保

一〇八時間という時間数は、量的にどうなのでしょうか。

筑波にある独立行政法人教員研修センターの生徒指導指導者養成研修は一二日間です。私もこの研修の講師を長く務めましたが、この研修を修了した人の多くは「あの研修で自分の生徒指導の骨格ができたような気がする」ということを異口同音に話されます。この研修を一日六時間換算にすると七二時間です。このくらいやるとかなり板につくということなのでしょう。

　また、生徒指導で先進的な取り組みをしている香港では、生徒指導主事になると約一〇〇時間の研修が義務づけられています。さらに、私の勤務する広島大学大学院では、総論に相当する「学校心理学」、アセスメントを扱う「心理教育的アセスメント演習」、個別カウンセリングを行う「学校カウンセリング論演習」、集団を扱う「学校カウンセリング特講」という四つの生徒指導・教育相談系の授業があります。一回の授業が九〇分で一五回なので二二・五時間、合計九〇時間になります。

　こうした実例を検討し、MLA研修を構築したわけです。具体的には修士課程レベルの知識に実践的な技量研修を織り込んで、リーダーとして活躍できる力を養成しようとしています。

　ところで、私たちは各地の教育センター等で行われている教員研修について調査をしたことがありますが、三つくらいの課題があるように思います（栗原・神山他、二〇〇五）。

　一つ目は、体系性が弱いということ。「これは最近のトピックだから外せない」「これは毎年人気のある講座だから」といったことが優先され、一つ一つは魅力的だけれど、全体とすると総花的で理念を感じにくい研修が多いです。二つ目は、一定の時間数を確保した専門研修が少ないということ。しかも最近は予算削減の波が教育センター等を直撃して、歯応えのある専門研修は一層減少しています。三つ目は、一人が受けられる講座はせいぜい年間一つか二つであるということです。体系性も弱く、専門を磨く研修も少なく、受けられる研修は年に数講座のみということでは、教員の力量形成は困難です。

　実は日本の教員の研修意欲は世界的に見て非常に高いのです。しかし、「教室を空けるわけにはいかない」「部活を休むわけにはいかない」といった事情が邪魔をして、研修が受けられない状態が続いているのが日本の実態です。教育委員会にはこうした現状を解決し、意欲のある教員が安心して研修を受けられるような状況にしてほしいものだと思います。

4　知識・理論と技法のバランス

教員の力量は、「知識」「技能」「態度」の三つの分野から成り立っていると考えられますが、研修で直接的に向上を図るのは「知識」と「技能」の分野になります。そして、これらが向上すれば、それに応じて「態度」も向上すると考えます。

　ところで、知識・理論は基本的には座学で身につくかもしれませんが、カウンセリングやMLAの主要な技法として採用しているカウンセリングスキルや協同学習、SEL（Social and Emotional Learning：社会性と情動の学習）、ピア・サポートなどは座学で身につけることは不可能です。また、理論を実際の学級や子どもにどのように適用するのかといったことも同様です。

　そこでMLAの研修では、講義だけではなく、演習、ディスカッション、リフレクションといった研修スタイルを意図的に採用しています。また、別の言い方をすると、研修会が、協同学習の場であり、気づきを深めるスキルを学び合うSELの場であり、それぞれの経験を交流し合うことで支え合うピア・サポートの場となるように、すべての研修会を構成しています。

５　個人の専門性と集団のチーム性への着目

それほど研修している様子はないのに、何でもそつなくこなす先生がいます。そういう先生は、「知識」「技能」「態度」における「ベーシックスキル」をもともとお持ちなのだと思います。ただ、協同学習をやるには協同学習のスキルが必要で、そうした「アドバンススキル」は学ばなければ身につけることができません。逆に、いろいろ研修をしているけれど、どうも実践がうまくいかない先生がいます。そういう先生は、研修内容が「アドバンススキル」に偏っていて、土台となる「ベーシックスキル」が不十分なのかもしれません。

ＭＬＡ研修ではこの「ベーシック」と「アドバンス」の両方のスキルを学びます。

また、ＭＬＡ研修では、個人の専門性だけではなく、「チーム性」の開発にも焦点を当てます。教師が協同や支え合いを体現していてこそ、子どもたちにそのことを教えることができると考えるからです。この「チーム性」は「情緒的つながり」を基盤に「理念・目標・方針の共有」と「役割の分担」の三要素で構成しています。研修では、参加者の情緒的つながりが生まれ、理念・目標・方針が共有され、自己の役割の認識につながるように研修を企画します。

６　研修の効果

実際のところ、どの程度の研修をすれば力がつくのでしょうか。

私たちの研究では、三〇時間を超えると一定の力量がつき、六〇時間を超えるくらいから学んだことがつながりだして力量が加速度的に向上しそうだということがわかってきています。全教員がＭＬＡにかかわる研修を年間二〇時間程度受講している総社市の場合、一年目は理解してついていくのがやっと、二年目でおおむね理解し実践できるようになり、三年目で全部がつながり、四年目になるとオリジナリティの高い実践を主体的に行えるようになるということがわかっています。三年を過ぎたころというのは、六〇～七〇時間を超えたところということになります。研修を積み上げることによって、「点が線に、線が面に、そして面が立体になっていく」というわけです。そうなったとき、「仕事が本当におもしろい」ものになっていきます。

ＭＬＡ研修については、私が代表理事を務める公益社団法人学校教育開発研究所で、有料にはなりますが公開しています。「ＭＬＡ研修を受けて力をつけたい」と思われる先生は、ＨＰにアクセスしてみてください。

〈参考文献〉

小泉令三（二〇〇五）「学校における心理教育的援助サービス提供能力向上のためのコーディネーター教員研修プログラム試案」『福岡教育大学心理教育相談研究』９
栗原慎二・神山貴弥・他四名（二〇〇五）「現職教員の生徒指導・教育相談の力量形成のための研修プログラムに関する研究」『学校教育実践学研究』11

4 総社市教育委員会における研修
「だれもが行きたくなる学校づくり」

下山郁子

注目される「だれ行き」

岡山県総社市が平成二二年度から始めた「だれもが行きたくなる学校づくり」(「だれ行き」)の取り組みは、今や全国的広がりを見せるようになりました。これまで四五〇人を超える教育関係者、研究者、官僚、マスコミ関係者等々が、総社市教育委員会や総社市立小・中学校に視察に訪れており、今も後を絶ちません。

なぜこれほどまでに総社市の「だれ行き」が注目されるのでしょうか。そもそも本市は、なぜ「だれ行き」を始めたのでしょうか。その背景を次に述べたいと思います。

本研修を始めた背景

総社市では、平成六年、どんなに悔やんでも悔やみきれない出来事がありました。市内の中学校三年生が、いじめが要因であることを示唆するメモを残して自殺したのです。

「二度とこのようなことを繰り返さないでほしい。現在いじめを受けている子どもを救ってほしい」という亡くなった生徒のご両親からの願いを受けて、私たち総社市の教育関係者には使命がありました。この悲しい出来事をいつまでも風化させず、学校、家庭を核として地域全体が連携し、社会から「いじめ」を根絶しなければなりません。

そのため、総社市教育委員会では、冊子「いじめをなくすために」を作成し、学校は、いじめ防止のための教育指導や保護者啓発等に活用してきました。変化する時代に合わせ改訂され、現在第六版が配付されています。

平成九年度には「いじめ問題等協議会」を発足させ、年二回、学校と家庭と地域とが一堂に会し、いじめ問題にかかわる意見交換、情報交換を行っており、それぞれの立場でできることを継続的に協議しています。

また、いじめ問題や不登校、断続的に発生する学級の荒れや暴力行為等、生徒指導上の諸問題の根源は、いずれも子どもの学校環境や学校生活・集団生活への不適応の問題であり、解決の鍵は適応を促進することにあるととらえ、総社市教育委員会は、「学校適応促進事業」として毎年二〇を超える事業を実施してきました。

しかし、本市の児童生徒の問題行動等の実態は、決して芳しいとはいえない状況でした。問題行動に対する後追いの指導や、不登校等の三次的生徒指導に追われる毎日でした。適応指導教室にカウンセラーを配置し学校に派遣したり、学校と関係機関が連携して対応に当たったりしてきましたが、平成二二年度の中学校での不登校出現率は三・六三％と、過去最悪の状況でした。

それを転換するきっかけとなったのが「だれ行き」の取り組みです。

「だれ行き」とは

本取り組みのベースとなっているのは、すべての児童生徒を対象にした包括的生徒指導（マルチレベルアプローチ）の考え方です。広島大学大学院教育学研究科の栗原慎二教授を代表とする研究グループのご指導を受け、理論を学び、実践を行っています。

「だれ行き」のプログラムで特に重視しているのは、子ども自身でしんどさを乗り越える力を育てる一次的生徒指導と、仲間に支えられて乗り切る二次的生徒指導です。

これらを実践する方法として、総社市では、平成二二年度から段階的に、ピア・サポート、ＳＥＬ（Social and Emotional Learning：社会性と情動の学習）、協同学習、品格教育（現在はＰＢＩＳ）の四つのプログラムを始めました。そのプログラムを支えるものとして、〝欠席の管理による早期介入〟や〝専門家を活用したチーム支援〟を重要視しています。これらが相互に作用することによって、いじめ・不登校等を未然に防止するとともに、子どもたちの全人的な発達と温かい人間関係のある学校風土を醸成することが可能となると考えています。

総社市の「だれ行き」が目指すものは何か。

それは、学校適応促進を基盤とした生徒指導や学習指導、特別支援教育、学校経営等の工夫・改善、保こ幼小中連携や家庭・地域連携の強化等により、「だれもが行きたくなる学校」を実現することであるということをまずは押さえておきたいと思います。

研修体制の工夫

各校において、本プログラムを稼働させるには、各校の全職員の力を結集する必要があります。ですから、校内推進体制の整備なしには進められません。また、研修体制の整備なくしては、「だれ行き」の持続と発展はありません。総社市教育委員会が、どのような工夫をしながらこれまで研修を重ねてきたかについて述べたいと思います。

一つ目として、まず、研修の基盤となる学校の体制を統一しました。各校の校務分掌に、リーダーと四プログラムの各担当者を位置付けるとともに、学校評価の項目に子どもの学校適応感に関する項目を位置付け、学校運営にかかわる人々に対し、「だれ行き」が目指すものへの意識を高めるようにしました。

二つ目に、市教委が実施する研修体制については、学校や教職員の実態を鑑みながら、年次ごとに検証し、意図的・戦略的に工夫をしてきました。山中榮輔教育長の下、栗原教授を筆頭とする研究者グループと市教委とが共同して研修プログラムを進化させてきたところに成功の鍵があると考えています。

市教委の行ってきた研修プログラムは表6・表7のとおりです。年度ごとの短期のPDCAサイクルと、三年を一くくりとした長期のPDCAサイクルの両方をエビデンスベースの視点で回してきました。その進化は、栗原教授の助言を受けながら、学校や園の代表者である校園長と「だれ行き」推進委員と市教委とで協議し、ブラッシュアップしてきたからこそであり、これらが総社市の「だれ行き」を持続・発展させた大きな要因の一つであると考えています。

総社市教育委員会は、平成二二〜二四年度の三年間をファーストステージと位置付けています。このステージでは、不登校出現率の半減を目指し、市教委のトップダウンによる徹底したリーダー研修と全教職員への周知を図り、本プログラムを全校に浸透させることに力を注ぎました。そのねらいどおり、四つのプログラムは市内で全面実施されるようになり、平成二四年度の中学校の不登校出現率は二・三一%と三%を切るところまできました。

しかし、小学校の不登校出現率は横ばいであり、チーム支援による二次・三次支援の充実や実践的な指導方法を学ぶ機会の確保が必要でした。プログラムの実施状況の学校間格差の解消や教員の負担感の軽減、人事異動に対応した校内推進体制の確立が課題として見えてきました。

そこで平成二五〜二七年度のセカンドステージでは、ファーストステージで達成できなかった不登校出現率を半減させるという目標はそのままに、研修体制の見直しを図りました。学校間格差の解消や人事異動に対応した研修として、新転入研修や学校園で授業公開を実施するサテライト研修を始めました。

サテライト研修は、授業公開を行い、その後にグループによ

表６　ファーストステージの研修体制（平成22年度〜平成24年度）

年度	生徒指導プログラム	教員研修プログラム
Ｈ22	中学校区ごとに３か月試行 総社東中区：ピア・サポート 総社西中区：協同学習 総社中区：ＳＥＬ 昭和中区：品格教育の準備	年11回実施（計33時間） リーダー８回（24時間）、管理職２回（６時間）、ＳＣ２回（６時間）、全員２回（９時間） ：リーダーシップ、ベーシックスキル、アセスメント、三次的アプローチ、校内体制、４プログラム、実践報告
Ｈ23	３中学校区で３プログラム実施（総社東中・総社西中・総社中）： ：ピア・サポート＋ＳＥＬ＋協同学習 昭和中：品格教育試行＋ＳＥＬ＋協同学習	年14回実施（計45時間） リーダー８回（24時間）、管理職２回（６時間）、ＳＣ１回（３時間）、全員２回（９時間） ：４プログラム、マネジメントシステム、個人カウンセリング、交流分析、実践報告 推進委員会２回：動機付け、校務分掌化
Ｈ24	市内全小・中学校で４プログラム全面実施：ピア・サポート＋ＳＥＬ＋協同学習＋品格教育	年10回実施（計30時間） リーダー７回（21時間）、全員２回（６時間）、管理職２回（６時間）、ＳＣ１回（３時間） 推進委員会２回：総括、推進プラン、負担軽減

表７　セカンドステージの研修体制（平成25年度〜平成27年度）

年度	生徒指導プログラム	教員研修プログラム
Ｈ25	市内全小・中学校 「だれ行き推進プラン」実施 幼小の連携強化（市内全幼稚園で一部試行）：ＳＥＬ、ＰＢＩＳ	年16回実施（計48時間） リーダー４回（12時間）、管理職２回（６時間）、ＳＣ１回（３時間）、全員２回（９時間）、新転入３回（９時間）、サテライト８回（24時間） 推進委員会２回：評価・検証
Ｈ26	市内全小・中学校 「だれ行き推進プラン」継続 市内全こども園・幼稚園で取り組み実施：ピア・サポート、ＳＥＬ、ＰＢＩＳ	年19回実施（計57時間） リーダー８回（24時間）、管理職２回（６時間）、ＳＣ・ＳＳＷ１回（３時間）、全員２回（９時間）、新転入８回（24時間）、サテライト８回（24時間）、シニアリーダー６回（18時間） 推進委員会３回：評価・検証、自立に向けて
Ｈ27	市内全小・中学校 「だれ行き推進プラン」継続 市内全こども園・幼稚園で取り組み実施：ピア・サポート、ＳＥＬ、ＰＢＩＳ	年19回実施（計57時間） リーダー８回（24時間）、全員２回（６時間）、管理職２回（６時間）、ＳＣ・ＳＳＷ１回（３時間）、サテライト９回（27時間）、新転入６回（18時間）、シニアリーダー６回（18時間） 推進委員会３回：セカンドステージまとめ、サードステージに向けて

＊１回の研修の対象が複数になる場合があるため、表中の計の時間数と対象者の研修時間数の合計とは異なります。

る研究協議を行うことにより、日頃の実践に直結する研修として実施しています。視点を決め、児童生徒集団を固定して観察することにより、教師の子どもを見取る力を養成しています。

また、全員研修を、教職員自身の課題に応じた講座を選択できるシステムに変換することで、より研修が体系的になるだけでなく、教職員の主体性が生まれ、負担感の軽減に向かう仕掛けとしました。

また、小学校の不登校出現率を減少させるために、平成二六年度からは幼稚園にも本プログラムを導入しました。

このようにして、「だれ行き」のセカンドステージは、チーム支援による二次・三次支援を充実させるための「幼小中の連携」「家庭・地域との連携」、市内の取り組みの標準化を目指してＯＪＴを機能させるための「校内推進体制の充実」「負担感の軽減」をキーワードとして工夫を重ねてきました。

さらに、平成二六年度から、自立する総社市の人材育成の仕掛けとして、市全体のリーダーとして指導助言できる人材を育成する目的で、「だれ行き」のメンターとしての役割を担う「シニアリーダー」を新設し、シニアリーダー養成研修をスタートさせました。

平成二七年度には、校内のリーダーが年度当初に校内研修を実施したり、シニアリーダーが夏季全員研修において講師と協力して講座を担当したり、サテライト研修で指導助言を行ったりするなどの、積極的に研修にかかわる仕掛けにより、専門性や意識の向上が図られ、市全体としてさらに主体性が向上したといえます。

また、それを支え加速させたのは、「だれ行き」の推進委員の存在です。栗原教授の助言を受け、推進委員と市教委とが一緒になって次年度の研修の在り方を議論し、それを尊重した研修を設定し、協働して実施してきました。自分たちがここまでつくりあげてきたという自負が、総社市の教職員に芽生え、根を張り、さらに伸びていこうとする原動力となっています。

「だれ行き」の確立に向けて

今、総社市は、セカンドステージ終了時点の課題を受け、子ども・教職員の居場所のある「総社スタイルの確立」を目指してサードステージを歩んでいます。

家庭環境の困難さを背景とする不登校が顕在化する中、幼少期から家庭・地域と協働した保育園、こども園、幼稚園の取組みを重視するとともに、不登校出現率を安定的に低下させるために、特別支援教育の視点を取り入れた授業づくりや教科の目標を達成するための授業づくり等、協同学習の深化を目指して研究を重ねているところです。

また、そのために人材育成システムづくりにも着手しています。人事異動等により学校や市教委の人員構成が変化しようとも、総社市の「だれ行き」が、どの学校でも、いつでも当たり前に実施され、子どもたちのよりよい学校生活が継続的に保障されるようなシステムをつくりあげていきたいと考えています。

「総社スタイル」としての「だれ行き」の確立に向け、これまで取り組んできたことを大切にしながら、サードステージを進めていきたいと考えています。

＊

セカンドステージまでの評価のため、これまでさまざまな指標において検証をしてきました。次ページに参考として、そのデータの一部を提示しますので、読者のみなさまには、今後の経過を見守っていただけたら幸甚です。

〈引用・参考文献〉
総社市教育委員会（一九九五）『いじめをなくすために』
総社市教育委員会（二〇一五）「だれもが行きたくなる学校づくり入門」

教員が感じた研修内容の有効度　全員研修（悉皆選択）（４件法）

※事前調査：H25 年5月～6月、事後調査：H26 年2月～3月に実施。全項目に記入の 330 名が分析対象。
※nは，事後調査のアンケートで受講の有無と有効度の両方を回答した受講者の人数

回	開催月	内容	有効度	n
1	8月	交流分析（初級）	3.15	39
		心理臨床（初級）	3.26	47
		学校マネジメントと学級づくり（中級）	2.71	21
		特別支援教育	3.22	46
2	8月	交流分析（中級）	3.13	24
		心理臨床（中級）	3.26	34
		学校マネジメントと学級づくり（初級）	2.91	32
		特別支援教育	3.28	46
3	8月	ブリーフセラピー	3.55	11
		心理臨床（上級）	3.62	21
		SEL（初級）	2.98	41
		協同学習（中級）	3.02	45
4	8月	ブリーフセラピー	3.44	9
		チーム支援	3.55	11
		SEL（中級）	3.07	28
		協同学習（初級）	2.89	37

回	開催月	内容	有効度	n
5	8月	ピア・サポート	3.36	28
		非行・いじめ（中級）	3.63	48
		PBIS（初級）	3.29	14
		アセス	2.69	13
6	8月	事例検討	3.71	14
		非行原理	3.31	35
		PBIS（中級）	3.20	5
		アセス	3.44	16
7	12月	生徒指導・教育相談全般	3.67	6
		心理臨床（上級）	3.62	13
		非行・いじめ	3.86	14
		特別支援教育	4.00	5
8	12月	生徒指導・教育相談全般	4.00	6
		チーム支援	3.67	3
		非行原理	3.71	14
		特別支援教育	4.00	4

※ほとんどの講座で平均値が 3.00 以上（「3．少し有効であった」）。広島大学講師　米沢崇 2014

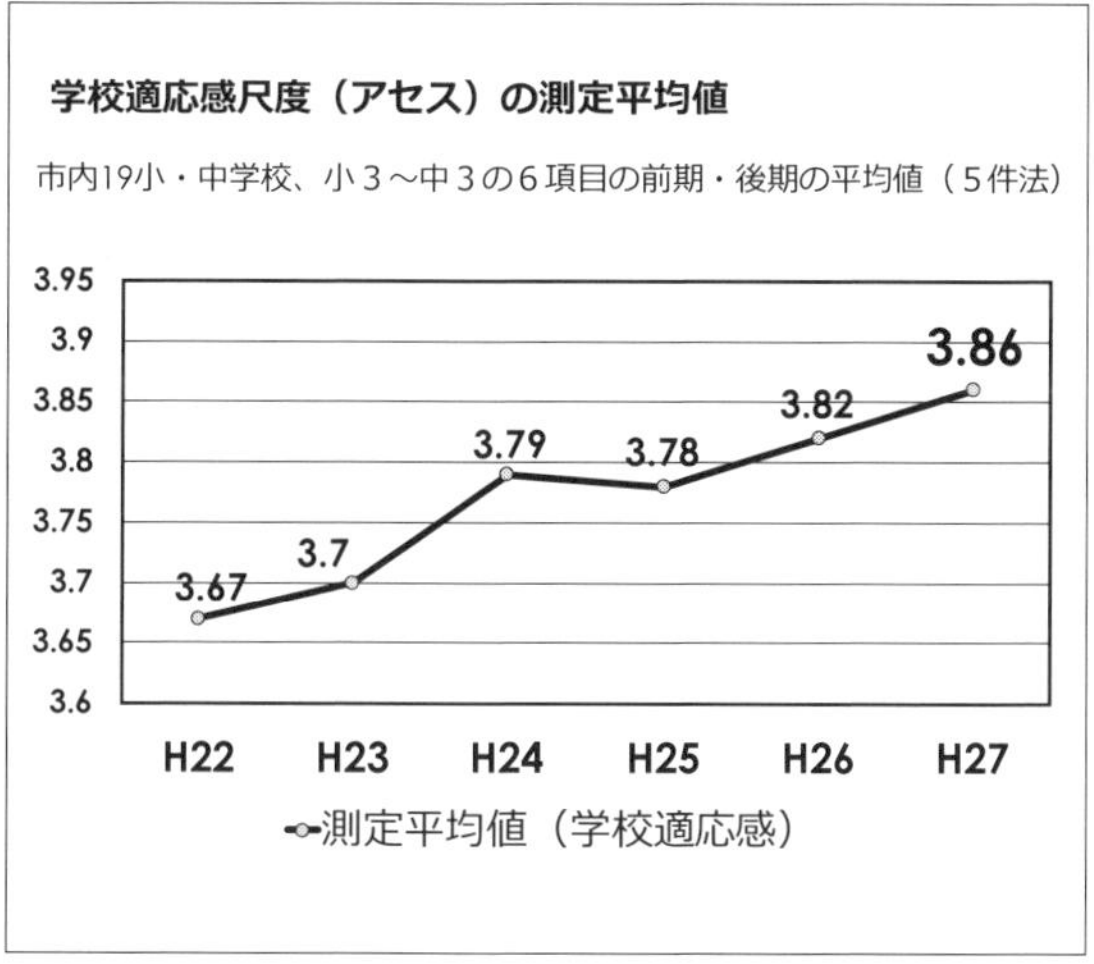

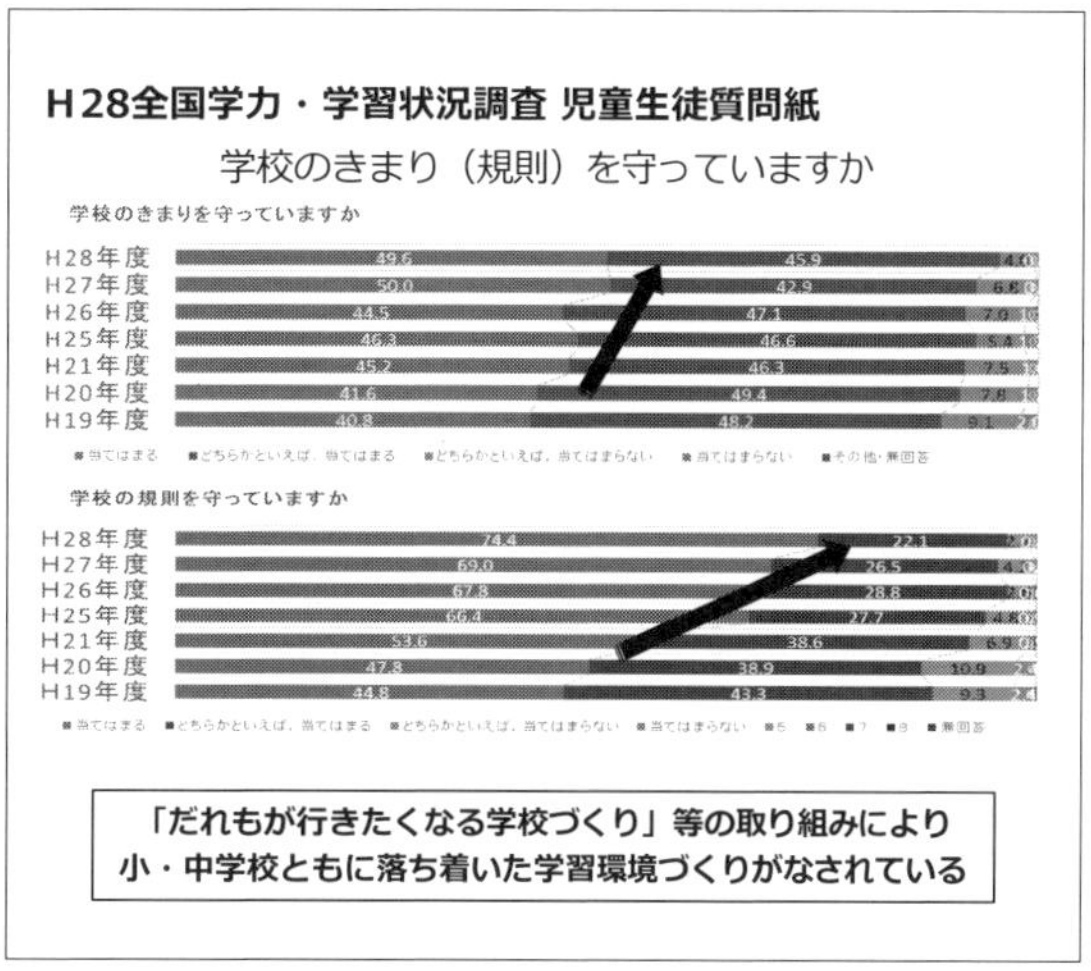

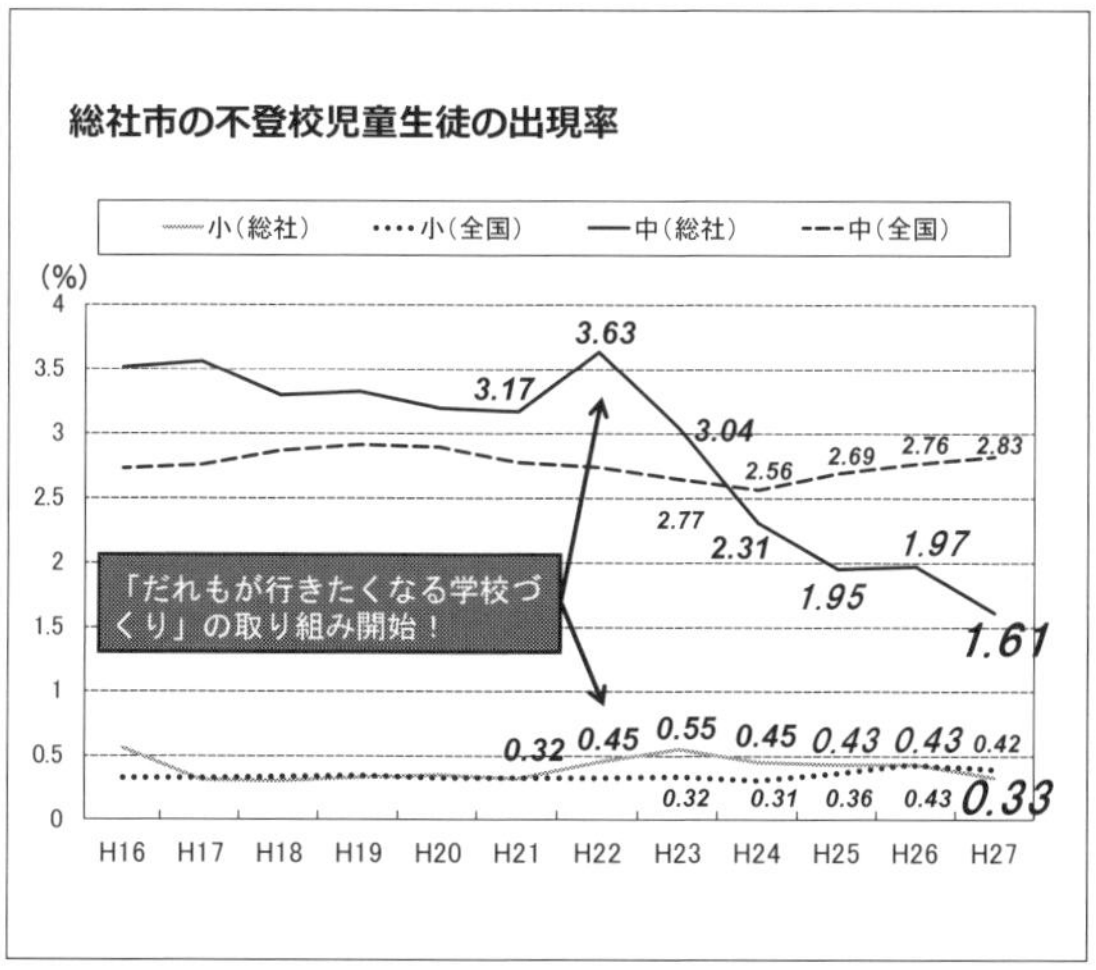

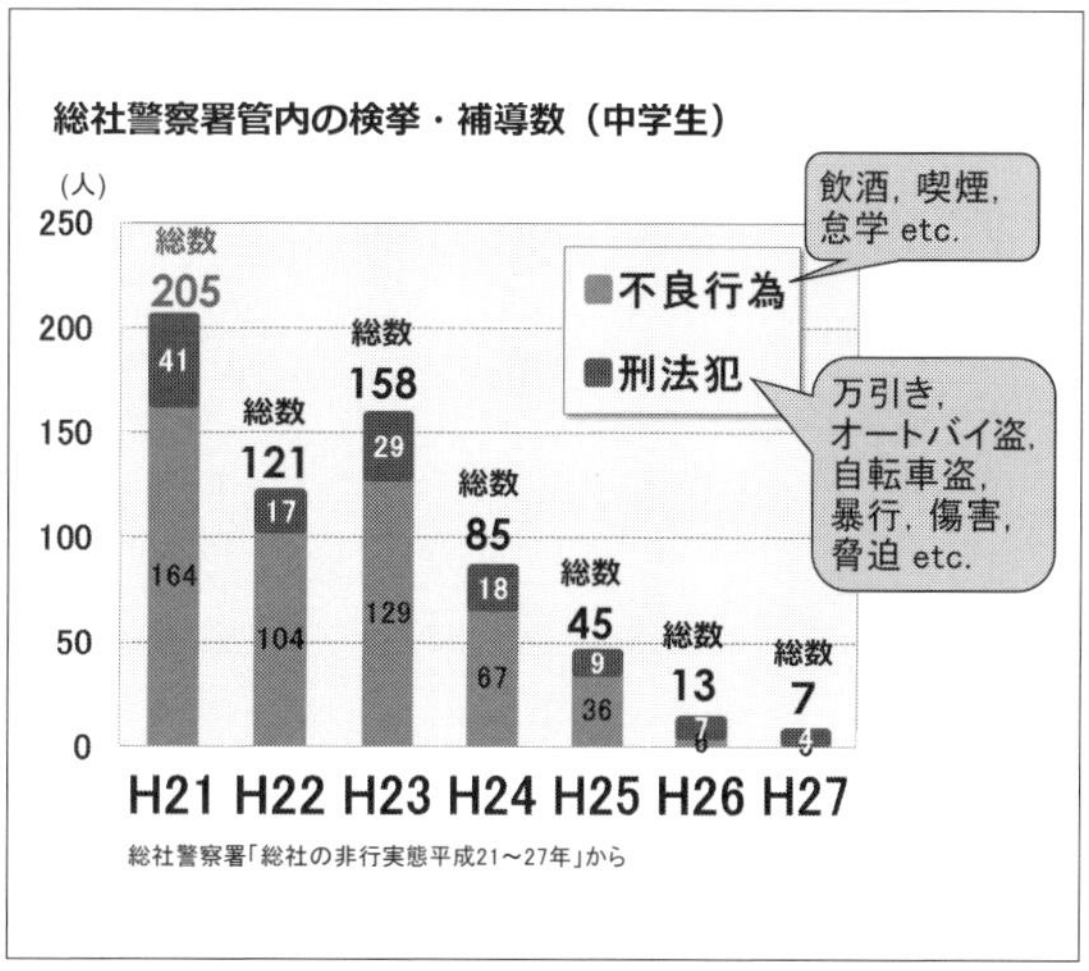

総社警察署「総社の非行実態平成21～27年」から

資料著作：総社市教育委員会

エピローグ

マルチレベルアプローチは子どもを救い、教師を救い、学校を救う

栗原慎二

マルチレベルアプローチ研修の目的は真のリーダー養成

ここのところ、生徒指導や教育相談を取り巻く状況が劇的に変化しています。それは「チーム学校」が始動し、スクールカウンセラー（ＳＣ）やスクールソーシャルワーカー（ＳＳＷ）の常勤化も本格化するだろうということです。配置される人数や体制の問題はさておき、日本も形の上では香港・台湾・韓国・シンガポール等のアジア諸国の体制にようやく追いつくことになります。

ただ、ＳＣやＳＳＷが配置されれば生徒指導や教育相談にかかわる問題が解決するわけではありません。学校教育が支えきれなかった子どもたちをＳＣやＳＳＷにケアしてもらうという発想でいるならば、学校教育自体は悪くなっていく可能性すらあります。学校が生徒指導上の問題に対応できなくなっている事実への対処が後手に回るからです。

二〇一六年、日本学校教育相談学会は「チーム学校と教育相談教諭」という冊子を発行しました。その巻頭言の中で私は、「教育を軸としながらも、心理と福祉に通じ、マネジメントの観点をもつ……教師がチーム学校の中核に位置づくとき、チーム学校は機能する」と述べました。

二〇一七年一月二〇日、文部科学省の「教育相談等に関する調査研究協力者会議」が報告書を出しました。その中で、こうした役割を担う教員を「教育相談コーディネーター」と呼んでいます。「機能的な教育相談体制を構築するためには、中核となる教職員を位置付けることが必要である。校務分掌においても

その旨を明確にすることが必要である。なお、十分な連携の時間を確保する観点から、教育相談コーディネーターを担当する教員については、（学校の実情に応じ）授業の持ち時数の考慮、学級担任以外の教職員とするなどの配慮が必要である」とされています。

つまり、教育相談コーディネーターは司令塔なのです。バレーボールで言えばセッター、バスケットボールで言えばポイントガードです。SCやSSWという資源を活用しながら、その学校に合った生徒指導や学校教育相談を構築できる教員が必要なのです。これが実現すれば、生徒指導、教育相談、特別支援教育は新たな時代を迎えることになるでしょう。

私たちがマルチレベルアプローチ（MLA）研修プログラムの開発とMLA実践を始めたのは、チーム学校が語られるずっと以前からですが、実は目指していたのは、この教育相談コーディネーターの養成であり、チーム学校の実現と言っても過言ではありません。学校全体がMLA実践に取り組み、その学校にこうしたリーダーを育てて配置することができれば、学校は一変すると信じて取り組み、実際に成果を上げてきました。私たちの考え、実践していることにやっと時代が追いついてきたと感じています。

マルチレベルアプローチ研修の効果

では、MLA研修の効果はどの程度なのでしょうか。このことについては第4章③でも少し触れていますが、ていねいにみていきましょう。

メンバーの中林浩子が、MLA研修を七二～二八八時間受講した教員六名にインタビューし、その逐語記録を分析し（表8）、それをもとにMLA研修の効果を四つにまとめています。以下はそのダイジェストです。

①教職員間のチーム性の向上

・自分の専門性が向上したことで、同僚に対しても、相手の状態を理解し、状況を見極めながら話ができるようになった。
・また、理論やアセスメントに基づいて説得力のある話し方ができるようになった。
・その結果、教職員間のコミュニケーション量が増加するだけでなく、生徒指導上の課題解決を行う上での人間関係がよくなった。
・研修の深まりとともに、他の教職員との会話の中心が課題解決のための解決志向型の対話へと質的に変化した。

②子どもや保護者との信頼関係の構築

・理論に照らして多面的にアセスメントができるようになった。
・メタ認知力が強化され、理解に基づいて仮説を立てられるようになったことで、見通しが持てるようになり、子どもや保護者への的確でていねいな対応につながった。
・また、子どもや保護者の見えない部分を察したり状況から理

表８

カテゴリー	サブカテゴリー	概　念	人数	発言回数	具体的な発言
教職員間のチーム性の向上	コミュニケーション	コミュニケーションへの努力	3	5	待っているのではなく自分から話しに行くようになった
		コミュニケーションの増加	6	18	ちょっとしたことでも互いに声をかけ合うようになった
		意味ある会話の増加	6	13	会話はいつも課題解決に向けた話しかしなくなった
		相談量の増加	6	8	先生たちがいろいろなことを聞いてくるようになった
	チーム性	同僚性の構築	6	10	殺伐としていた職員室でねぎらいの言葉や感謝の言葉が増えた
		チーム性の向上	6	17	チームとしてどうすべきかを考え行動するようになった
		協同意識	6	10	授業準備などみんなが当たり前に学年の分も準備するようになった
		理念を共有したコミュニティの形成	4	6	自分たちは子どもの何を育てるのか明確になって一つになった気がする
子どもや保護者との信頼関係の構築	理解の深まり	自己理解の深まり	6	8	ＭＬＡを学んで、まずは、自分のことがよくわかった
		同僚に対する理解の深まり・幅の拡大	6	9	同僚のレディネスを見極め、相手を理解して支援できるようになった
		多面的な子ども理解	6	30	発言、表情、状況、アセス、成績、友人など情報を集めるようになった
		保護者理解の深まり	6	9	保護者の努力や踏ん張りを理解して、話ができるようになった
		非言語の理解・通訳・解説	6	10	声にならない声を聞こうとする態度や前向きな言葉の言い換えができる
		理論に照らした理解	6	24	学んだ理論で状況を見るようになった
		人間理解	2	6	自分も含めＭＬＡを学ぶことは深い人間理解を学ぶことだと思う
	対　応	理解に基づく対応	6	18	すぐ対応ではなく多面的なアセスメントをして理解・判断して手を打つ
		子どものニーズのキャッチ	3	8	教師の都合ではなく、子どもにとって必要なことを考えるようになった
		子どものニーズに応じた支援の提供	4	12	キャッチしたら、放置せず、状況を理解して、必ず支援をする
	信　頼	教職員からの信頼	6	9	教職員から頼りにされていることを感じる
		子どもとの信頼関係の構築	5	10	子どもが、何でもないときにも話しかけてくるようになった
		保護者の信頼感の高まり	6	9	これまでかたくなだった保護者が自分から相談に来るようになった
	効力感	学級経営効力感	4	4	ＭＬＡを学んで戦略的に学級経営ができ、学級のまとまりを感じる
		授業実践効力感	4	7	子どもが主体的に授業に取り組むようになって、授業が面白くなった
	子どもの力を信じる	子どもの行動変容	4	10	ＭＬＡの理念を学んで本当に子どもの行動が変わった
		子どもの幸せのため	2	2	常に私たちは子どもの幸せのために仕事をする
		子どもを信じて待つこと	6	12	ＭＬＡを実践して子どもの力を確信を持って信じられるようになった
	確　信	視野の拡大	5	18	ＭＬＡによって今まで見えていなかったものが見えるようになった
		ぶれない視点	3	8	理論に裏付けてものを見られるようになった
		ぶれない対応	4	9	危機的な状況でも、落ち着いてぶれずに対応できる
		相談力の向上	2	14	ブリーフセラピーなど解決志向での相談が増えた
		対応力の向上	5	7	対応の引き出しが増えて、さまざまな手が打てるようになった

主体的に組織マネジメントに参画（貢献）する機会の増加	包括的な意義	破局的思考の緩和	6	9	危機的場面でも、悲観的に考えたり落ち込んだりしない
		新奇志向性の獲得	6	21	難しい場面でも結構楽しんでいる自分がいる
		閾値を超えることの意義	6	14	閾値を超える研修であることが大事、ＭＬＡですることに意味がある
		メタ認知力の向上	4	12	自分でメタ認知力が向上していることを感じる
		自信の獲得	6	22	ＭＬＡを学び、実践し、自信を持って対応できるようになった
		エビデンスベース	6	6	エビデンスを大事にするようになった
		理念の獲得	6	11	ＭＬＡの理念が、自分の中の支柱
		理論・知識の獲得	6	8	何事にも理論の裏付けが自分の力量を高めている
		論理的分析による仮説の提案	6	10	物事を知識や理論で分析的に判断して仮説を立てられるようになった
		応用力の広がり	4	9	学んだことがつながり応用力が増した
	学校組織への貢献	経営戦略としてのＭＬＡ	2	9	ＭＬＡは効果的な経営戦略
		管理職との会話の増加	5	5	管理職と子どものことや学校のことを話す時間が増えた
		管理職からの信頼	5	13	管理職から意見を求められる機会が増えた
		管理職との協同意識	4	4	管理職と理念を共有することで協同意識につながった
		組織マネジメントへの参画意識	6	14	自ら提案、行動するようになった
		組織マネジメントの円滑化	2	2	ミドルリーダーとしてＰＤＣＡを意識して回す
		主体的な問題解決	5	11	待ちの姿勢から、主体的に早く手を打つようになった
	役割	役割の自覚	4	7	自分のミッションを自覚して動くようになった
		コーディネーターとしての力量	5	18	自分がコーディネーターとなって融和させている
価値や自己実現への動機づけの高まりとＱＯＬ	人間力	未然防止・予防的介入	5	6	常に予防・未然防止の視点で考えるようになった
		解決思考・未来志向性	6	13	何事も解決志向、未来志向でいられるようになった
		教職員の力量形成	5	10	自分だけでなくもっと広げていく役割を担っている
		次世代へのつなぎ	2	4	ＭＬＡの理念を次の世代へつないでいきたい
		自分の哲学・自己実現	6	10	ＭＬＡは自分の哲学
		ＱＯＬ	6	6	ＭＬＡを学んで人生が豊かで楽しいものになった

解したりできるようになったことが、子どもや保護者との信頼関係の構築につながった。

・さらに、子どもの力を信じて待てるようになった。

③主体的に組織マネジメントに参画（貢献）する機会の増加

・ＭＬＡ研修の特徴として「理念・目標・方針の共有」があるが、ＭＬＡの目指す理念や目標に確信が持てるようになり、それが自己の目指す理念や目標となって、その視点から積極的に発言する機会が増えた。

・また、閾値を超えた研修が同僚との関係や生徒の行動変容にリンクし、その手応えが自信となった。

・さらに、学校組織が円滑に機能するようにさまざまなところに働きかけたりつないだりするなど、コーディネーターとしての自己の役割の自覚にもつながった。

④価値や自己実現への動機づけの高まりとQOL

・たとえ大変な状況であっても、悲観的・破局的に物事を考えたりしなくなった。解決への糸口は必ずあると信じられるようになった。
・MLAを学んだことで、どのような状況も楽しめる。毎日が楽しい。
・自己理解が深まり、自分の生き方や対人関係の持ち方にプラスに影響した。人生が豊かになった。
・さらに、学んだことを自分だけにとどめておくのではなく、多くの人たちに伝えたい。
・次世代へのつなぎ役になりたい。
・自分の存在価値の自覚や自己実現への意欲が高まった。

いかがでしょうか。

MLAだけが今日の教育的諸課題に対する回答だとは思っていませんが、少なくとも有力な回答の一つであると私たちは思っています。前ページの表もご一読いただければ、そのことがわかっていただけるのではないかと思います。

メンバーからの一言

最後に、執筆者から、この本を読んでくださったみなさんへの一言メッセージです。

小玉有子　学校不適応の問題を抱えている子どもたちは、たくさんの「できない」「わからない」「どうして…」を体験しながら、苦しんでいます。その根っこにあるものは、発達障害傾向であったり、愛着障害であったり、子ども自身ではどうしようもない〝困難さ〟です。厳しい指導や叱咤激励だけでは解決できません。しっかりアセスメントして、特別支援教育・生徒指導・教育相談・学校保健等の枠組みを取り払って、外部資源も活用して、チームで支援していくことが大切です。みんなで子どもたちの未来を守っていきましょう。

髙橋あつ子　特別支援教育は、通常の学級の教育が変われば進みます。インクルーシブ教育はなおさらです。MLAは、学級担任任せにしやすい日本の教育の底上げを可能にします。授業や生徒指導が変わると、三次支援に残る子が減る、つまり特別支援教育の対象者が減るのです。MLAを学ぶ先生方は、三次支援の必要な子に、一次支援からアプローチするために必死に学び、実践を高めていきます。こんなうねりを各地で起こしたい、心ある先生方の足元から広げていける、そんな可能性を感じています。

金山健一　MLAを推進している動機は、「子どもたちと先生方を応援したい」、この一心です。私自身、かなり荒れた中学校に赴任し、教員同士のチーム支援で学校を再生した経験から、どんなに荒れた学校、学級でも立ち直ることができると考えています。その経験の中で、包括的支援モデルの必要性を痛感していました。ＭＬＡは、欧米ばかりでなく東アジアも研究対象として、優れた教育モデルを日本の学校教育、学校文化に融合させてきました。今後、ＭＬＡは各地域の実践の中でさらなる成果を遂げていくと確信しています。

神山貴弥　私は学級経営やＰＢＩＳ（ポジティブな行動介入と支援）といった一次支援の取り組みについて担当しました。これらのことは教師であれば当たり前に行うことではありますが、一人一人がそれぞれの思いでばらばらにやっていたのでは大きな効果は得られません。教師同士が考え方や進め方についての共通理解の下、学年・学校をあげてやるからこそ、初めて成果を実感できるものなのです。目の前の問題に追われる日々を重ねるのか、環境を整えて教師として挑戦ができるようになるのか、それはひとえに先生方の協働にかかっていると思います。

中林浩子　私は、ＭＬＡを本当の意味で理解し指導できる指導主事の育成と、自校の実態に応じてＭＬＡを回していける真の生徒指導リーダーの育成こそが、未来を創る子どもたちの豊かな成長と地方創生に深く寄与するものと確信しています。そして、それが学校、地域、ひいては市や県の財産となります。現場に戻り、管理職となった現在、この思いはさらに強くなりました。これからも、教師の職能開発・人材育成の観点から、ＭＬＡにかかわり、実践・検証し、その有効性を発信していきたいと思っています。

沖林洋平　協同学習がうまく機能するためには、単元構成や授業内容を精選するだけではなく、下地となる集団づくりや協同が促進される環境を整えることが不可欠です。ＭＬＡの一次支援に協同学習があるのは、学習における協同は単なる効果的な学習指導のみによって促進されるわけではないという考えに基づきます。本書に触発されて実りある実践が行われることを願っています。

米沢崇　私は、ＭＬＡの開発を通じて、ＭＬＡによる生徒指導を組織的かつ継続的に行うためには、管理職だけでなく教員一人一人がマネジメントの視点を持つことが必要不可欠であると痛感しました。そのためにも、ＯＪＴや教員研修を通じて、教員一人一人が「学び続ける教員」になるとともに、教員組織が「学び続ける教員組織」になっていくことが大切だと考えています。そして、教員や子どもたち一人一人が、一粒一粒がはっきりとしつつ糸でつながっている「納豆」のような学校づくりを目指していきたいと思います。

山田洋平　ＭＬＡに携わらせていただいて思うことは、ＭＬＡ

はすぐに完成するものではなく、少しずつ形になっていくものであることです。私たちがMLAを形にするまでも数年かかりました。MLAを実践するためには、その考え方や理論を理解した上で、できることを少しずつ進めていくことが重要と考えます。また、一人では成し遂げられるものでもありませんので、ぜひ周りの先生方と協同してください。私自身、先生方の実践に協力したいと思っておりますので、よろしくお願いいたします。

最後に栗原です。

MLAは子どもを救い、教師を救い、学校を救います。そして保護者や地域からの信頼を獲得していく基盤になります。それは絵空事ではなく、広島市で予防的生徒指導と呼ばれる取り組みを始めて以来、総社市をはじめとしてMLAを導入した多くの地域や学校で実際に起こっていることです。総社市は平成二二年度にMLAに取り組み始めてから現在で八年目で、実践は年を追うごとに進化しています。他の地域も同様にこの取り組みを長く継続しています。それはMLAの効果を実感し、実際にさまざまな数値が改善しているからだと考えます。

MLAにはいろいろな特徴がありますが、なかでも重要な特徴の一つはチーム性の強調です。ピア・サポートと協同学習を主要な実践プログラムと位置づけ、子どもたちの協同性を育むことを重視しているのは、本書で紹介してきたとおりです。

ただ、協同は子どもたちだけに当てはまるものではありません。すべてを貫く原理です。MLAのメンバーはそれぞれに異なる専門性を有していますが、分業するのではなく、それぞれの責任を果たしながらも、チームとして刺激しあい、協同でMLAをつくり上げてきました。同様にMLAの実践は、研究者チーム、学校、教育委員会、保護者を含む地域の四者がチームとなって初めて可能になるものです。

次のことは書くかどうか迷ったのですが、あえて書かせてもらいます。MLA実践を続ける中で強く思うことは、教育委員会の覚醒の重要性です。四者をつなぐことは教育委員会にしかできないからです。また、優れた教育実践は、優れた教師と教師集団にしかできません。その優れた教師・教師集団を育てる研修を企画できるのは教育委員会だけです。

ほとんどの教育委員会は必死に学校教育を改善しようとして労苦していると思います。しかし、現実が容易に変化しないのは、この二つのことに対する教育委員会の覚醒と覚悟が不十分だからです。言い換えれば、そうした覚醒と覚悟があれば、子どもも、保護者も、教員も、地域の人たちも、「だれもが行きたくなる学校」を創ることが可能になるのです。

MLAを学ぶことは、みなさんの教員人生を一変させるでしょう。

みなさんもMLAを学びませんか。教育を通じて子どもたちに明るい未来を届けませんか。私たちと一緒に、やりがいと誇りに満ちた教員人生を手に入れませんか。

おわりに

二〇〇三年（平成一五年）、一八年間の高校社会科教員としてのキャリアを閉じ、広島大学に勤務するようになると、いくつかの学校からさまざまな相談を受けるようになりました。それらの学校では、困難な状況に直面しつつも真摯な取り組みをしておられました。私は実際にそうした学校に入り、子どもたちの様子や先生方の取り組みを観察させてもらいました。各校の実践は必ずしもうまく機能していたわけではなく、教師としての効力感や自尊感情を傷つけられ、時には病気休職や退職に追い込まれてしまう教師が少なくないことに心を痛めました。

とはいえ、当時の私にあったのは一八年間の高校教員生活のなかで積み重ねた個人的な実践経験だけでした。今振り返れば、当時の実践もおおむね間違っていなかったと思いますが、そうは言っても、理論的な裏づけも弱く、構造化されたものでもありませんでした。私は各校の支援に取り組みながら、その支援をより体系的に組み直すことはできないかということばかり考えていました。

支援を体系化するにあたり大きな影響を受けたのは、アメリカの包括的生徒指導の考え方です。当時、アメリカのスクールカウンセリングを紹介する書籍が相次いで日本で出版されました。また、アメリカを訪問する機会にも恵まれ、実際に視察をした際のインパクトは非常に大きいものがありました。

ただその一方で、「小学校や高校にはスクールカウンセラーすら配置されていない日本に、アメリカ的な多職種協働モデルを持ち込むことは現実的ではない」という思いもあったわけです。そうした思いをもちながら、カナダやイギリス、オーストラリアといった国々の視察を続けていったわけですが、強く影響を受けたのは、香港や台湾、シンガポールや韓国といったアジアの国々です。これらの国々はアメリカのモデルに学びながらも自国のシステムを生み出しつつあります。

こうした国々の実践に学びながら、「生徒指導の目的は、学校が落ち着くことではなく、一人一人の全人的な成長を保証することであるはずだ」「そのためには日本人の特質や日本の教育の現状を踏まえたモデルをつくる必要がある」

という思いを強くもつようになっていきました。

こうしてマルチレベルアプローチ（ＭＬＡ）は生まれることになったわけです。「はじめに」で書いたとおり、その開発に初期の段階から携わったのは、石井眞治、小玉有子、髙橋あつ子、金山健一、神山貴弥、沖林洋平、米沢崇、山田洋平、中林浩子、そして私の一〇名のメンバーです。広島市教委や総社市教委の先生方との協議も大いに生かされています。

本書はこうして生まれたＭＬＡの現在の形を示したもので、『月刊学校教育相談』の連載「マルチレベルアプローチ―日本版包括的生徒指導の理論と実践」（二〇一五年四月号～二〇一七年三月号）に一部修正を加え、一冊にまとめたものです。

ただ、これがゴールとは思っていません。現在は、キャリア領域で鈴木建生、幼児教育分野で現場をよく知る佐藤博子が加わり、さらには、スクールカウンセラー経験を持つエリクソン・ユキコ、山崎茜、長江綾子、不登校やいじめ研究を行っている中村孝、教科教育領域で中井悠加といった若いメンバーも加わってきています。こうしたメンバーとともに、ＭＬＡをさらに発展させることができたらと考えています。このほかに、歴代の栗原ゼミ所属の学生たちが、感謝してもしきれないほどの、実に多面的な協力をしてくれています。卒業生たちは現場で実践者となってくれています。

さらに数年前、子どもの支援に携わるさまざまな立場の方々や先生方を支えるために、「教育を通じて子どもたちに明るい未来を」というスローガンのもとに、公益社団法人学校教育開発研究所を設立しました。この法人では、ＭＬＡを取り入れ実践したいという先生や学校のために、より詳細なノウハウや、「はじめに」で挙げた自治体で展開している教員研修や実践をＷｅｂサイトで公開しています。

ＭＬＡを学び、実践するとき、教師は教育への誇りと自信を取り戻し、学校に熱い協働がよみがえります。それが学校に対する地域の信頼と協力を生み出していきます。そしてそれは学校を、子ども、教師、保護者、地域の方々にとって「だれもが行きたくなる学校」へと変えていくのです。

本書を手にした皆さんが、そのような変化を体験されることを願っています。

二〇一七年九月

広島大学大学院教育学研究科教授
公益社団法人学校教育開発研究所代表理事
栗原　慎二

【編著者紹介】

栗原　慎二　広島大学大学院人間社会科学研究科教授

埼玉大学大学院文化科学研究科修士課程修了、兵庫教育大学大学院学校教育学研究科修了、博士（学校教育学）。埼玉県立高校教諭を経て、現在、広島大学大学院人間社会科学研究科教授。公益社団法人学校教育開発研究所（AISES）代表理事。

【主な著作】『教育相談コーディネーター』ほんの森出版（単著）、『ダウンロード版 アセスの使い方・活かし方』ほんの森出版（共著）、『PBIS実践マニュアル＆実践集』ほんの森出版（編著）、『児童・生徒のための学校環境適応ガイドブック』協同出版（編著）、『ブリーフセラピーを生かした学校カウンセリングの実際』ほんの森出版（単著）、『新しい学校教育相談の在り方と進め方』ほんの森出版（単著）、他多数

【執筆者一覧】（50音順　所属は初版時）

大畑　祐司（岐阜市立岐阜西中学校教頭）第４章2

沖林　洋平（山口大学教育学部准教授）第２章4

金山　健一（神戸親和女子大学教授）第３章2　第３章7

栗原　慎二（広島大学大学院教育学研究科教授）編著者　はじめに　第１章　第２章1　第２章6　第３章1　第４章3　エピローグ　おわりに

神山　貴弥（同志社大学心理学部教授）第２章2　第３章2

小玉　有子（弘前医療福祉大学教授）第３章3　第３章4　第３章6

下山　郁子（総社市教育委員会学校教育課主幹）第４章4

袖山　兼一（前新潟市立大通小学校長）第２章7

髙橋あつ子（早稲田大学教職大学院教授）第２章5　第３章5

長江　綾子（広島大学グローバルキャリアデザインセンター特別研究員）第２章1

中林　浩子（新潟市立大形中学校教頭）第２章6　第２章7

山崎　　茜（広島大学大学院教育学研究科附属教育実践総合センター客員准教授）第２章1

山田　洋平（島根県立大学短期大学部客員研究員）第２章3

米沢　　崇（広島大学大学院教育学研究科准教授）第４章1

マルチレベルアプローチ　だれもが行きたくなる学校づくり
日本版包括的生徒指導の理論と実践

2017年９月30日　第１版　発行
2024年３月30日　第３版　発行

編著者　栗原慎二
発行者　小林敏史
発行所　ほんの森出版株式会社
〒145-0062　東京都大田区北千束 3-16-11
Tel 03-5754-3346　Fax 03-5918-8146
https://www.honnomori.co.jp

印刷・製本所　研友社印刷株式会社

　ISBN978-4-86614-105-3 C3037